普通高等教育系列教材

工程流体力学

主　编　鲁　义

副主编　施式亮　邵淑珍

参　编　王　正　陈　健　叶　青　田兆君
　　　　王　俏　康文东　朱双江　张术琳

机械工业出版社

本书根据普通高等学校安全科学与工程专业研究生的流体力学课程的培养要求编写，介绍了工程流体力学的基本概念、基本原理、基本方法，以及其在消防安全、工业燃气安全、化工与石油安全、矿山安全、水利安全、航空安全等方面的应用案例。全书共 8 章，包括绪论、流体的基本概念、流体静力学、流体运动学、流体动力学、计算流体力学、量纲分析与相似理论、安全工程领域的流体力学问题。

本书可作为普通高等学校安全科学与工程专业高年级本科生或研究生流体力学课程的教材，也可作为消防、土木、矿业、环境、动力等专业相应课程的教材或教学参考书，还可作为安全、消防、土木、矿业、环境、动力等行业人员的参考书。

图书在版编目（CIP）数据

工程流体力学 / 鲁义主编. -- 北京：机械工业出

版社，2024.8. -- (普通高等教育系列教材).

ISBN 978-7-111-76002-3

I. TB126

中国国家版本馆CIP数据核字第2024MX4313号

机械工业出版社（北京市百万庄大街22号　邮政编码100037）

策划编辑：马军平　　　　　　　　　责任编辑：马军平　高凤春

责任校对：王小童　李可意　景　飞　　封面设计：马若濛

责任印制：郜　敏

三河市国英印务有限公司印刷

2024年9月第1版第1次印刷

169mm×239mm · 14.5印张 · 250千字

标准书号：ISBN 978-7-111-76002-3

定价：39.80元

电话服务　　　　　　　　　网络服务

客服电话：010-88361066　　机 工 官 网：www.cmpbook.com

　　　　　010-88379833　　机 工 官 博：weibo.com/cmp1952

　　　　　010-68326294　　金 书 网：www.golden-book.com

封底无防伪标均为盗版　　机工教育服务网：www.cmpedu.com

PREFACE

前 言

工程流体力学是一门应用性、基础性很强的学科。它的主要研究对象是流体内部及其与相邻固体或其他流体之间的动量、热量和质量的传递与交换规律。本书根据普通高等学校安全科学与工程专业研究生的流体力学课程的培养要求编写,介绍了工程流体力学的基本概念、基本原理、基本方法及工程应用案例。全书共8章,包括绪论、流体的基本概念、流体静力学、流体运动学、流体动力学、计算流体力学、量纲分析与相似理论、安全工程领域的流体力学问题。本书紧密联系流体力学在安全科学与工程专业中的应用原理与方式方法,帮助读者顺利跨越流体力学知识体系与工程领域之间的沟壑,使读者正确掌握流体力学知识,并能够在工程领域中应用。

本书由湖南科技大学鲁义担任主编,施式亮和邵淑珍担任副主编,王正、陈健、叶青等参与了部分内容的整理与编写。全书内容安排及统筹规划由鲁义负责,内容审核由施式亮负责,校对由邵淑珍负责。各章节编写分工如下:第1章和第2章由鲁义编写;第3章由施式亮和邵淑珍编写;第4章由王正编写;第5章由陈健编写;第6章由叶青编写;第7章由田兆君和王俏编写;第8章由康文东、朱双江和张术琳编写。

本书的编写得到了湖南省高水平研究生教材建设项目(HNJG-2021-0110)、湖南省学位与研究生教育改革研究项目(2020JGYB188)、国家重大人才工程青年项目(2022QB06801)、国家自然科学基金面上项目(52174180、52374200)及湖南省杰出青年科学基金项目(2022JJ10026)的资助,在此表示感谢。本书编写参考了大量文献,在此向文献的作者表示诚挚的谢意。

由于编者水平有限,书中难免存在不足之处,敬请广大读者批评指正。

编 者

CONTENTS
目　录

第 1 章

绪 论

1.1 发展简史

同其他自然科学一样，工程流体力学也是随着生产实践而发展起来的。早在几千年前，由于治河、农业、交通等事业的发展，人们开始了解一些水流运动的规律。如战国时期秦国修建的都江堰水利工程，说明当时对堰流已有一定的认识。又如距今已 1400 多年而依然保存完好的赵州桥，通过在主拱圈两边各设有两个小腹拱，既减轻了主拱的负载，又利于泄洪，这说明当时人们对桥涵水力学已有相当的认识。一般认为，工程流体力学萌芽于公元前 250 年左右希腊科学家阿基米德写的《论浮体》，该文对静止时的液体力学性质做了第一科学总结[1]。

16~19 世纪随着生产力迅速发展，自然科学（如数学、力学）发生了质的飞跃，如 1650 年帕斯卡提出了压强传递定律（帕斯卡定律）；1775 年微积分大师欧拉（Euler）提出流体运动的描述方法和无黏性流体运动的方程组，并开始研究理想无旋转流体的平面和空间运动；随后纳维（Navier）和斯托克斯（Stokes）分别采用不同的假设和方法，得到了不可压缩和可压缩黏性流体的运动方程组，带动了此后黏性流体运动的研究；1883 年雷诺（Reynolds）发现了层流和湍流（紊流），并引入了雷诺应力的概念，这些都为工程流体力学奠定了理论基础[2]。

20 世纪以来，航空航天方面的理论和实验的迅速发展[3]，导致古典流体力学与实验流体力学的日益结合，逐渐形成了理论与实验并重的现代流体力学（或称流体力学），并将侧重于理论方面的流体力学称为理论流体力学；侧重于应用的流体力学称为工程流体力学。

近几十年来，随着现代生产建设的迅速发展和科学技术的进步，工程流体力学的研究范围和服务领域也越来越广。例如，重工业生产中的冶金、电力、采掘等，轻工业生产中的化工、纺织、造纸等，交通运输业中的飞机、火车、船舶设计等，农业生产中的农田灌溉、水利建设、河道整治等工程中，无不有大量的工程流体力学问题需要解决；在道路桥梁交通中，桥涵水力学问题、路边排水，大桥水下施工中的水力学问题，路基、路面渗水等诸多问题都需要应用工程流体力学知识解决；在结构工程中，高耸建筑物一般都要做风洞试验，而大跨度柔性桥梁的抗风性能就是工程流体力学的一个典型应用。随着社会的不断进步，相信在今后的经济建设中，工程流体力学将会发挥更大的作用，学科本身也将会得到更大的发展。

1.2　研究内容和基本理论

工程流体力学主要研究在各种力的作用下，流体本身的静止状态和运动状态，以及流体和固体壁面、流体和流体间、流体与其他运动形态之间的相互作用和流动的规律。同时，不同于理论流体力学重视数理的研究分析，工程流体力学强调的是对工程应用，属于应用科学范畴，从实用角度，对工程中涉及的问题建立相应的理论基础，并进行计算，如航空航天、航海、天文气象、土木建筑、环境保护、城市给水排水、水利水电、食品、化工、消防、冶金采矿等工程领域，这些领域都需结合工程流体力学的知识加以解决。工程流体力学在应用过程中，需要借助的基本理论有牛顿内摩擦定律、静力学基本方程、连续性方程（质量守恒）、伯努利方程（能量守恒）、动量方程（动量守恒）[4]。

1.3　研究方法

工程流体力学是以理论分析、实验研究、数值计算相结合的方法来研究流体处于平衡、运动和流体与固体相互作用的力学规律，以及这些规律在实际工程中的应用。

1.3.1　理论分析方法

理论分析是根据流体运动的普遍规律，如质量守恒、动量守恒、能量守恒等，利用数学分析的手段，研究流体的运动，解释已知的现象，预测可能发生的结果。理论分析方法的步骤大致如下：建立"力学模型"，即针对实际流体的力学问题，分析其中的各种矛盾并抓住主要方面，对问题进行简化而建立反映问题本质的"力学模型"。流体力学中最常用的基本模型有连续介质、牛顿流体、不可压缩流体、理想流体、平面流动等。

1.3.2　实验研究方法

实验研究包括现场观测和实验室模型两个方面。对自然界固有的流动现象或实际工程中的流动现象，利用各种仪器进行系统观测，从而总结出立体运动的规律，并借以预测流动现象的演变。不过现场流动现象往往不能控制，发生条件几乎不易完全重复出现，影响到对流动现象的研究。模型实验在流体力学中占有重要地位。这里所说的模型是指根据理论指导，改变研究对象的尺度（放大或缩小）以便能安排实验。实验研究方法的优点是能直接解决生产中的复杂问题，能发现流动中的新现象和新原理，它的结果可以作为检验其他方法正确与否的依据。但是实验研究方法往往要受模型尺寸的限制，还有边界影响、相似准则不能全部满足等问题。此外，针对不同情况，需做不同的实验，所得结果的普适性较差，费用也较高。

1.3.3　数值计算方法

随着计算机技术突飞猛进的发展，过去无法解析的流体力学偏微分方程现在可以用数值计算方法求解。数值计算方法研究的一般过程：对流体力学数学方程进行简化和数值离散化，编制程序进行数值计算，将计算结果与实验或理论解析结果比较。常用的方法有有限差分法、有限元法、有限体积法、边界元法、谱分析法等。计算的内容包括飞机、汽车、河道、桥梁、涡轮机等流场计算，湍流、流动稳定性、非线性流动等数值模拟。大型工程计算软件已成为研究和计算工程流动问题的有力"武器"。数值计算方法的优点是能计算解析方程无法求解的流动问题，能模拟多种工况的流动问题，比实验方法省时省钱，但数值计算方法是一种近似求解方法，适用范围受数学模型的正确性、计算精度和计算机性能的限制[5]。

这三种研究方法相互结合补充、相互促进，在解决复杂工程技术问题中缺一不可。

1.4　工程应用

流体力学在现代科学中扮演着重要的角色，它研究的是流体的运动和力学性质。流体力学的应用范围非常广泛，从天气预报到航空航天，从海洋工程到医学，都离不开流体力学的研究。随着科学技术的不断发展，流体力学的研究和应用将会越来越广泛，为人类的生产和生活带来更多的便利和福利。

2004 年，我国正式开展月球探测工程，并命名为"嫦娥工程"。"嫦娥工程"分为"无人月球探测""载人登月"和"建立月球基地"三个阶段。2007 年 10 月 24 日 18 时 05 分，"嫦娥一号"成功发射升空，在圆满完成各项使命后，于 2009 年按预定计划受控撞月。2010 年 10 月 1 日 18 时 59 分 57 秒"嫦娥二号"顺利发射，也已圆满并超额完成各项既定任务。2012 年 9 月 19 日，月球探测工程首席科学家欧阳自远表示，探月工程已经完成"嫦娥三号"卫星和"玉兔号"月球车的月面勘测任务。"嫦娥四号"是"嫦娥三号"的备份星。"嫦娥五号"的主要科学目标包括对着陆区的现场调查和分析，以及月球样品返回地球以后的分析与研究。中国的探月工程（图 1-1）为人类和平使用月球做出了新的贡献。

图 1-1　中国探月工程

南水北调工程（图 1-2）自 2014 年全面建成通水以来，南水已成为京津等 40 多座大中城市 280 多个县市区超过 1.4 亿人的主力水源。截至 2023 年 3 月 31 日，南水北调东中线工程累计调水量超 612 亿 m^3。其中，为沿线 50 多条河流实施生态补水 85 亿 m^3，为受水区压减地下水超采量超过 50 亿 m^3。

2022 年，海南岛东南部海域琼东南盆地再获勘探重大突破，发现了我国首个深水深层大气田——宝岛 21-1（图 1-3），探明地质储量超过 500 亿 m^3，实现了松南—宝岛凹陷半个多世纪以来的最大突破，是加快深海深地探测取得的有

图 1-2 南水北调工程

力进展。在海洋油气勘探领域，一般把水深超过 300m 的水域称为深水，把井深超过 3500m 的井定义为深层井。此次发现的宝岛 21-1 气田位于海南岛东南部海域深水区，最大作业水深超过 1500m，完钻井深超过 5000m，距离"深海一号"超深水大气田约 150km，海洋地质条件极端复杂。

图 1-3 "海洋石油 982"钻探发现宝岛 21-1 大气田

国家管网西气东输（图 1-4）在福建运维天然气管道总长 701.5km，覆盖福建省 6 市 24 县（区）。自 2017 年正式向福建供气至今，已累计向福建供应天然气 65 亿 m^3，相当于替代标准煤 625 万 t，减排温室气体 737 万 t、粉尘 430 万 t，为持续改善福建自然生态环境、提高居民生活水平提供了清洁用能保障，赋能福建生态文明建设。

图 1-4　国家管网西气东输

第 2 章

流体的基本概念

2.1　流体的连续介质模型

2.1.1　流体的基本特性

地球上物质存在的主要形式有固体、液体和气体，液体和气体统称为流体。而流体最基本的特征是在切应力作用下，会发生连续变形，因此流体可看作连续介质。

流体与固体是物质的不同表现形式，都有下述三个物质基本特性：第一，由大量分子组成；第二，分子不断做随机热运动；第三，分子与分子之间存在着分子力的作用。从力学观点看，流体和固体的差别主要在于它们对剪应力的承受能力不同。固体能够产生一定的变形来承受剪应力，流体则不能。无论剪应力多小，流体都将连续地变形——流动，直到剪应力变为零为止。这时流体只承受压力而处于平衡状态。液体和气体之间也有差别，由于力学性能，二者的差别在于它们的可压缩程度不同。液体在常温常压下有确定的体积，很难压缩。因此，当空间容积比液体体积大时，它会出现自由表面。气体既容易压缩，又能够均匀地充满整个给定的有限空间，因而它不会出现自由表面。当压缩性和自由表面的影响可以忽略不计时，液体和气体的流动规律就完全一样了。

若以单个分子为研究对象，由于分子本身做随机运动，分子之间频繁碰撞，相应的物理量（如分子速度）随时间随机变化；若观察物理量在空间不同位置上的变化，由于分子间存在空隙，物理量的空间分布是不连续的。这种由分子运动决定的物理量的随机性和不连续性，称为流体的微观特性。若将研究对象扩大到包含大量分子的流体团，按分子运动论的观点，流体团性质表现为其中所有分子的统计平均特性。只要分子数足够大，统计平均值在时间上是确定的，在空间上是连续的，称为流体的宏观特性。

2.1.2 流体质点与连续介质

从微观结构上来看，流体分子自然有一定的形状，因而分子与分子之间必然存在着一定的间隙，因此流体的物理量在空间上不是连续分布的。根据阿伏伽德罗（Avogadro）定律推算，在标准状况 $t = 0℃$，$p = 101325Pa$ 下，每 $1mm^3$ 体积中的气体分子有 $2.69×10^{16}$ 个，分子之间在 $10^{-6}s$ 内碰撞 10^{20} 次。液体分子排列更加紧密，每 $1mm^3$ 体积中的液体分子数目为 $3×10^{21}$ 个。

由此可见，分子间的间隙虽然很小，但毕竟是存在的。这是分子物理学研究物质属性及流体物理性质的出发点，否则无从解释物理性质中的许多现象。但是对于研究宏观规律的流体力学来说，一般不需要探讨分子的微观结构，因而必须对流体的物理实体加以模型化，使之更适合于研究大量分子的统计平均特性，更有利于找出流体运动或平衡的宏观规律。流体质点和连续介质的概念就是流体力学学科中必须引用的理论模型。

所谓流体质点，就是流体中宏观尺寸非常小而微观尺寸又足够大的任意一个物理实体[6]。流体质点具有下述五个特点：

1）流体质点无线尺度，只做平移运动，无变形运动。

2）流体质点不做随机热运动，只在外力作用下做宏观运动。

3）将以流体质点为中心的周围临界体积范围内流体分子相关特性的统计平均值作为流体质点的物理量值。

4）质点具有压强，这压强就是所包含分子热运动互相碰撞从而在单位面积上产生的压力的统计平均值。此外，流体质点也具有密度流速、动量、动能、内能等宏观物理量，这些物理量的统计平均概念类似。

5）流体质点的形状可以任意划定，质点和质点之间可以完全没有空隙，流体所在的空间中，质点紧密相接不断，无所不在，从而引出连续介质的概念。

因此，连续介质模型可简单表述如下：假设流体是由连续分布的流体质点组成的介质。根据流体质点概念和连续介质模型，每个流体质点具有确定的宏观物理量，当流体质点位于某空间点 (x,y,z) 时，若将流体质点的物理量 $B(t)$ 为该空间点的量，可以建立该物理量的空间连续分布函数 $B(x,y,z,t)$。根据物理学基本定律，可建立该物理量满足的流体运动微分方程，用数学上连续函数理论求解这些方程，可获得该物理量随空间位置和时间连续变化的规律。

而一般研究的工程问题的特征长度远大于 $1mm$，特征时间远大于 $10^{-6}s$，所以有足够的理由将流体看作由连续分布的流体质点组成。既然假定组成流体的最小物理实体是流体质点而不是流体分子，因而也就是等于假定流体是由无穷多、无穷小、紧密毗邻、连绵不断的流体质点所组成的一种绝无间隙的连续介质。流体力学研究的是连续介质这一流体的物理模型。

但在研究飞船、卫星在高空（如在 100km 以上高空中）飞行的稀薄气体力学问题时，分子间的距离很大，这时稀薄气体效应显著，如再采用连续介质假设便不妥当了。另外，在研究血液在微细血管（直径小于 10^{-3} cm）中的运动、爆炸问题中冲击波（厚度小于 10^{-4} cm）内气体的运动，以及微机电系统和纳米级器件中的流体力学问题时，就不能把流体看作连续介质，这时应该考虑分子的运动特性，采用微观或宏观与微观相结合的方法来研究。

2.2　流体的物理性质

2.2.1　流体的易变形性

由于分子结构的差异，流体与固体即使皆可用连续介质假设来描述，其宏观表现仍十分不同。液体仅比固体稍微松散，分子间的作用力略有降低，因而仍保持了固体具有一定体积、难以压缩的特点，却在分子运动性方面发生了巨大改变。一是由于局部有序的分子群组成的"球胞"可不断改变成员，分子在"球胞"之间聚散无常，固体"晶胞"通常不会移动，只会在原地不动；二是在液体中出现一些"空洞"，通常称为自由空间。分子凭借这些空洞实现位置迁移。就总体特性而言，液体似乎介于固体与气体之间；但就易变形性而言，液体与气体属于同类。从流体的宏观特性出发，流体的定义如下：流体不能抵抗任何剪力作用下的剪切变形趋势（体积保持不变）；或者说，在剪力（无论有多小）作用下，流体发生连续剪切变形，直至剪力停止作用为止，如图 2-1 所示。连续剪切变形就是通常所说的"流动"。流体的易变形性是流体的决定性宏观力学特征，它决定了流体的各种力学行为。

固体在受到剪力持续作用时，其变形一般是微小的（如金属）或有限的（如塑料），但流体却能产生很大的甚至无限大（只要剪力作

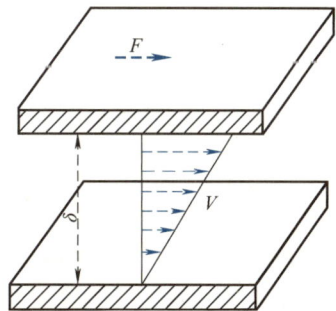

图 2-1　流体剪力示意图

用时间无限长）的变形。

由此可以得出以下几个结论：

1）固体内的切应力由剪切变形量（相对位移）决定，而流体内的切应力与变形量无关，由变形速度（切变率）决定。

2）当剪力停止作用后，固体变形能恢复或部分恢复，流体则不做任何恢复。

3）任意改变均质流体元的排列次序，不影响它的宏观物理性质，任意改变固体元的排列无疑将彻底破坏它。

4）固体重力引起的压强只沿重力方向传递，垂直于重力方向的压强一般很小或为零；流体平衡时压强可等值地向各个方向传递（图 2-2a），压强可垂直作用于任何方位的平面上。

5）固体表面之间的摩擦是滑动摩擦，摩擦力与固体表面状况有关。

6）流体与固体表面可实现分子量级的接触，达到表面不滑移（图 2-2b）。

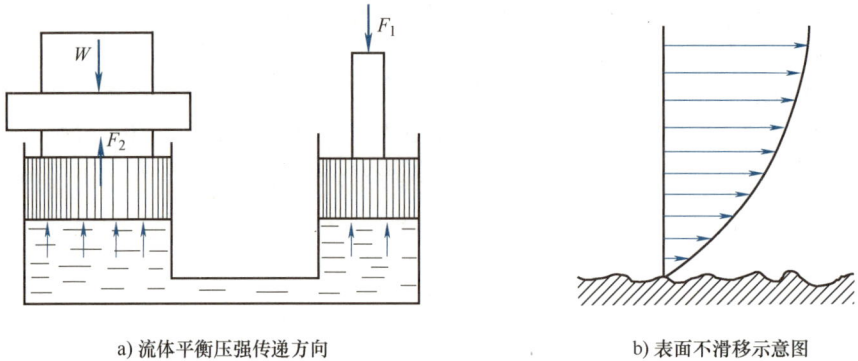

a) 流体平衡压强传递方向   b) 表面不滑移示意图

图 2-2   流体平衡压强传递示意图

2.2.2 流体的黏性

英国著名的科学家牛顿在 17 世纪提出流体的黏滞性，他指出流体的内部存在由黏性引起的切应力，其值与流体的速度梯度成正比（图 2-3），相距为 h 的上下两平行平板之间充满均质黏性流体。两平板的面积均为 A 且其值足够大，以致可以略去平板四周的边界影响[7]。将下板固定不动，而以力 F 拖动上板使其做平行于下板的匀速直线运动。实验表明：

1）由于流体的黏滞性，与平板直接接触的流体质点将与平板一起移动而无滑移。与上板接触的流体质点的速度为 U，与下板接触的流体质点的速度为

0，由于两板之间的距离 h 很小，测量表明两板之间的速度分布为直线分布，即

$$U_x(y) = \frac{U}{h}y \qquad (2\text{-}1)$$

2）比值 F/A 与 U/h 成正比，即

$$\tau = \frac{F}{A} = \mu\frac{U}{h} \qquad (2\text{-}2)$$

式中，μ 为与流体性质有关的比例系数，通常称为动力黏性系数，简称黏度；比值

图 2-3 黏性实验示意图

$\tau = \frac{F}{A}$ 是流体内部的切应力，进一步测量表明，当两板间具有非直线速度分布时，有

$$\tau = \mu\frac{\mathrm{d}u}{\mathrm{d}y} \qquad (2\text{-}3)$$

式（2-3）称为牛顿内摩擦定律。黏度是流体黏滞性大小的一种度量，它与流体的物理性质有关，其单位为 Pa·s 或 kg/(m·s)。研究流体运动时，还常采用运动黏性系数（简称运动黏度），其定义式为

$$\nu = \frac{\mu}{\rho} \qquad (2\text{-}4)$$

式中，ρ 为流体的密度。

在国际单位制中，ν 的单位为 m^2/s，把 ν 称为运动黏度的原因是其具有运动学的量纲。实验表明，流体的黏度 μ 主要与流体的性质、温度和压力有关。其中，液体黏度随着温度的升高而减小，而气体的黏度则增大，部分温度下水和空气的黏度和运动黏度见表 2-1 和表 2-2。

表 2-1　水的物理性质

温度 /℃	密度/ (kg/m^2)	重度/ (N/m^2)	黏度/ ($\times10^{-5}$N·s/m^2)	运动黏度/ ($\times10^{-5}$m^2/s)	体积弹性模量/ ($\times10^{-5}$kN·s/m^2)	表面张力/ (N/s)
0	9.805	999.8	1.781	1.785	2.02	0.0765
5	9.807	1000.0	1.518	1.519	2.06	0.0749
10	9.804	999.7	1.300	1.306	2.10	0.0742
15	9.798	999.1	1.139	1.139	2.15	0.0735
20	9.789	998.2	1.002	1.003	2.18	0.0728
25	9.777	997.0	0.890	0.893	2.22	0.0720

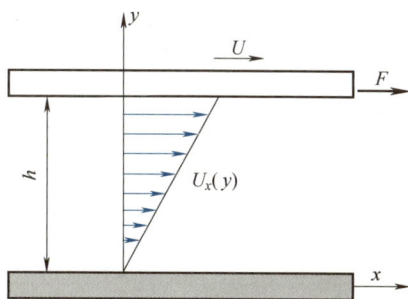

（续）

温度 /℃	密度/ （kg/m²）	重度/ （N/m²）	黏度/ （×10⁻⁵N·s/m²）	运动黏度/ （×10⁻⁵m²/s）	体积弹性模量/ （×10⁻⁵kN·s/m²）	表面张力/ （N/s）
30	9.764	995.7	0.789	0.800	2.25	0.0712
40	9.730	992.2	0.653	0.658	2.28	0.0696
50	9.689	988.0	0.547	0.553	2.29	0.0679
60	9.642	983.2	0.466	0.474	2.28	0.0662
70	9.589	977.8	0.404	0.413	2.25	0.0644
80	9.530	971.8	0.354	0.364	2.20	0.0626
90	9.466	965.3	0.315	0.326	2.14	0.0608
100	9.399	958.4	0.282	0.294	2.07	0.0589

表 2-2　标准压力下空气的物理性质

温度/℃	密度/ （kg/m²）	重度/ （N/m²）	黏度/ （×10⁻⁵N·s/m²）	运动黏度/ （×10⁻⁵m²/s）
−40	1.515	14.86	1.49	0.98
−20	1.395	13.68	1.61	1.15
0	1.293	12.68	1.71	1.32
10	1.248	12.24	1.76	1.41
20	1.205	11.82	1.81	1.50
30	1.165	11.43	1.86	1.60
40	1.128	11.06	1.90	1.68
60	1.060	10.40	2.00	1.87
80	1.000	9.81	2.09	2.09

对于气体和绝大多数纯净液体（如水、汽油、煤油、酒精等），都遵循牛顿内摩擦定律，因此称为牛顿流体。但也有不遵循牛顿内摩擦定律的流体，如泥浆、有机胶体、油漆等，称其为非牛顿流体。此外，为方便理论研究，假想出一种没有摩擦的流体，即理想流体。虽然实际工程中，理想流体并不存在，但是有些问题，黏性并不起重大作用，忽略黏性可以容易地分析其力学关系，且由此所得的结果也与实际出入并不大。因此，当黏性不起作用或不起主要作用时，可以提出理想流体的假设，从而使问题简化，得出流体运动的一些基本规律。

2.2.3　流体的可压缩性

在温度不变的条件下，流体的体积会随压强的增加而缩小，这种特性称为流体的压缩性。在压强不变的条件下，流体的体积会随温度的增加而增大，这种特性称为流体的膨胀性。流体的压缩性大小可用压缩系数 β 这一物理量来描述，在温度不变的情况下，假设流体压强增加 $\mathrm{d}p$，此时体积变化量为 $\mathrm{d}V$，则压缩系数 β 为

$$\beta = -\frac{1}{V}\frac{\mathrm{d}V}{\mathrm{d}p} \tag{2-5}$$

当 $\mathrm{d}p$ 为正值时，$\mathrm{d}V$ 必为负值，故式（2-5）左端加一负号，以便使 β 为正值。压缩系数的倒数为流体的体积弹性模量 E，即

$$E = \frac{1}{\beta} \tag{2-6}$$

不同温度下，水的体积弹性模量值可参见表 2-1。流体中液体的压缩性和膨胀性都非常小，一般情况下可以完全不予考虑，故通常把液体看作不可压缩流体。但在个别情况中，如当流速较大的水管上的闸突然半闭时，会产生一种水击现象，此时就必须考虑液体的压缩性，否则会得出荒谬的结果。气体与液体在这方面大不相同，它具有显著的压缩性和膨胀性。在温度不过低（>253K）、压强不过高（<25MPa）时，气体压强、温度和密度之间的关系服从理想气体的状态方程，即

$$\frac{p}{\rho} = RT \tag{2-7}$$

式中，p 为气体的绝对压强（N/m^2）；ρ 为气体的密度（kg/m^3）；T 为气体的热力学温度（K）；R 称为气体数，$R = \frac{8314}{n}[\mathrm{m \cdot N/(kg \cdot K)}]$，其中 n 为气体的相对分子质量。不过，对于速度远低于音速的低速气流，若压强和温度的变化不大，如通风工程中的气流，其气体密度变化非常小，按不可压缩流体来处理时也不会产生很大的误差。

2.2.4　流体的表面张力

表面张力一般是指液体与气体、另一种不相溶的液体或固体接触时，在交界面表面层内表现出的张力。一枚硬币放在矿泉水的液面上不下沉，空气中小的肥皂泡和水中的小气泡均呈球形等都是表面张力效应的典型例子。与流体中

的其他力（如重力、压强、黏性力等）相比，表面张力常显得微不足道，但在一些特殊场合表面张力却不容忽视。例如，在细的液柱式测压管内，水柱或水银柱液面的表面张力效应可显著影响液柱高的读数；肥皂、洗洁剂、催化剂、喷雾剂等化学产品的工业应用均与表面张力直接有关；近年来的宇宙太空飞行研究表明，在微重力环境中表面张力将起主导作用，包括液体存放、空间材料加工、太空飞行器液体系统运作等课题都需要加强对表面张力的研究。

从能量观点分析，在液体表面层内的分子受到界面的吸引力较小，由引力产生的负势能减小，因而表面层分子的势能大于液面内部分子的势能，如果将分子从内部移至表面层就要消耗能量。整个体系的自由能总是趋于最小值时才最稳定，因此，液体表面层有收缩的趋势，表面自由能降低。表面张力 σ 可解释为单位面积界面上的自由能，当界面张力引起面积改变量 dA 时，对系统所做的功为 σdA。液滴或气泡在表面张力作用下，总是取自由能最小的形状，即球状。

例如，四氯化碳、水和水银与空气交界时的表面张力分别为 0.0269N/m，0.0728N/m 和 0.484N/m；若与水交界，比水轻的液体的表面张力将增大，否则表面张力将减小。例如，四氯化碳和水银与水交界时的表面张力分别为 0.045N/m 和 0.375N/m。一般来说，表面张力随温度上升而线性减小。表面杂质明显影响表面张力，无机盐一般使表面张力增大，而有机物使表面张力减小。表面活性剂能大大降低水溶液的表面张力，如肥皂、洗洁剂等。表面活性剂大多是具有长键烃尾和极性头的有机化合物，图 2-4 中表面活性剂分子以单分子层吸附于水的表面层，烃尾朝外，极性头向内，由于取向一致产生排斥力，平衡掉一部分使表面收缩的表面张力。表面张力的减小使水更容易渗入衣服等织物与脏物之间，将脏物冲洗掉。

当自由液面是弯曲状时，表面张力引起的收缩作用尤为显著，弯曲液面靠内部附加压强增量与表面张力平衡。图 2-5 所示为半球形液滴的分离体示意图。

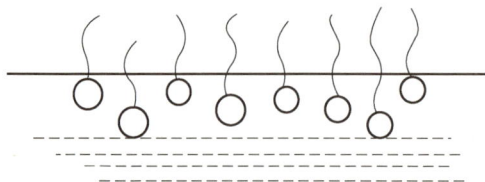

图 2-4　单分子层吸附示意图　　　图 2-5　半球形液滴的分离体示意图

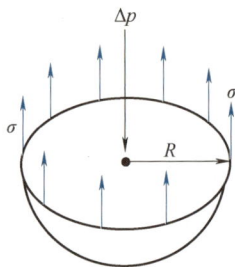

当液体与固体接触时，视材料性质不同将发生不同的表面现象。在液固气交界处作液体表面的切面（图 2-6），此切面与固体表面的夹角（沿液体内部）称为接触角 θ。当 θ 为锐角时，称为液体润湿固体，液面具有向固体表面伸展的趋势，如图 2-6a 所示。当 θ 为钝角时，称为液体不润湿固体，液面具有向液体内部收缩的趋势，如图 2-6b 所示。水对洁净玻璃面的接触角 $\theta=0°$，称为完全润湿；水银对玻璃面的接触角 $\theta=140°$，基本上不润湿。造成上述差异的原因是固液之间的吸引力（或称为附着力），相对于液体内部分子的吸引力（或称为内聚力）不同。水对玻璃的附着力大于水的内聚力，故发生沿固体表面伸展的润湿现象，而水银对玻璃的附着力小于水银的内聚力，故发生水银液面脱离固体表面的不润湿现象。

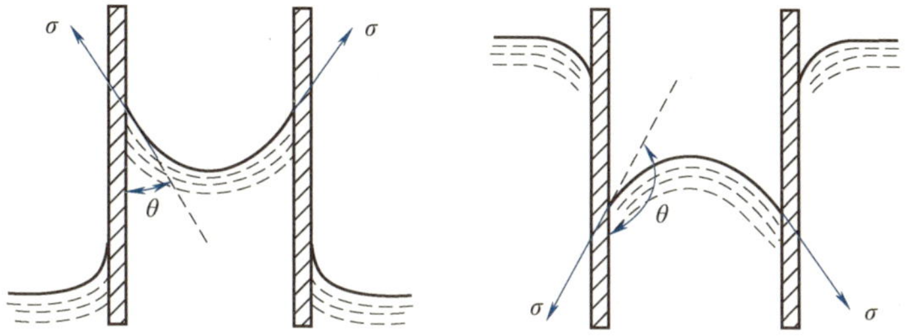

a) 液体润湿固体　　　　b) 液体不润湿固体

图 2-6　液体与固体吸引力示意图

2.3　常见的流体模型

在连续介质假设的基础上，建立流体运动的基本方程组，具有广泛的适应性。严格来说，这个方程组通常并不封闭，即方程中的未知数多于方程数。为了求出理论解，必须根据情况再提出一些符合或接近实际的假设，从而在某些条件下使方程组封闭。但是，即使方程组已封闭，求方程的解仍然不是轻而易举的。由于方程的非线性特征及方程中变量的互相耦合，使得求解这种一般的方程组几乎成为不可能，因此还必须根据具体问题的特点抓住问题的主要方面，忽略次要方面，必要时做进一步的假设、简化和近似，设计出一个合理的理论模型。下面列出流体力学中主要的几种理论模型。

2.3.1　黏性流体与理想流体模型

1. 黏性流体模型

流体的黏性是流体的一种物理特性，它表示流体各部分之间动量传递的难易程度，反映了流体抵抗剪切变形的能力。自然界中的实际流体都是具有黏性的，所以实际流体又称为黏性流体。

牛顿通过实验首先提出黏性流体的切应力公式，为黏性流体力学的发展创造了条件。19世纪初纳维和斯托克斯分别建立了不可压缩与可压缩黏性流体运动方程组。此后，边界层、湍流理论的研究普遍开展起来。

虽然流体的黏性用黏度 μ 来衡量，但是 μ 的大小不能作为判断流体是否要作为黏性流体处理的依据。依据牛顿内摩擦定律，切应力与黏度 μ 及速度梯度有关。因此，虽然流体的黏度较大，但如果流场的速度梯度很小，切应力仍然不大，就可以把它当作无黏性流动来处理。相反，如果流体的黏度较小，但流场的速度梯度很大，则仍有必要把它当作黏性流动来处理。

1904年，普朗特提出了边界层理论，将流动划分为两个区域：在远离边界以外的区域中（势流区），黏性效应可以忽略，用无黏性流体理论求解；而在靠近边界的一个薄层区域中，黏性效应不可忽略，应利用黏性流体理论求解。这样，边界层理论不仅给出了正确的数学提法，还用黏性流体理论解释了在这种情况下阻力的存在。

湍流是黏性流体流动中的一个重要方面。实验表明，流体流动有两种流态，即层流和湍流。自然界很多层流运动，常常是不稳定的，稍有扰动，层流立即转变为湍流，湍流运动与层流的重大差别是，湍流的不规则性和输运能力明显增大。但是由于湍流运动的复杂性，其发生机理至今仍不清楚。目前，对湍流的研究主要通过湍流的平均运动和涨落运动求解黏性流体运动基本方程。

2. 理想流体模型

如前所述，实际流体都是具有黏性的，都是黏性流体。不具有黏性的流体称为理想流体，这是一种客观世界上并不存在的假想流体。在流体力学中引入理想流体的假设，是因为在实际流体的黏性作用表现不出来的场合（像在静止流体中或匀速直线流动的流体中）完全可以把实际流体当作理想流体来处理。

在许多场合，想求得黏性流体流动的精确解是很困难的。对某些黏性不起主要作用的问题先不计黏性的影响，使问题的分析大为简化，从而有利于掌握流体流动的基本规律。如水波在河中传播时，在较长的距离上，仍不消衰。大气在高空中运动时，长驱直入常常跨越数千公里，这表明在这类流动中，黏性并不起主要作用，因此将其黏性略去，以便可以使分析简便且能得到其主要的运动规律。至于黏性的影响，则可根据试验引进必要的修正系数，讨论由理想流体得出的流动规律加以修正。此外，即使是对于以黏性为主要影响因素的实际流动问题，先研究不计黏性影响的理想流体的流动，而后引入黏性影响，再研究黏性流体流动的更为复杂的情况，也是符合认识事物由简到繁的规律的。基于以上诸点，在流体力学中先研究理想流体的流动，后研究黏性流体的流动。

采用理想流体模型，就形成了理想流体力学理论。这一理论在解释很多实际问题（如机翼升力、诱导阻力等方面）中起到了重要的作用，如歼-20（英文：Chengdu J-20，代号：威龙）是一款具备高隐身性、高态势感知、高机动性等能力的隐形第五代制空战斗机，解放军研制的最新一代（欧美旧标准为第四代，俄罗斯新标准为第五代）双发重型隐形战斗机，用于接替歼 10、歼 11 等第三代空中优势/多用途歼击机的未来重型歼击机型号，该机将担负中国空军未来对空、对海的主权维护任务。2019 年 10 月 13 日，歼-20（图 2-7）列装中国人民解放军空军王牌部队。

图 2-7　歼-20

但理想流体模型不能解释物体在流体中运动的阻力及管道和渠道中压力等一类重要问题。对这类问题，理想流体模型与实际流体有较大差距。

2.3.2　可压缩流体与不可压缩流体模型

1. 可压缩流体模型

流体的可压缩性是在外力作用下流体的体积或密度发生改变的性质，通常用等温体积压缩系数来衡量。众所周知，流体都是可以压缩的，相对来说，液体的可压缩性比较小，气体的可压缩性比较大。

虽然流体的可压缩性用等温体积压缩系数来衡量，但并不是说等温体积压缩系数大的流体流动就是可压缩流动。压缩性的影响依赖于等温体积压缩系数的大小和流体中压强变化的大小，当等温体积压缩系数不小而压强变化很小，或者压强变化不小而等温体积压缩系数很小时，压缩效应都是小的，这时流体就可视为不可压缩流体；相反，当等温体积压缩系数不大而压强变化很大，这时流体就应视为可压缩流体。

气体的压缩性要比液体的压缩性大得多，这是由于气体的密度随着温度和压强的改变将发生显著的变化。

流体为可压缩时，流体的运动将变得复杂很多，这是由于：

第一，流体密度为非常变量，密度的变化不仅将引起流体热状况的变化，同时还反过来影响流体的力学状态。在数学上，方程中未知量多了一个，为求解要再引入其他方程，于是方程组中出现了状态方程及能量方程与未知数 T（温度）。

第二，连续性方程变为非线性方程，使求解困难。

第三，在某些情况下，可能产生物理量的间断面，通常称为激波。流体质点经过激波、熵、密度、压强、温度和速度等影响，都将产生一个急剧的变化。

2. 不可压缩流体模型

处理实际问题时，有时将流体的密度近似看成是不变的，即 $\dfrac{\mathrm{d}p}{\mathrm{d}t} = 0$，称为不可压缩流体。所谓密度不变，实际上是随着压强和温度的变化，密度仅有微小的变化。在大多数情况下，可以忽略压缩性的影响，认为液体的密度是一个常数（水击等问题除外），而气体一般较容易压缩，在一些情况下，也把气体视为不可压缩流体。

采用不可压缩流体模型，将使方程组有很大简化，这时取密度为常数（均质流体），方程组将减少一个未知量。

2.3.3 非定常流动与定常流动模型

1. 非定常流动模型

运动流体中任一点流体质点的流动参数（压强和速度等）随时间而变化的流动，称为非定常流动。其中，除了随时间变化极慢的流动可近似为定常流动外，都必须考虑其非定常效应。这时不仅产生不定常变化项，而且当流动变化很快时，可能产生新的物理现象，如管道水流突然因阀门关闭产生很强的惯性作用，水被压缩（水常被视为不可压缩的）形成压力波在管中传播，这就是通常所称的水锤（击）现象。

2. 定常流动模型

运动流体中任一点流体质点的流动参数（压强和速度等）不随时间而变化的流动，称为定常流动。由于对定常流动的研究比较简单，甚至有时在定常流动的条件下，微分方程可直接积分出来，因此，定常流动是一种简化的模型。

定常流动的流场中，流体质点的速度、压强和密度等流动参数，仅是空间点坐标的函数而与时间无关。在供水和通风系统中，只要泵和风机的转速不变，运转稳定，水管和风道中的流体流动就都是定常流动。又如火电厂中，当锅炉和汽轮机都稳定在某一正常情况下运行时，主蒸汽管道和给水管道中的流体流动也都是定常流动。可见研究流体的定常流动有很大的实际意义。

2.3.4　有旋流动与无旋流动模型

1. 有旋流动模型

流场中流体质点有旋转的流动称为有旋流动，有旋流动在自然界是普遍存在的，如大气中的台风、绕物体流动的尾涡等，都是一种有旋运动。亥姆霍兹对有旋流动做过大量研究并成为研究有旋流动的奠基人。

表征有旋运动的物理量称为涡量，即速度旋度，其大小是流体质点旋转角速度的 2 倍。涡量高度集聚的区域就是涡。

速度环量与旋转角速度之间关系的斯托克斯定理：沿封闭曲线的速度环量等于该封闭周线内所有的旋转角速度的面积积分的 2 倍，称为旋涡强度。

研究有旋运动主要是研究涡的产生、运动、发展，以及涡与涡之间的相互作用。如果流体是斜压的，或者作用于流体的力是非有势的，或者流体是有黏性的，那么在流体中将产生涡，这说明了涡的普遍存在，飞机翼面附近的薄层流体（边界层）中由黏性产生的涡量，导致飞机产生了升力，有旋流动与大气、海洋中的很多现象也密切相关。大气、海水既是一种斜压流体，又受到科里奥利力的作用（虽然很小，但对这种大尺度的运动影响很大），再加上大气、海水的黏性，使得在大气、海洋中产生大大小小各种尺度的涡旋。

2. 无旋流动模型

无旋流动是流场中各质点无旋转的流体运动。自然界中很难见到无旋运动，因为流体通常是斜压的、有黏性的，科里奥利力（非有势力）也可能在起作用，这都会导致产生涡。然而在一些假设下或某种近似时流动可视为无旋流动，无黏性正压流体在有势力的作用下，均匀来流绕物体的流动及从静止开始的流动都将是无旋的。例如，机翼绕流、水波运动等都认为是一种无旋运动，这类流动在工程中经常遇到，具有重要意义。在无旋的条件下，就有速度势存在，再在流体不可压缩时，得到了速度势的拉普拉斯方程，数学上有成熟的处理方法，因此无旋运动是一种广泛应用的简化模型。

2.3.5　重力流体与非重力流体模型

在液体流动中，一般要考虑重力的作用，对于低速运动的流体，惯性力较小，重力是影响流体运动的主要因素，尤其是在海洋或大气运动中，更是如此。此外，在有自由面及因密度分布不均匀而引起的流体运动中，重力也起主要作用，但在高速气流运动中，由于惯性力比重力大得多，重力常常被忽略。

2.3.6　一维、二维与三维流动模型

一般的流动都是在三维空间的流动，流动参数是 x、y、z 三个坐标的函数，在流体力学中又称这种流动为三维流动。当选择适当的坐标或将流动做某些简化，使在某些情况下其流动参数仅是两个坐标的函数，称这种流动为二维流动。流体力学常用两种坐标来讨论二维流动：一种是平面流动，如平面物体绕流运动；另一种是轴对称流动，如子弹、水雷等轴对称物体沿轴线方向的流动。流动参数是一个坐标函数的流动，称为一维流动。如流体在细管中的运动，空间辐射状流动等，都是近似的一维流动。

思考题

2-1　有了流体的黏度为什么还要引进运动黏度？两者是不是都能表示流体黏性的大小？试说明理由。

2-2　流体有哪些特性？试述液体和气体特性的异同点。

2-3　运动黏度的物理意义是什么？

2-4　试述流体连续性介质假设的内容，并说明引入这个假设的必要性。

2-5　何谓流体的黏性？写出牛顿内摩擦定律的表达式，并说明应用范围。

2-6　说明作用在流体上的力的种类及其具体内容。

习　题

2-1　连续介质假设的条件是什么？

2-2　设稀薄气体的分子自由行程是几米的数量级，问下列两种情况连续介质假设是否成立：

1）人造卫星在飞离大气层进入稀薄气体层时。

2）假想地球在这样的稀薄气体中运动时。

2-3　黏性流体在静止时有没有切应力？理想流体在运动时有没有切应力？静止流体没有黏性吗？

2-4　根据阿伏伽德罗定律，在标准状态下 $T=273K$，$p=101325Pa$，1mol 空气（28.96g）含有 6.022×10^{23} 个分子。在地球表面上 70km 高空测得空气密度为 $8.75\times10^{-5}kg/m^3$。试估算此处 $10^{-6}mm^3$ 体积的空气中，含多少个分子数 n（一般认为 $n<10^6$ 时，连续介质假设不再成立）。

2-5　一平板重 $mg=9.81N$，面积 $A=2m^2$，板下涂满油，沿与水平线成倾斜角 $\theta=45°$ 的斜平壁滑下，油膜厚度 $h=0.5mm$。若下滑速度 $U=1m/s$，试求油的黏度 μ。

2-6　如图 2-8 所示，质量为 $m=5kg$、底面积为 $S=40cm\times60cm$ 的矩形平板，以 $U=1m/s$ 的速度沿着与水平面成倾角 $\theta=30°$ 的斜面做等速下滑运动。已知平板与斜面之间的油层厚度 $\delta=1mm$，假设由平板所带动的油层的运动速度呈线性分布。求油的黏度。

图 2-8　习题 2-6 图

2-7　如图 2-9 所示，转轴的直径 $d=0.36m$，轴承的长度 $l=1m$，轴与轴承的缝隙宽度 $\delta=0.23mm$，缝隙中充满黏度 $\mu=0.73Pa\cdot s$ 的油，若轴的转速 $n=200r/min$。求克服油的黏性阻力所消耗的功率。

2-8　如图 2-10 所示，直径为 d 的两个圆盘相互平行，间隙中的液体黏度为 μ，若下盘固定不动，上盘以恒定角速度 ω 旋转，此时所需力矩为 T，求间隙厚度 δ 的表达式。

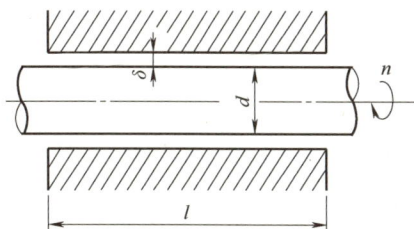

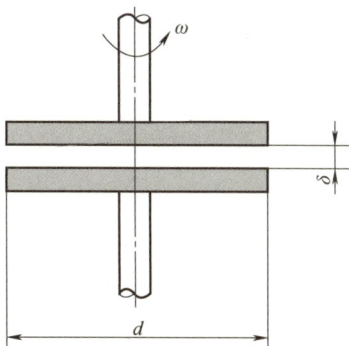

图 2-9　习题 2-7 图

图 2-10　习题 2-8 图

第 3 章

流体静力学

葛洲坝水利枢纽位于湖北省宜昌市境内的长江三峡末端河段上。它是长江上的第一座大型水电站，也是世界上最大的低水头大流量、径流式水电站。其最大坝高为 47m，总库容为 15.8 亿 m³。当闸门关闭时，蓄在闸内的水处于静止状态。

3.1 流体平衡微分方程

3.1.1 流体静压强及其特性

1. 流体静压强

当流体处于静止或相对静止状态时，任取一流体团，假设用平面 *ABCD* 将流体团分为 Ⅰ、Ⅱ 两部分，再将 Ⅰ 部分移去，并以等效的力作用在平面 *ABCD* 上以代替它对 Ⅱ 部分的作用，使 Ⅱ 部分保持原有的平衡，如图 3-1 所示。

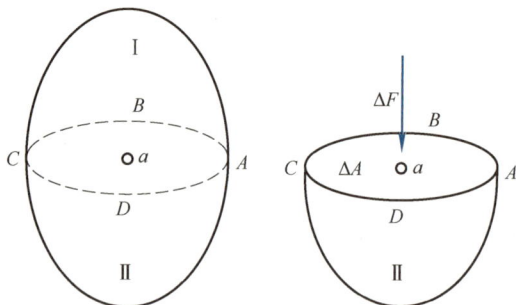

图 3-1 静止液体中的分离体

从平面 *ABCD* 上任取面积 ΔA，设 ΔF 为移去的 Ⅰ 部分作用在面积 ΔA 上的总作用力，则将 ΔF 和 ΔA 的比值称为 ΔA 上的平均压强，以 $\bar{p}$ 表示，即

$$\bar{p} = \frac{\Delta F}{\Delta A} \tag{3-1}$$

当面积 ΔA 无限缩小到点 a 时，比值趋近于某一个极限值，此极限值称为点 a 的流体静压强，以 p 表示，即

$$p = \lim_{\Delta A \to 0} \frac{\Delta F}{\Delta A} \tag{3-2}$$

流体静压强的因次为力/面积，在国际单位制中常用单位为帕，以 Pa 表示，$1Pa = 1N/m^2$。

2. 流体静压强的特性

流体静压强有如下两项特性：

1）静压强方向必然总是沿作用面的内法线方向，即垂直并指向作用面。

2）静止流体中任意一点处的压强大小与其作用面方位无关，即同一点上各方向的静压强大小均相等。这一特性可以证明如下：

在静止流体中划分出一微元直角四面体 $MABC$，其顶点为 M，正交的三条边分别平行于直角坐标系 x、y、z 轴，边长为 dx、dy、dz，如图 3-2 所示。

在同一微元表面上的压强均匀分布，假设作用在 MBC、MAC、MAB 及 ABC 四个面上的压强分别为 p_x、p_y、p_z 和 p_n。那么，作用在这四个表面上的压力分别为 $\frac{1}{2}p_x dydz$、$\frac{1}{2}p_y dxdz$、$\frac{1}{2}p_z dxdy$ 及 $p_n dA_n$，这里的 dA_n 是指斜面 ABC 的面积。

在 x 轴方向上，MAC 和 MAB 面上的压力投影为 0，MBC 面上的压力投影为 $\frac{1}{2}p_x dydz$，ABC 面上的压力在 x 轴上的投影为 $-p_n dA_n \cos(n,x)$，这里的 $\cos(n,x)$

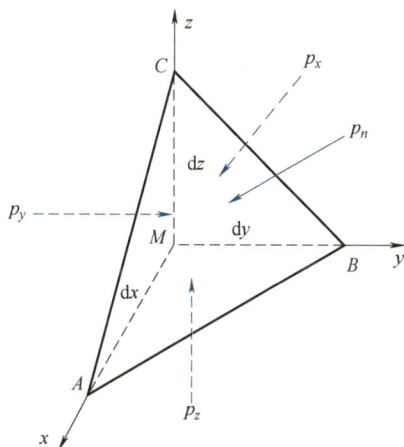

图 3-2　微元直角四面体

表示 ABC 面的外法线方向和 x 轴正向夹角的余弦。由数学分析，$dA_n \cos(n,x)$ 等于 ABC 面在 yMz 平面的投影，即 MBC 的面积 $\frac{1}{2}dydz$，因此，$p_n dA_n \cos(n,x) = \frac{1}{2}p_n dydz$。

四面体所受的质量力在各坐标轴上的投影分别为 $\frac{1}{6}f_x \rho dxdydz$、$\frac{1}{6}f_y \rho dxdydz$、

$\frac{1}{6}f_z\rho\mathrm{d}x\mathrm{d}y\mathrm{d}z$。

流体处于静止状态，可建立力平衡关系式，在 x 轴方向上，有

$$(p_x-p_n)\frac{1}{2}\mathrm{d}y\mathrm{d}z+\frac{1}{6}f_x\rho\mathrm{d}x\mathrm{d}y\mathrm{d}z=0$$

式中第二项比第一项为高阶无穷小，略去后得

$$p_x=p_n \tag{3-3}$$

同样可以证明

$$p_y=p_n,\ p_z=p_n$$

由此得

$$p_x=p_y=p_z=p_n \tag{3-4}$$

上面证明中并未规定斜面 ABC 的方向，该方向的任意性即说明了静压强第二特性的正确性。

溪洛渡水电站是国家"西电东送"骨干工程，位于四川省和云南省交界的金沙江上。工程以发电为主，兼有防洪、拦沙和改善上游航运条件等综合效益，并可为下游电站进行梯级补偿，如图 3-3 所示。水电站关闸蓄水时，上游水可以看作静止流体。在静止流体中任意一点上流体静压强的大小与作用面的方位无关，即同一点上各个方向的流体静压强大小相等。

图 3-3　溪洛渡水电站

作用于静止流体内一给定点处不同方向的压强是常数，但在不同点处这一值一般并不相等，因而静止流体内的压强是位置的函数：

$$p=p(x,y,z) \tag{3-5}$$

同时，作用于静止流体内某一点不同方向的压强可以简单说成"静止流体中某一点的压强"。

3.1.2　欧拉平衡方程

当除重力外还有其他形式的体积力时，需要推导更一般的流体静力学平衡方程。该方程由欧拉（L. Euler，1755 年）首先导出，可用于求解流体相对平衡问题。

在直角坐标系中，设密度为 ρ 的流体在体积力为 $f=(f_x,f_y,f_z)$ 作用下处于平衡状态。以流体质点 M 为基点，取边长分别为 $\mathrm{d}x$、$\mathrm{d}y$、$\mathrm{d}z$ 的正六面体为流体元，如图 3-4 所示。

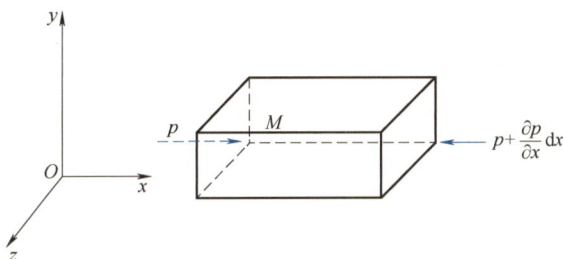

图 3-4　微元平行六面体受力分析

压强在流体元上的合力是由于存在压强梯度而造成的，图 3-4 中仅标出沿 x 方向的压强分布。在过 M 点的 yOz 平面上压强为 p，在相对的平面上压强有增量 $\mathrm{d}p=\dfrac{\partial p}{\partial x}\mathrm{d}x$。这样作用在流体元上沿 x 方向的压强合力与体积力平衡式为

$$\left[p-\left(p+\frac{\partial p}{\partial x}\mathrm{d}x\right)\right]\mathrm{d}y\mathrm{d}z+f_x\rho\mathrm{d}x\mathrm{d}y\mathrm{d}z=-\frac{\partial p}{\partial x}\mathrm{d}x\mathrm{d}y\mathrm{d}z+f_x\rho\mathrm{d}x\mathrm{d}y\mathrm{d}z=0$$

式中消去 $\mathrm{d}x\mathrm{d}y\mathrm{d}z$ 后可整理得压强偏导数与体积力分量的关系式

$$\rho f_x-\frac{\partial p}{\partial x}=0 \tag{3-6}$$

$$\rho f_y-\frac{\partial p}{\partial y}=0 \tag{3-7}$$

$$\rho f_z-\frac{\partial p}{\partial z}=0 \tag{3-8}$$

矢量式为

$$\rho f-\nabla p=0 \tag{3-9}$$

式（3-9）为流体的平衡微分方程，又称为欧拉平衡方程。该方程的物理意义是，在静止流体中压强在空间的变化是由于体积力存在造成的。一般情况下体

积力分布为已知条件，压强分布是需要求的。如果流体是不可压缩的（如水），即流体密度为常数，可对欧拉平衡方程直接积分求压强分布；如果流体是可压缩的（如大气），还需要补充密度与压强之间的关系式才能求解。

3.1.3 等压面

流体压强 $p(x,y,z)$ 在一点邻域内的空间增量可用全微分表示为 $\mathrm{d}p=\dfrac{\partial p}{\partial x}\mathrm{d}x+\dfrac{\partial p}{\partial y}\mathrm{d}y+\dfrac{\partial p}{\partial z}\mathrm{d}z$，将式（3-6）～式（3-8）中的压强偏导数分别代入此式，得

$$\mathrm{d}p=\rho(f_x\mathrm{d}x+f_y\mathrm{d}y+f_z\mathrm{d}z) \tag{3-10}$$

式（3-10）为平衡流体的压强全微分公式，它是欧拉平衡方程式的综合表达式。沿任何方向对此式积分即可得该方向的压强分布。它表明当点的坐标增量为 $\mathrm{d}x$、$\mathrm{d}y$、$\mathrm{d}z$ 时，相应的流体静压强增加 $\mathrm{d}p$。静压强的增量取决于质量力。

因为等压面是压强场等值面，其压强处处相等。在式（3-10）中，令 $\mathrm{d}p=0$，可得

$$f_x\mathrm{d}x+f_y\mathrm{d}y+f_z\mathrm{d}z=\boldsymbol{f}\cdot\mathrm{d}\boldsymbol{r}=0 \tag{3-11}$$

式（3-11）为等压面的微分方程，式中，$\mathrm{d}\boldsymbol{r}$ 为等压面上任意点的矢径微分矢量。式（3-11）表明体积力矢量与矢径微分矢量相互垂直，即体积力处处与等压面垂直，这是等压面上的体积力特征。若质量力已知，对此式积分可得等压面方程。如在重力场中（z 轴向上）有 $0\cdot\mathrm{d}x+0\cdot\mathrm{d}y-g\mathrm{d}z=0$，简化为 $g\mathrm{d}z=0$，解得 $z=c$（常数），即水平面。

3.1.4 流体平衡的条件

若将式（3-6）～式（3-8）中的三个分方程式分别对坐标交错求导，得

$$\frac{\partial f_x}{\partial y}=\frac{\partial f_y}{\partial x},\ \frac{\partial f_y}{\partial z}=\frac{\partial f_z}{\partial y},\ \frac{\partial f_z}{\partial x}=\frac{\partial f_x}{\partial z}$$

即

$$\nabla\times\boldsymbol{f}=\mathrm{rot}\boldsymbol{f}=0 \tag{3-12}$$

式（3-12）是体积力 $\boldsymbol{f}$ 有势的充要条件。

并不是所有流体在重力场中都能保持平衡状态。对于均质流体，$\rho=$ 常数，压强全微分公式［式（3-10）］变为

$$\mathrm{d}\left(\frac{p}{\rho}\right)=f_x\mathrm{d}x+f_y\mathrm{d}y+f_z\mathrm{d}z \tag{3-13}$$

由数学分析，欲使式（3-13）成立，必须使质量力矢量为某个标量函数的梯度。也就是说，若 f 有势，必存在一个势函数 $U=U(x,y,z)$，使 $f=-\mathbf{grad}U=-\nabla U$，即

$$f_x=-\frac{\partial U}{\partial x},\ f_y=-\frac{\partial U}{\partial y},\ f_z=-\frac{\partial U}{\partial z} \tag{3-14}$$

从而使全微分成立

$$\rho(f_x\mathrm{d}x+f_y\mathrm{d}y+f_z\mathrm{d}z)=-\rho\left(\frac{\partial U}{\partial x}\mathrm{d}x+\frac{\partial U}{\partial y}\mathrm{d}y+\frac{\partial U}{\partial z}\mathrm{d}z\right)=-\rho\mathrm{d}U$$

即

$$\mathrm{d}p=-\rho\mathrm{d}U \tag{3-15}$$

式中，$U=U(x,y,z)$，称为质量力的力势函数。

式（3-15）表明，均质流体保持平衡的条件是质量力必须为有势力。重力是有势力，因此均质流体在重力场中能保持平衡状态。

U 的物理意义：U 的偏导数为质量力在各坐标轴的投影，而流场中空间任意点均存在质量力，此流场为有势力场。若空间点 A 处单位质量流体在质量力 f 作用下移动了距离 $\mathrm{d}\boldsymbol{l}$，则质量力做功为

$$\boldsymbol{f}\cdot\mathrm{d}\boldsymbol{l}=f_x\mathrm{d}x+f_y\mathrm{d}y+f_z\mathrm{d}z \tag{3-16}$$

几种流体的力势函数：

1）对于不可压缩流体，$\rho=$ 常数，由 $\mathrm{d}\left(\dfrac{p}{\rho}\right)=-\left(\dfrac{\partial U}{\partial x}\mathrm{d}x+\dfrac{\partial U}{\partial y}\mathrm{d}y+\dfrac{\partial U}{\partial z}\mathrm{d}z\right)=-\mathrm{d}U$ 得

$U=-\dfrac{p}{\rho}$。

2）对于可压缩流体，$\rho\neq$ 常数，$\rho=\rho(p)$，所以 $U=-\displaystyle\int\frac{\mathrm{d}p}{\rho(p)}$。

3）对于完全气体等温流动，满足状态方程 $\rho=\dfrac{p}{RT_0}$，所以 $U=-RT_0\ln(p)$。

4）对于完全气体等熵流动，满足过程方程 $p=c\rho^\gamma$，所以 $U=-\dfrac{\gamma}{\gamma-1}\dfrac{p}{\rho}$，$\gamma$ 为等熵指数。

对于正压流体（如等温、绝热气体），流场中任意一点的密度仅是压强的函数。引入压强函数 $p(\rho)=\displaystyle\int\frac{\mathrm{d}p}{\rho}$，由压强全微分公式［式（3-10）］知

$$\mathrm{d}p=\frac{\mathrm{d}p}{\rho}=f_x\mathrm{d}x+f_y\mathrm{d}y+f_z\mathrm{d}z \tag{3-17}$$

【例 3-1】 密度为 ρ_a 和 ρ_b 的两种液体，装在图 3-5 所示的容器中，各液面深度如图 3-5 所示。若 $\rho_b=1000\text{kg/m}^3$、大气压强 $p_a=98\text{kPa}$，求 ρ_a 及 p_A。

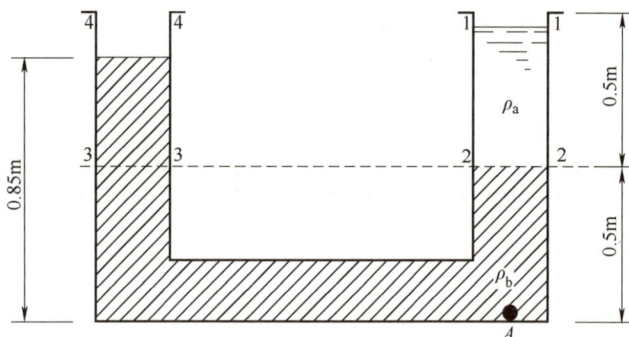

图 3-5　例 3-1 图

【解】 先求 ρ_a，由于自由面的压强均等于大气压强，所以，$p_1=p_4=p_a=98\text{kPa}$。根据静止、连续、同种液体的水平面为等压面的规律，得

$$p_2=p_a+\rho_a g\times0.5\text{m}$$

$$p_3=p_a+\rho_b g(0.85-0.5)\text{m}$$

由于 $p_2=p_3$，故得

$$0.5\rho_a=(0.85-0.5)\rho_b=0.35\rho_b$$

所以

$$\rho_a=0.7\rho_b=700\text{kg/m}^3$$

接着再求 A 点的压强 p_A。先求出分界面 2—2 上的压强，然后应用分界面是多种液体压强关系的联系面，再求出分界面以下 A 点的压强 p_A。

分界面 2—2 是在等压面，面上各点压强相等，即

$$p_2=p_a+0.5\text{m}\times\rho_a g=98\text{kPa}+0.5\text{m}\times700\text{kg/m}^3\times9.8\text{m/s}^2=101.4\text{kPa}$$

再根据分界面上的压强 p_2，求 A 点的压强 p_A 为

$$p_A=p_2+0.5\text{m}\times\rho_b g=101.4\text{kPa}+0.5\text{m}\times1000\text{kg/m}^3\times9.8\text{m/s}^2=106.3\text{kPa}$$

实际上，求 A 点的压强，可以先不求出分界面上的压强，就直接以分界面为压强关系的联系面，一次就可求出 A 点的压强，即

$$p_A=p_a+\rho_a g\times0.5\text{m}+\rho_b g\times0.5\text{m}=106.3\text{kPa}$$

另外，也可以根据容器底面水平的特点，利用水平面是等压面的规律，从容器左端一次求出 A 点压强，即

$$p_A=p_a+\rho_b g\times0.85\text{m}=106.3\text{kPa}$$

3.2　重力场中的流体平衡

青海湖位于青藏高原东北部、青海省境内，是我国内陆最大的咸水湖，由祁连山脉的大通山、日月山与青海南山之间的断层陷落形成，是维系青藏高原东北部生态安全的重要水体，如图 3-6 所示。作用在青海湖湖水上的质量力只有重力，因此，在流体平衡一般规律的基础上，研究重力作用下液体静压强的分布规律更具有实际意义。

图 3-6　青海湖

3.2.1　流体静力学的基本方程

流体静力学的基本方程有三种形式：能量形式、水头形式和实用形式。

1. 能量形式

在 z 轴垂直向上的直角坐标系中，均质重力流体中的压强分布：由 $\mathrm{d}p=\dfrac{\mathrm{d}p}{\rho}=f_x\mathrm{d}x+f_y\mathrm{d}y+f_z\mathrm{d}z$，积分得 $p=-\rho gz+C$，即

$$gz+\frac{p}{\rho}=C\text{（常数）}$$

此式即流体静力学基本方程的能量形式。它是伯努利方程的特殊形式（$v=0$ 时），适用于整个流场。

式中，gz 为单位质量流体的重力势能；$\dfrac{p}{\rho}$ 为单位质量流体的压强势能。表明：在均质静止流体中单位质量流体的总势能在全流场中保持为常数。

2. 水头形式

上述方程改写为水头形式为

$$z+\frac{p}{\rho g}=H\text{（常数）}$$

式中，z 为位置水头；$\frac{p}{\rho g}$ 为压强水头。

表明：不可压缩重力流体处于平衡状态时，静水头线 H 或计示静水头线为平行于基准面的水平线。

上述基本方程的能量形式和水头形式，均称为流体静力学基本方程，也称为静止流体能量守恒方程。其适用条件：①均质或不可压缩流体；②体积力为重力；③同种流体的连通范围内。

3. 实用形式

在连通的流体内部，任取 1 和 2 两点，满足 $z_1+\frac{p_1}{\rho g}=z_2+\frac{p_2}{\rho g}=H$。此式表明，同种流体的密封连通器内，任意两点的静水头高度相等。对于确定的两点，一点的压强变化必引起另一点压强的相同变化。在密封的充满流体的连通器内，一点的压强变化可瞬间传递到整个连通器域内，这就是帕斯卡原理。

对于静止流体内部的压强分布，若自由面 $z=z_0$ 上 $p=p_0$，则淹没水深 $h=z_0-z$ 处压强为 $p=p_0+\rho gh=p_0+\rho g(z_0-z)$。可见重力场中不可压缩静止流体中压强分布 p 随深度 h 呈线性增加。

3.2.2 可压缩流体中的压强分布

1. 密度 ρ 为常数 C 时

当可压缩流体密度为常数时，由式（3-10），质量力只有重力，$f_x=f_y=0$，$f_z=-g$，得

$$\mathrm{d}p=-\rho g\mathrm{d}z \tag{3-18}$$

积分，得

$$p=-\rho gz+C$$

因为气体的密度 ρ 很小，对于一般的仪器和设备，当高度 z 较小时，重力对气体压强的影响很小，可以忽略。故可认为各点的压强相等，即

$$\rho=C \tag{3-19}$$

在储气罐内的气体，可认为各点的压强相等。

2. 密度 ρ 为变量时

当可压缩流体密度为变量时，以大气层为对象，研究压强的分布规律。根

据大气层的实测，从海平面到 11km 的空间范围内，温度随高度上升而降低，高度约每升高 1000m，温度下降 6.5K，这一大气层称为对流层。从 11km 至 25km 空间范围内，温度几乎不变，恒为 216.5K(-56.5℃)，这一大气层称为同温层。

（1）对流层　在对流层中，密度 ρ 随压强和温度变化，由理想气体状态方程式得 $\rho = \dfrac{p}{RT}$，代入式（3-18），得

$$\mathrm{d}p = -\frac{pg}{RT}\mathrm{d}z \qquad (3\text{-}20)$$

式中，温度 T 随高度变化，$T = T_0 - \beta z$，T_0 为海平面上的热力学温度，$\beta = 0.0065\text{K/m}$。

于是有

$$\mathrm{d}p = -\frac{pg\,\mathrm{d}z}{R(T_0 - \beta z)}$$

积分，得

$$\int_{P_0}^{p}\frac{\mathrm{d}p}{p} = \int_{0}^{z}\frac{g}{R\beta}\frac{\mathrm{d}(T_0 - \beta z)}{T_0 - \beta z}$$

整理后得

$$p = p_0\left(1 - \frac{\beta z}{T_0}\right)^{\frac{g}{R\beta}}$$

将国际标准大气条件海平面（平均纬度 45°）上的温度 $T_0 = 288\text{K}(15℃)$、$p_a = 1.013\times10^5\text{N/m}^2$、$R = 287\text{J/(kg·K)}$、$\beta = 0.0065\text{K/m}$ 代入，得到对流层标准大气压分布

$$p = 101.3\text{kPa}\times\left(1 - \frac{z}{44308\text{m}}\right)^{5.253} \qquad (3\text{-}21)$$

式中，$0 \leqslant z \leqslant 11000\text{m}$。

（2）同温层

同温层的温度　$T_d = T - \beta z_d = 288\text{K} - 0.0065\text{K/m}\times11000\text{m} = 216.5\text{K}$

同温层最低处（$z_d = 11000\text{m}$）的压强，由式（3-21）算得 $p_a = 22.6\text{kPa}$

将以上条件代入式（3-20）积分，便可得到同温层标准大气压分布

$$\mathrm{d}p = -\frac{pg}{RT}\mathrm{d}z = -\frac{pg}{RT_d}\mathrm{d}z$$

$$\int_{P_d}^{p}\frac{\mathrm{d}p}{p} = \int_{z_d}^{z}-\frac{g}{RT_d}\mathrm{d}z$$

$$p = 22.6\exp\left(\frac{11000-z}{6334}\right) \qquad (3-22)$$

式中，$11000\text{m} \leqslant z \leqslant 25000\text{m}$。

3.2.3 浮力与稳定性

1. 物体的浮力

浸入液体中的物体包括浮体、潜体和沉体。浮体是部分浸没、部分露出液面的物体，如水面舰船。潜体是全部浸没在流体中的物体，如潜艇或潜器。沉体则是沉入流体底部固体表面上的物体。浮体、潜体和沉体的受力问题，均可利用压力体方法进行分析。如图 3-7 所示，潜体表面可以分为上下两个曲面：下表面 abcde 和上表面 afcde。分析各自的压力体，可以合成该潜体的压力体。上表面组成的压力体，液体与压力体位于同侧，为正压力体；下表面组成的压力体，液体与压力体位于异侧，为负压力体[8]。

$$V_p = V_{\text{上}afcde} - V_{\text{下}abcde}$$

总压力的垂直分力为浮力：

$$F_b = -\rho g V_p$$

该式表明，沉没在均质流体中的物体所受浮力的大小等于排开流体的重力，此即阿基米德定律，也称为阿基米德原理。

阿基米德定律是关于浮体与潜体受力问题的一个重要原理。它指出，浸入静止流体（液体或气体）中的物体受到一个浮力，其大小等于该物体所排开的流体重力，方向垂直向上并通过所排开流体的形心。阿基米德原理适用于全部或部分浸入静止流体的物体，即要求：①物体全部周界与流体（液体或气体）接触；②物体全部周界部分与气体、部分与液体接触。

浮力的作用点为物体浸没部分的几何形心，称为浮心。

图 3-7 潜体的受力分析

图 3-7（动图）

2. 平衡与稳定性

物体在流体中的稳定性是指物体保持平衡状态的能力。

（1）潜体的平衡　潜体的稳定性取决于物体重心与浮心的相对位置，如图 3-8所示，一般有以下三种情形：

1）稳定平衡。平衡时重心 c 位于浮心 b 正下方。当物体倾斜时，重力 G 与

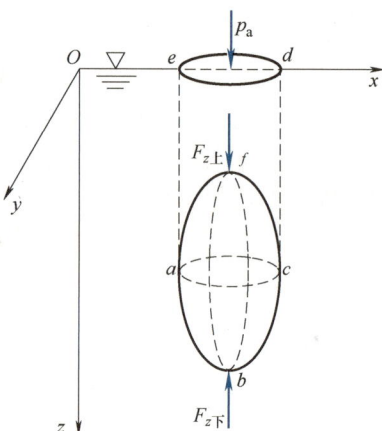

浮力 F_b 构成一恢复力偶，使物体回到平衡位置。

2）不稳定平衡。平衡时重心 c 位于浮心 b 正上方。当物体倾斜时，重力 G 与浮力 F_b 构成一倾倒力偶，使物体倾覆。

3）随遇平衡。平衡时重心 c 与浮心 b 重合。当物体倾斜时，既不发生恢复，也不发生倾覆。只有在均质液体中的均质潜体才有可能达到随遇平衡。

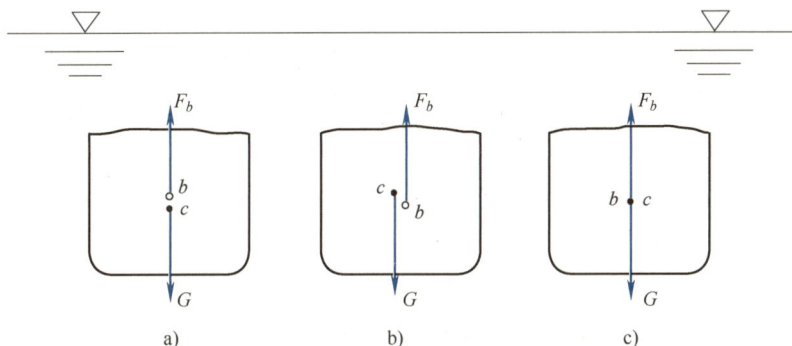

图 3-8　潜体的稳定性　　　　　图 3-8（动图）

（2）浮体的平衡　浮体部分位于水面上，部分位于水面下；水面下产生浮力部分的体积、形状和浮心位置都可能改变。因此，当浮体倾斜时，情况比潜体复杂。一般来说，当浮体重心位置低于浮心时，浮体处于稳定平衡状态；而当浮体重心位置高于浮心时，可能处于上述三种平衡状态之一。

船舶在海上航行时，经常受到风浪等各种外力的干扰作用，使其产生倾斜，这样就破坏了原有的平衡状态。船舶稳定性就是船舶在外力作用下偏离其平衡位置而倾斜，当外力消失后，又能自行恢复到原来平衡位置的能力。

关于浮体的平衡在军事上被广泛应用，如 094 级战略核潜艇（图 3-9）是目前我国建造的排水量最大的潜艇，同时也是我国最先进的第二代战略核潜艇。094 级战略核潜艇，满载水下排水量约 11000t，长 133m，宽 13m，水下航速 21 节，潜深 300m，武器系统为 6 具 533mm 鱼雷发射管和 12 枚

图 3-9　094 级战略核潜艇

巨浪 1 或巨浪 2 潜射战略导弹，射程可达 8000km。094 级战略核潜艇可以反潜、反舰、攻击陆地目标，还可以进行核反击。

3.2.4 压强的计量与测量

1. 压强的计量

在实际工程中，压强可采用不同基准进行计量表示，一般有以下三种：

1）绝对压强。绝对压强是以完全真空（$p=0$）为基准计量的压强。对于 $p_0=p_a$，则静止流体中某点的绝对压强为 $p=p_a+\rho gh$；$p=0$ 为真空。

2）相对压强。相对压强是以当地大气压强 p_a 为基准计量的压强，即高于大气压的压强，也称为计示压强或表压强。那么，静止流体中某点的相对压强为 $p_e=p-p_a=\rho gh$。

3）真空度。负的计示压强称为真空度或负压强，用符号 p_v 表示。则 $p_v=p_a-p=-\rho gh=-p_e$。

当压强比当地大气压低时，流体压强与当地大气压强的差值称为真空压强，即真空度，用真空压强 p_v 或真空高度 h_v 表示：

真空压强为 $p_v=-p_e=p_a-p$，$p_v>0$；真空高度为 $h_v=\dfrac{p_v}{\rho g}=\dfrac{p_a-p}{\rho g}$。压强的计量如图 3-10 所示。

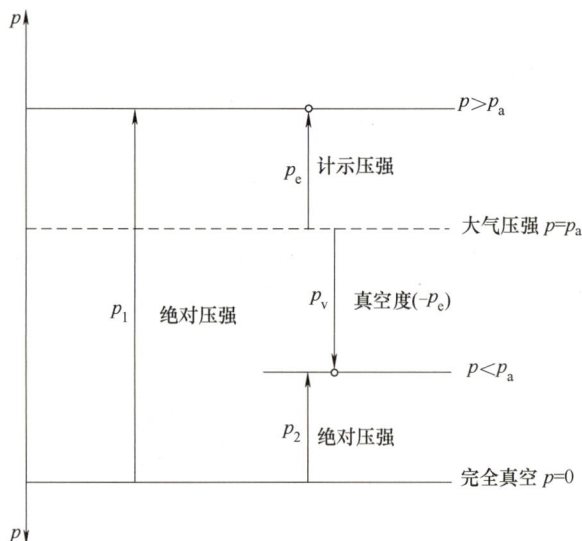

图 3-10　压强的计量

压强的单位：国际单位制为帕斯卡（Pa，$1Pa=1N/m^2$）；工程单位制，采用大气压（at，atm）、巴（bar）、液柱高度（mH_2O，mmHg）。其换算关系为

$$1atm（标准大气压）= 1.01325 \times 10^5 Pa = 760mmHg = 10.33mH_2O$$

$$1at（工程大气压）= 1kgf/cm^2 = 9.8 \times 10^4 Pa = 736mmHg = 10mH_2O$$

常见压强单位及其换算系数见表 3-1。

表 3-1　常见压强单位及其换算系数

帕 /Pa	工程大气压 /（kgf/cm²）	标准大气压 /atm	巴 /bar	米水柱 /mH₂O	毫米汞柱 /mmHg	榜力每平方英寸 /（lbf/in²）
1	0.102×10^{-4}	0.0987×10^{-4}	0.100×10^{-4}	1.02×10^{-4}	75.01×10^{-4}	1.45×10^{-4}
9.8×10^4	1	0.968	0.981	10	735.1	14.22
10.13×10^4	1.033	1	1.013	10.33	760	14.69
10.00×10^4	1.02	0.987	1	10.2	750.1	14.50
0.98×10^4	0.1	0.0968	0.0981	1	73.56	1.422
0.0133×10^4	1.359×10^{-3}	1.316×10^{-3}	1.333×10^{-3}	1.359×10^{-2}	1	1.971×10^{-7}
0.689×10^4	0.07	0.068	0.0689	0.703	51.71	1

2. 压强的测量

一般利用测压计进行流体静压强的测量，测压计类型主要有金属式、电测式、液柱式。

1）金属式。基本原理是使待测压强与金属弹性元件的变形成比例，其量程较大，多用于液压传动中。

2）电测式。电测式测压计是将弹性元件的机械变形转化成电阻、电容、电感等电量信号进行压强测量的仪器。它便于远距离测量及动态测量。

3）液柱式。液柱式测压计是根据流体静力学基本原理，利用液柱高度来测量压强差的仪器。它的精度高，但量程小，一般用于低压实验场所。

图 3-11 所示的 U 形测压计就是一种液柱式测压计。当 A 点压强较大时，采用图示 U 形测压管，使 h 不会太大。测压范围较单管测压计要大，但一般不会超过 300kPa。A 点压强 p_A 可由 B 点压强 p_B 推算得出：$p_A = p_B + \rho' g h_p - \rho g h$。如果 A 点压强小于大气压，则 h_p 为负值。

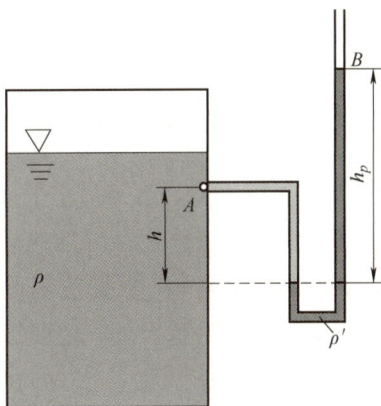

图 3-11　U 形测压计

【例 3-2】 如图 3-12 所示，$h_1 = 0.5\text{m}$，$h_2 = 1.8\text{m}$，$h_3 = 1.2\text{m}$，试根据水银压力计的读数，求水管 A 内的真空度及绝对压强。（设大气压强为 98000Pa）

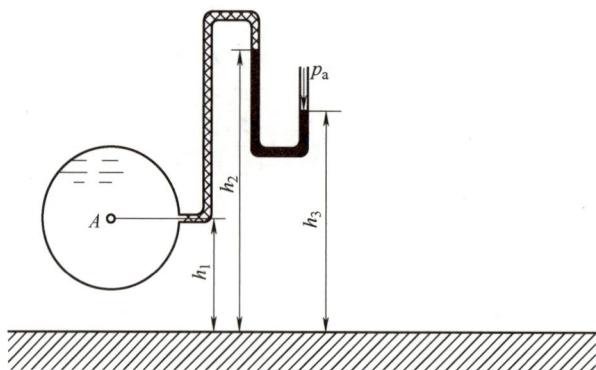

图 3-12 例 3-2 图

【解】 由等压面关系

$$p_2 + \rho_{Hg}g(h_2 - h_3) = p_a$$

$$p_2 + \rho g(h_2 - h_1) = p_A$$

从而 A 处绝对压强为

$$p_A = p_a + 1.3\text{m}\rho g - 0.6\text{m}\rho_{Hg}g = 30772\text{Pa}$$

真空度为

$$p_{Av} = p_a - p_A = 67228\text{Pa}$$

3.3 流体的相对平衡

3.3.1 直线运动容器中的液体平衡

如图 3-13 所示，容器沿水平方向以等加速度 a 运动，容器的等加速度运动必然带动其中的液体也做等加速运动，当液体与容器达到相对平衡后，液面与水平面形成倾斜角 α。根据达朗贝尔原理，作用在容器内液体某质点上的质量力，除垂直向下的重力外，还要虚加一个惯性力，其大小等于液体质点的质量乘以加速度，方向与加速度方向相反[9]。所以作用在单位质量液体上的质量力为

$$f_x = -a, \ f_y = 0, \ f_z = -g$$

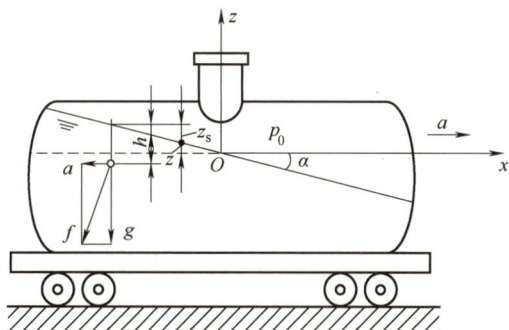

图 3-13　等加速直线运动容器中的液体平衡　　　　图 3-13（动图）

1. 液体静压强分布规律

根据式（3-10），有

$$dp = \rho(f_x dx + f_y dy + f_z dz) = \rho(-a dx - g dz)$$

积分，得

$$p = \rho(-ax - gz) + C$$

利用边界条件，坐标原点 $x=0$、$z=0$ 时压强为 p_0，确定积分常数 $C = p_0$，故得压强分布规律为

$$p = p_0 + \rho(ax + gz) \tag{3-23}$$

式（3-23）为等加速直线运动容器中液体的静压强分布公式。

2. 等压面方程

由式（3-11），得

$$a dx + g dz = 0$$

积分，得

$$ax + gz = C \tag{3-24}$$

由此方程可以看出，等加速水平运动中液体的等压面是斜平面，不同的常数 C 代表不同的等压面，故等压面是一簇水平的斜面，其倾斜角为

$$\alpha = -\arctan\left(\frac{a}{g}\right) \tag{3-25}$$

可见，等压面与质量力的合力相互垂直。

3. 自由液面方程

自由液面是过坐标原点的等压面，当 $x=0$、$z=0$ 时，积分常数 $C=0$；如果令自由液面上某点的垂直坐标为 z_s，则自由液面方程为

$$ax + gz_s = 0 \tag{3-26}$$

或

$$z_s = -\frac{a}{g}x \tag{3-27}$$

将式（3-27）代入式（3-23），得

$$p = p_0 + \rho g(z_s - z) = p_0 + \rho g h$$

从该式可以看出，液体内任意一点的静压强等于自由液面上的压强加上深度为 h、密度为 ρ 的液体所产生的压强。即等加速水平运动容器中液体的静压强公式与静止流体中的静压强公式完全相同。

【例 3-3】 如图 3-14 所示，仅在重力场作用下的无盖水箱高 $H = 1.2\text{m}$，长 $L = 3\text{m}$，静止时盛水深度 $h = 0.9\text{m}$。现水箱以 $a = 0.98\text{m/s}^2$ 的加速度沿水平方向做直线运动。若取水的密度 $\rho = 1000\text{kg/m}^3$，水箱中自由水面的压强 $p_0 = 98000\text{Pa}$。试求：

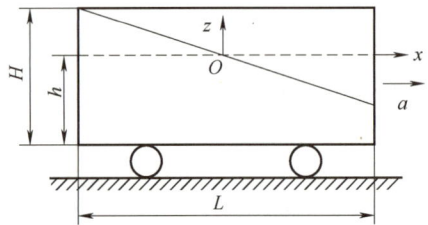

图 3-14 例 3-3 图

1）水箱中自由水面的方程与水箱中的压强分布。

2）水箱中的水不致溢出时的最大加速度 $a_{\max}$。

【解】 1）如图 3-14 所示，将固定在水箱上的运动坐标系的原点置于静止时自由水面的中点，z 轴垂直向上，x 轴与加速度的方向一致。则水箱运动时单位质量水受到的质量力与水的加速度分量分别为

$$f_x = -a, \quad f_y = 0, \quad f_z = -g$$

代入非惯性坐标系中的压力全微分公式 $\mathrm{d}p = \rho(f_x\mathrm{d}x + f_y\mathrm{d}y + f_z\mathrm{d}z) = \rho\mathrm{d}W$，得

$$\mathrm{d}p = -\rho(a\mathrm{d}x + g\mathrm{d}z)$$

积分，得

$$p = -\rho(ax + gz) + C_1$$

利用边界条件确定积分常数 C_1：在坐标原点 $O(x = z = 0)$ 处，$p = p_0$，得

$$C_1 = p_0$$

则水箱内的压强分布

$$p = p_0 - \rho(ax + gz) = 98000\text{Pa} - 1000\text{kg/m}^3 \times (0.98\text{m/s}^2 x + 9.8\text{m/s}^2 z)$$

$$= 98000\text{Pa} - 980\text{kg/(m}^2 \cdot \text{s}^2)x - 9800\text{kg/(m}^2 \cdot \text{s}^2)z$$

对于水箱中的等压面，有 $\mathrm{d}p = 0$，所以等压面的微分方程为

$$a\mathrm{d}x = -g\mathrm{d}z$$

积分，得

$$z = -\frac{a}{g}x + C_2$$

该式得出了一簇斜率为 $-a/g$ 的倾斜平面，其代表水箱加速运动的一簇等压面，自由水面就是等压面中的一个，因自由水面通过坐标原点，可确定积分常数 $C_2 = 0$。因此自由水面方程为

$$z = -\frac{a}{g}x = -\frac{0.98}{9.8}x = -0.1x$$

2）假设水箱以加速度 a_{max} 运动时，其中的水刚好没有溢出，且此时水箱右侧水的深度为 h'，则根据加速前后水的体积不变的性质可得

$$Lh = \frac{(h'+H)L}{2}$$

又根据水箱做水平等加速直线运动时，自由表面的斜率与几何长度之间的关系：

$$\frac{a_{max}}{g} = \frac{H-h'}{L}$$

得

$$a_{max} = \frac{2(H-h)}{L}g = \frac{2\times(1.2-0.9)}{3}\times 9.8\text{m/s}^2 = 1.96\text{m/s}^2$$

3.3.2 旋转运动容器中的液体平衡

如图 3-15 所示，盛有液体的容器绕垂直轴 z 以等角速度 ω 旋转。液体被容器带动也随容器一起旋转，当容器与液体达到相对平衡后，液面呈图 3-15 所示的曲面。

根据达朗贝尔原理，作用在液体质点上的质量力，除垂直向下的重力外，还要虚加一个离心惯性力，其大小等于液体质点的质量乘以向心加速度，方向与向心加速度方向相反。所以作用在单位质量液体的质量力为

$$f_x = \omega^2 r\cos\alpha = \omega^2 x$$

$$f_y = \omega^2 r\sin\alpha = \omega^2 y$$

$$f_z = -g$$

1. 液体静压强分布规律

根据式（3-10），有

$$\mathrm{d}p = \rho(\omega^2 x\mathrm{d}x + \omega^2 y\mathrm{d}y - g\mathrm{d}z)$$

积分，得

$$p = \rho\left(\frac{\omega^2 x^2}{2} + \frac{\omega^2 y^2}{2} - gz\right) + C$$

或

$$p = \rho g\left(\frac{\omega^2 r^2}{2g} - z\right) + C$$

利用边界条件，坐标原点 $r=0$、$z=0$ 时，压强为 p_0，确定积分常数 $C=p_0$，故得压强分布规律为

$$p = p_0 + \rho g\left(\frac{\omega^2 r^2}{2g} - z\right) \quad (3\text{-}28)$$

式（3-28）即等角速度旋转运动容器中液体的静压强分布公式。

2. 等压面方程

由式（3-11），得

$$\omega^2 x\mathrm{d}x + \omega^2 y\mathrm{d}y - g\mathrm{d}z = 0$$

积分，得

$$\frac{\omega^2 x^2}{2} + \frac{\omega^2 y^2}{2} - gz = C \qquad (3\text{-}29)$$

或

$$\frac{\omega^2 r^2}{2} - gz = C \qquad (3\text{-}30)$$

图 3-15 等角速度旋转容器中液体的平衡

图 3-15（动图）

不同的常数 C 代表不同的等压面，由此方程可以看出，等角速度旋转容器中液体相对平衡时，等压面是一簇绕 z 轴的旋转抛物面。

3. 自由液面方程

自由液面是过坐标原点的等压面，当 $r=0$、$z=0$ 时，积分常数 $C=0$；如果令自由液面上某点的垂直坐标为 z_s，则自由液面方程为

$$\frac{\omega^2 r^2}{2} - gz_\mathrm{s} = 0 \qquad (3\text{-}31)$$

或

$$z_\mathrm{s} = \frac{\omega^2 r^2}{2g} \qquad (3\text{-}32)$$

将式（3-32）代入式（3-28），得

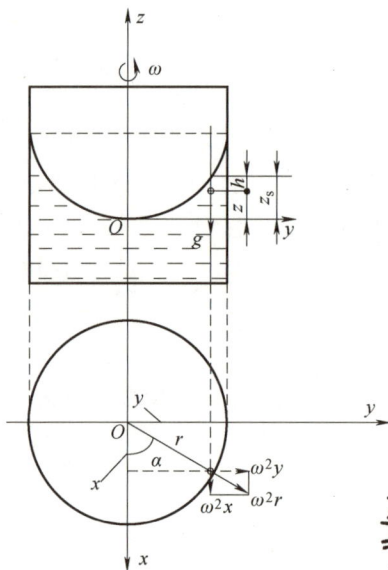

$$p = p_0 + \rho g (z_s - z) = p_0 + \rho g h$$

从该式可以看出，绕垂直轴任意一点的静压强等于自由液面上的压强加上深度为 h、密度为 ρ 的液体所产生的压强。即等角速度旋转运动容器中液体静压强公式与静止流体中的静压强公式完全相同。

液体的相对平衡是工程实际中常遇到的问题，如在离心式铸造机、离心式水泵中，在等角速度旋转条件下，液体与这些容器处于相对平衡状态。当前，国内离心泵的技术水平通过几十年的发展及许可证技术引进，从综合技术水平来看，单双级泵方面都有很大技术进步，与国外同类型泵相比无差距，有些地方还是国际一流水平，如可靠性、效率、通用化程度等。而高温高压多级泵在结构形式、可靠性方面已达到国际同类型水平。

【例 3-4】　充满液体、半径为 R 的圆筒，绕 z 轴以等角速度 ω 旋转，求：

1）当中心开口并连通大气时（图 3-16），容器内液体压强分布规律以及顶盖中心、边缘处流体静压强。

2）当开口取在容器边缘并连通大气时（图 3-17），容器内液体压强分布规律以及顶盖中心、边缘处流体静压强。

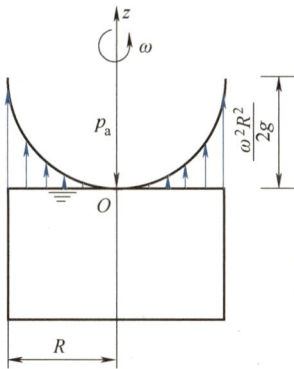

图 3-16　顶盖中心开口的旋转容器　　　图 3-17　顶盖边缘开口的旋转容器

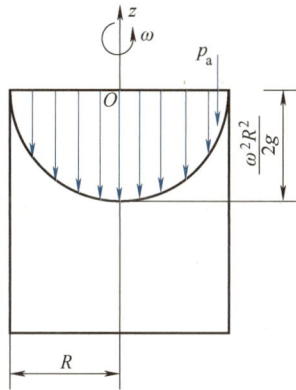

【解】　1）中心开口时。当圆筒绕垂直轴 z 以等角速度 ω 旋转时，液体借助离心惯性向外甩，由于受容器顶盖的限制，液面虽不能形成旋转抛物面，但其边界条件与式（3-28）相同，故液体内各点的静压强分布（图 3-16）为

$$p = p_a + \rho g \left(\frac{\omega^2 r^2}{2g} - z \right)$$

顶盖中心处流体静压强

$$p=p_a$$

顶盖边缘处流体静压强为 $r=R$、$z=0$ 时的静压强，即

$$p=p_a+\rho\frac{\omega^2R^2}{2}$$

2）边缘开口时。当圆筒绕垂直轴 z 以等角速度 ω 旋转时，液体虽借助离心惯性向外甩，但由于在容器内部产生真空而把液体吸住，因此液体甩不出容器。此时边界条件为 $r=R$、$z=0$ 时，代入式 $p=\rho g\left(\dfrac{\omega^2r^2}{2g}-z\right)+C$，得积分常数 $C=p_a-$

$\dfrac{\rho\omega^2R^2}{2}$，故液体内各点的静压强分布为

$$p=p_a-\rho g\left[\frac{\omega^2(R^2-r^2)}{2g}+z\right]$$

顶盖中心处流体静压强为 $r=R$、$z=0$ 时的静压强，即

$$p=p_a-\rho\frac{\omega^2R^2}{2}$$

顶盖中心 O 点处的真空为

$$p_v=p_a-p=\rho\frac{\omega^2R^2}{2}$$

可见，旋转角速度 ω 越高，中心处的真空越大，顶盖边缘处流体静压强为 $p=p_a$。

3.4 静止流体对平壁的总压力

3.4.1 解析法

1. 总压力的大小和方向

设任意形状平面，面积为 A，与水平面夹角为 α。选坐标系，以平面的延伸与液面的交线为 Ox 轴，Oy 轴垂直于 Ox 轴向下。将平面所在坐标平面绕 Oy 轴旋转 90°，展现受压平面，如图 3-18 所示。

在受压面上，绕任意一点 (x,y) 取微元面积 dA，流体作用在 dA 上的微小压力为

$$dF=\rho ghdA=\rho gy\sin\alpha dA$$

作用在平面上的总压力是平行力系的合力，即

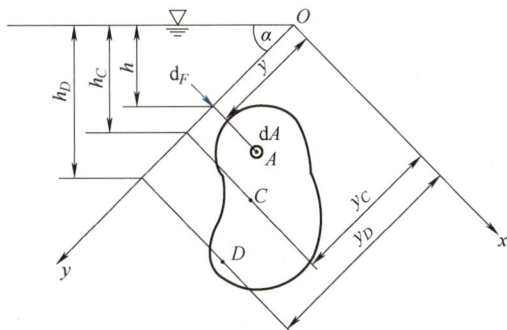

图 3-18　平面上液体总压力　　　　图 3-18（动图）

$$F = \int dF = \rho g \sin\alpha \int_A y \, dA$$

式中，$\int_A y \, dA$ 为受压面 A 对 Ox 轴的静矩，它等于受压面面积 A 与其形心 C 到 x 轴距离的乘积。

将 $\int_A y \, dA = y_C A$ 代入上式，且有 $y_C \sin\alpha = h_c$，$\rho g h_c = p_c$。则平面上总压力为

$$F = \rho g y_C A \sin\alpha = \rho g h_C A = p_C A \tag{3-33}$$

式中，F 为平面上总压力；h_C 为受压面形心点的淹没深度；p_C 为受压面形心点的压强。

式（3-33）表明，任意形状平面上的总压力的大小等于其形心点的压强与受压面面积的乘积。总压力的方向沿受压面的内法线方向，即垂直指向受压面。

2. 总压力的作用点

设总压力作用点（压力中心）D 到 Ox 轴的距离为 y_D，根据合力矩定律，则

$$F y_D = \int_A y \, dF = \rho g \sin\alpha \int_A y^2 \, dA$$

式中，积分 $\int_A y^2 \, dA$ 为受压面 A 对 Ox 轴的惯性矩。

记 $I_x = \int_A y^2 \, dA$，代入上式得

$$F y_D = \rho g \sin\alpha I_x$$

将式（3-33）代入化简，得

$$y_D = \frac{I_x}{y_C A} \tag{3-34}$$

由平行移轴定理，得 $I_x=I_C+y_C^2A$，代入式（3-34），得

$$y_D=y_C+\frac{I_C}{y_CA} \tag{3-35}$$

式中，y_D 为总压力作用点到 Ox 轴的距离；y_C 为受压面形心到 Ox 轴的距离；I_C 为受压面对平行于 Ox 轴的形心轴的惯性矩；A 为受压面的面积。

其中，$\frac{I_x}{y_CA}>0$，故 $y_D>y_C$，即总压力作用点 D 一般在受压面形心 C 之下。这是压强分布规律导致的必然结果；只有在受压面为水平面的情况下，平面上的压强分布是均匀的，压力中心 D 与形心 C 重合，才有 $y_D=y_C$，$h_D=h_C$。

同样，对 Oy 轴应用合力矩定理也可以求出 x_D。然而，在工程实际中遇到的平面图形大多具有与 Oy 轴平行的对称轴，此时压力中心 D 必位于对称轴上，无须再计算 x_D。

【例3-5】 储水容器上有 3 个半球形盖，如图 3-19 所示。已知 $H=2.5\text{m}$，$h=1.5\text{m}$，$R=0.5\text{m}$，求作用于 3 个半球形盖的水静压力。

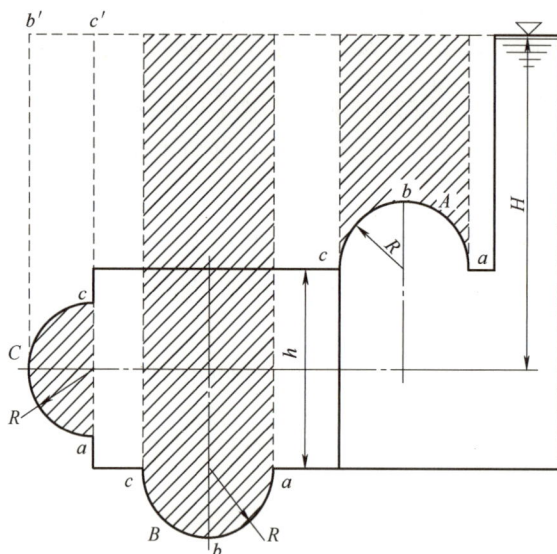

图 3-19 例 3-5 图

【解】 本例题是曲面受压问题，受压曲面的边界线都是圆周，在图上仅表现为受压曲面的两个端点 a、c。

（1）求各半球形盖所受的水平分力 半球形盖 A、B 的边界线都是在水平面

上的圆周，它封闭的面积在铅直面上的投影为一直线，故投影面积为 0，即 $A_{A_z}=A_{B_z}=0$，所以

$$F_{A_x}=0$$

$$F_{B_x}=0$$

半球形盖 C 的边界线是铅直面上的圆周，它封闭的面积在铅直面的投影面积，就是圆面积，即 $A_{C_z}=\dfrac{1}{4}\pi d^2$，形心点的水深为 H，故

$$F_{C_x}=p_C A_{C_z}=\rho g H\times\frac{1}{4}\pi d^2=1000\mathrm{kg/m^3}\times9.8\mathrm{m/s^2}\times2.5\mathrm{m}\times\frac{\pi}{4}\times1^2\mathrm{m^2}=19\mathrm{kN}$$

方向向左。

（2）求各半球形盖受的铅直分力　半球形盖 A、B 的压力体，底面为受压曲面；顶面为边界线圆周封闭的面积在相对压强为 0 的液面延长面上的投影面积；中间仍根据边界线圆周，向上作铅直投射柱面。这三种面所封闭的体积就是压力体。图 3-19 中阴影部分为压力体的剖面图，现分别计算如下：

$$F_{A_z}=\rho g V_A=\rho g\left[\left(H-\frac{h}{2}\right)\times\frac{1}{4}\pi d^2-\frac{\pi}{12}d^3\right]$$

$$=1000\mathrm{kg/m^3}\times9.8\mathrm{m/s^2}\times\left[\left(2.5-\frac{1.5}{2}\right)\times\frac{\pi}{4}\times1^2-\frac{\pi}{12}\times1^3\right]\mathrm{m^3}$$

$$=10.89\mathrm{kN}$$

液体在受压面之下，故方向向上。

$$F_{B_z}=\rho g V_B=\rho g\left[\left(H+\frac{h}{2}\right)\times\frac{\pi}{4}d^2+\frac{\pi}{12}d^3\right]$$

$$=1000\mathrm{kg/m^3}\times9.8\mathrm{m/s^2}\times\left[\left(2.5+\frac{1.5}{2}\right)\times\frac{\pi}{4}\times1^2+\frac{\pi}{12}\times1^3\right]\mathrm{m^3}$$

$$=27.56\mathrm{kN}$$

液体在受压曲面之上，故方向向下。

半球形盖 C 的压力体，底面为受压曲面；顶面为边界线圆周封闭的面积在相对压强为 0 的液面延长面上的投影，为一直线，即顶面为 0；中间仍根据边界线圆周，向上作铅直投射柱面。这时，压力体仅为两种面所封闭的体积——半球体积。图 3-19 中阴影部分为压力体的剖面图。故

$$F_{C_z}=\rho g V_C=\rho g\times\frac{\pi}{12}d^3=1000\mathrm{kg/m^3}\times9.8\mathrm{m/s^2}\times\frac{\pi}{12}\times1^3\mathrm{m^3}=2.566\mathrm{kN}$$

方向向下。

F_{C_z}及F_{A_z}、F_{B_z}为连接螺栓的拉力所承受，F_{C_x}为连接螺栓的剪力所承受，A、B、C三盖中只有C盖有两个分力，其合力请读者自行计算。

3.4.2 图解法

求解矩形平面上的静水总压力问题时，采用图解法不仅能直观地反映力的实际分布，而且有时比解析法简单。使用图解法，应先绘制静水压强分布图，然后据此计算静水总压力。

1. 静水压强分布图

根据基本方程$p=p_0+\rho gh$，直接绘在受压面上并表示各点压强大小和方向的图形。如前所述，大气压强对受压面不产生力学效应。因此，在实际工程计算中，只考虑相对压强的作用，因而在绘制压强分布图时也采用相对压强。现以图3-20中铅直面AB左侧为例，绘制静水压强分布图。

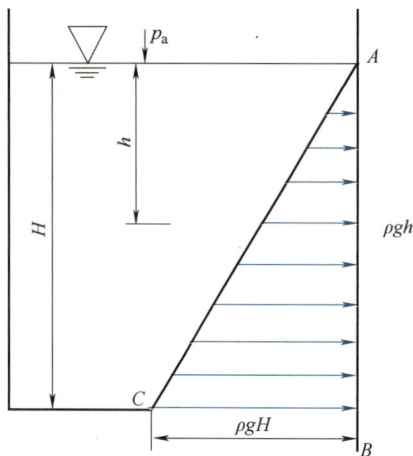

图 3-20　静水压强分布图绘制方法　　　　图 3-20（动图）

根据压强与水深呈直线变化的规律，只要定出AB面上两端点的压强，并用有向线段表示在相应的点上，然后用直线连接两线段的端点，即得静水压强分布图。如在水面上的A点，$p_A=0$，在水箱底部的B点，$p_B=\rho gH$，取有向线段$BC=p_B$标在B点上，连接两端点A、C，三角形ABC即AB壁面上的静水压强分布图。

根据式$p=p_a+\rho gh$和静水压强垂直于作用面的特性，可绘出斜面、折面及铅直面上的静水压强分布图，如图3-21所示。

a) 铅直面上的静水压强分布图1

b) 折面上的静水压强分布图

c) 铅直面上的静水压强分布图2

d) 斜面上的静水压强分布图

图 3-21　典型平面静水压强分布图

2. 静水总压力

设底边平行于液面的矩形面积 AB，与水平面夹角为 α，平面宽度为 b，上下底边的淹没深度为 h_1、h_2，如图 3-22 所示。

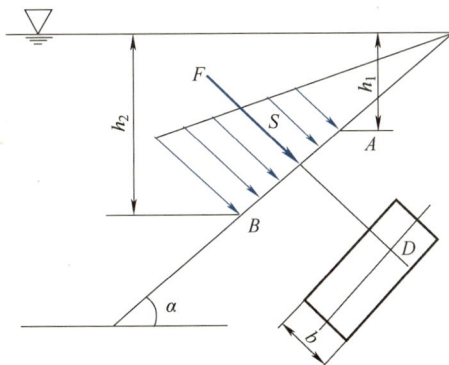

图 3-22　图解法求解静水总压力

图 3-22（动图）

总压力的大小等于压强分布图的面积 S 乘以受压面的宽度 b，即

$$F = Sb \tag{3-36}$$

总压力的作用线通过压强分布图的形心，作用线与受压面的交点就是总压力的作用点。

【例 3-6】 一道铅直矩形闸门，如图 3-23 所示，顶边水平，所在水深 $h_1 = 1\text{m}$，闸门高 $h = 2\text{m}$，宽 $b = 1.5\text{m}$，试用解析法及图解法求静水总压力 F 的大小及作用点。

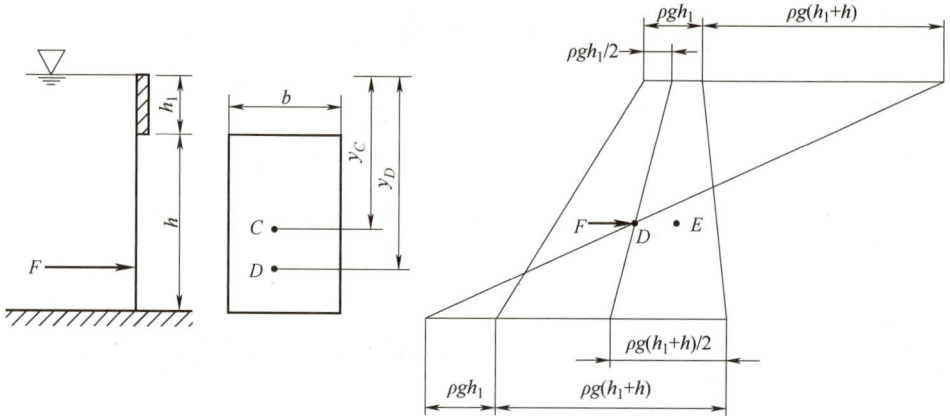

图 3-23 例 3-6 图

【解】 1）用解析法求 F。

$$F = \rho g h_c A$$

$$h_c = h_1 + h/2 = 1\text{m} + \frac{2}{2}\text{m} = 2\text{m}$$

$$A = bh = 1.5\text{m} \times 2\text{m} = 3\text{m}^2$$

代入式中得

$$F = 1000\text{kg/m}^3 \times 9.8\text{m/s}^2 \times 2\text{m} \times 3\text{m}^2 = 58.8\text{kN}$$

压力中心

$$y_D = y_C + \frac{I_C}{y_C A}$$

其中： $y_C = h_c = 2\text{m}$，$I_C = \frac{1}{12}bh^3 = \frac{1}{12} \times 1.5\text{m} \times (2\text{m})^3 = 1\text{m}^4$

代入式中得

$$y_D = 2\text{m} + \frac{1\text{m}^4}{2\text{m} \times 1.5\text{m} \times 2\text{m}} = 2.17\text{m}$$

各计算数值的符号标在图 3-23 上。

2）用图解法求 F。

先绘制静水压强分布图，如图 3-23 所示，然后引用式 $F = Sb$。其中

$$S = \frac{1}{2}\left[\rho g h_1 + \rho g (h_1 + h)\right] h = \frac{1}{2} \rho g h (2h_1 + h)$$

$$= \frac{1}{2} \times 1000 \text{kg/m}^3 \times 9.8 \text{m/s}^2 \times 2\text{m} \times (2 \times 1 + 2)\text{m}$$

$$= 39.2 \text{kN/m}$$

$b = 1.5\text{m}$，代入式中得

$$F = 39.2 \text{kN/m} \times 1.5\text{m} = 58.8 \text{kN}$$

压力中心过静水压强分布图梯形的形心。可用作图法确定，如图 3-23 所示。也可将梯形划分为已知形心位置的三角形和矩形，利用总面积对某轴之距等于各部分面积对同轴矩之和求得。通过 E 点作垂直于受压面的压力 F，得交点 D，这便是压力中心。

3.5　静止流体对曲壁的总压力

3.5.1　静止流体对二维曲壁的作用力

胶州湾大桥是山东省青岛市境内黄岛区、城阳区、李沧区及胶州市的跨海通道，是目前世界上最长的跨海大桥，是山东省"五纵四横一环"公路网上框架的重要组成部分，如图 3-24 所示。胶州湾大桥在设计之初，需要计算结构表面（平面或曲面）上的液体总压力，确定它的大小、方向和作用点。

实际工程中，除平面受静压力作用外，还经常遇到作用于曲面的静压力问题，如水利工程中的弧形闸门、拱形大坝等，化工中的圆柱形油箱、储油罐，机械上滑动轴承的圆柱形轴瓦等，均为曲面受压。

静止流体对二维曲壁的作用力如图 3-25 所示。ab 为二维曲壁的一部分，其形心 C 的淹没水深

图 3-24　胶州湾大桥

为 h_{C_x}，在 ab 上水深 h 处任取一面积微元 dA，其水平方向投影面积为 dA_x，铅垂方向投影面积为 dA_z。作用在 dA 上的总压力为 $dF = \rho g h dA$，分解为

$$\begin{cases} \mathrm{d}F_x = \mathrm{d}F\sin\alpha = \rho gh\mathrm{d}A\sin\alpha = \rho gh\mathrm{d}A_x \\ \mathrm{d}F_z = \mathrm{d}F\cos\alpha = \rho gh\mathrm{d}A\cos\alpha = \rho gh\mathrm{d}A_z \end{cases} \tag{3-37}$$

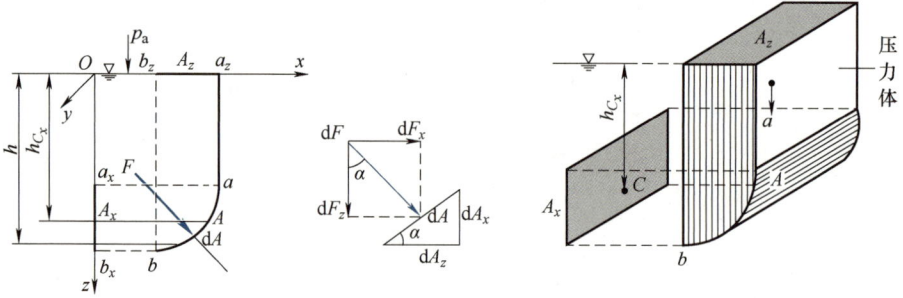

图 3-25   静止流体对二维曲壁的作用力

将 $\mathrm{d}F_x$ 对 A_x 积分，得总压力的水平分力为

$$F_x = \iint\limits_{A_x} \mathrm{d}F_x = \rho g \iint\limits_{A_x} h\mathrm{d}A_x = \rho gh_{C_x}A_x \tag{3-38}$$

式（3-38）表明，液体对曲壁总压力的水平分力等于曲壁在该方向投影面积上的总压力，水平分力作用线通过投影面积的压强中心，方向指向曲壁，即水平分力相当于作用在平板 A_x 上的总压力。

将 $\mathrm{d}F_z$ 对 A_z 积分，得总压力的铅垂分力为

$$F_z = \iint\limits_{A_z} \mathrm{d}F_z = \rho g \iint\limits_{A_z} h\mathrm{d}A_z = \rho g V_p \tag{3-39}$$

式中，$V_p = \iint\limits_{A_z} h\mathrm{d}A_z$ 称为压力体，它是图 3-25 中曲面 ab 及其投影所围成的区域 abb_za_za，而 $\rho g V_p$ 则是压力体 V_p 内液体的重力。

可见，液体对曲壁总压力的铅垂分力等于压力体内液体的重力，铅垂分力的作用线通过压力体的重心，即铅垂分力相当于压力体 V_p 内液体的重力。总压力大小为 $F = \sqrt{F_x^2 + F_z^2}$。

曲壁总压力 F 的水平分力 F_x 作用线与铅垂分力 F_z 作用线交于一点，总压力作用线通过该点，并与铅垂线的夹角为 $\alpha = \arctan\dfrac{F_x}{F_z}$。

值得一提的是，当液体与压力体位于曲壁同侧时，压力体取正，表示铅垂压力方向向下；而当液体与压力体位于曲壁异侧时，压力体取负，称为虚压力体，表示铅垂压力方向向上。

V_P 是由积分 $\iint\limits_{A_z} h\mathrm{d}A_z$ 所确定的纯几何体积，为压力体体积，它的大小与此体积内介质的性质及是否含有流体并没有关系。因此，压力体液重并不一定是压力体内实际具有的流体重力，它只是为了计算总压力的铅垂分力而引入的一个虚构概念。

3.5.2　静止流体对三维曲壁的作用力

在静止流体中，有一任意形状面积为 A 的曲面 S（ABC），作用在三维曲面 S 上的总压力等于分别作用在 S 的三个坐标投影面上的三个分力之合力。如图 3-26 所示，在直角坐标系中，浸没于流体中的三维曲面 S（ABC），其三个投影面分别为 OAB、OAC、OBC。

在 S 上取微元面积 $\mathrm{d}A = n\mathrm{d}A$，若淹没深度为 h，压强 $p = \rho gh$，则微元上流体静压力为 $\mathrm{d}\boldsymbol{F} = p(-n\mathrm{d}A)$，静压力总和为

$$F = \iint\limits_A p(-n)\mathrm{d}A = \iint\limits_A \rho gh(-n)\mathrm{d}A = \rho g\iint\limits_A (-n)h\mathrm{d}A$$

$$(3\text{-}40)$$

对空间曲壁，式（3-40）所表示的流体静压力实际是一个空间非平行力系的矢量和。所以，首先将 $\mathrm{d}\boldsymbol{F}$ 投影到坐标轴 x、y、z 上，得

$$\begin{aligned}\mathrm{d}\boldsymbol{F} &= \mathrm{d}F_x\boldsymbol{i} + \mathrm{d}F_y\boldsymbol{j} + \mathrm{d}F_z\boldsymbol{k} \\ &= \mathrm{d}F\cos\alpha\boldsymbol{i} + \mathrm{d}F\cos\beta\boldsymbol{j} + \mathrm{d}F\cos\gamma\boldsymbol{k} \\ &= p\mathrm{d}A\cos\alpha\boldsymbol{i} + p\mathrm{d}A\cos\beta\boldsymbol{j} + p\mathrm{d}A\cos\gamma\boldsymbol{k} \\ &= p\mathrm{d}A_x\boldsymbol{i} + p\mathrm{d}A_y\boldsymbol{j} + p\mathrm{d}A_z\boldsymbol{k}\end{aligned}$$

$$(3\text{-}41)$$

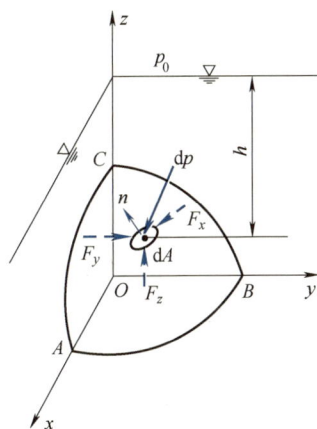

图 3-26　作用于空间壁面上的流体静压力

式中，α、β、γ 为微元面积的方向角；$\mathrm{d}A_x$、$\mathrm{d}A_y$、$\mathrm{d}A_z$ 为微元面积的三个投影面积，它们分别垂直于 x、y、z 轴。

对上式三项分别积分，可得作用在空间壁面上流体静压力的三个分量

$$\begin{cases} F_x = \iint\limits_{A_x} p\mathrm{d}A_x = \rho g\iint\limits_{A_x} h\mathrm{d}A_x = \rho gh_C A_x \\[2mm] F_y = \iint\limits_{A_y} p\mathrm{d}A_y = \rho g\iint\limits_{A_y} h\mathrm{d}A_y = \rho gh_C A_y \\[2mm] F_z = \iint\limits_{A_z} p\mathrm{d}A_z = \rho g\iint\limits_{A_z} h\mathrm{d}A_z = \rho gV_F \end{cases}$$

$$(3\text{-}42)$$

式（3-42）中前两式，h 与微元面积 dA_x 或 dA_y 平行，积分结果分别为对 x、y 轴的面积矩，$\rho g h_C$ 为投影面积 A_x、A_y 在形心 C 处的压强。第三式中水深 h 与微元面积 dA_z 相垂直，因此积分 $\iint\limits_{A_z} h dA_z$ 是一个纯几何体积，即压力体体积，记为 V_F。

一般而言，对于不规则的三维曲壁，作用在三个投影面上的三个分力并不会相交于一点，而是构成空间一般力系。若式（3-42）积分的三个分量能交于一点，则作用在曲面 S 上的总静压力大小为

$$F = \sqrt{F_x^2 + F_y^2 + F_z^2} \tag{3-43}$$

方向分别为

$$\alpha = \arccos \frac{F_x}{F}, \ \beta = \arccos \frac{F_y}{F}, \ \beta = \arccos \frac{F_z}{F} \tag{3-44}$$

总静压力的矢量作用线与曲面 S 的交点即压力中心 D。

【例3-7】 如图 3-27 所示，弧形阀门 AB，宽度为 $b=4\mathrm{m}$，$\alpha=45°$，半径 $R=2\mathrm{m}$，闸门转轴恰好与其顶部平齐，求作用于阀门上的静水总压力的大小和方向。

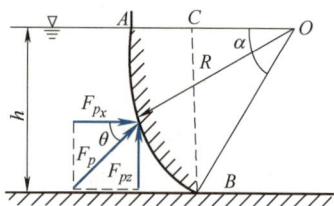

图 3-27　闸门的液体总压力

【解】 闸门高：

$$h = R\sin45° = 2\mathrm{m} \times \sin45° = 1.414\mathrm{m}$$

水平总压力为

$$F_{px} = \rho g(h/2)bh = 1000\mathrm{kg/m^3} \times 9.807\mathrm{m/s^2} \times 1.414^2\mathrm{m^2} \times 4\mathrm{m}/2 = 39.216\mathrm{kN}$$

铅垂总压力等于 ABC 体积内的水的重力，即

$$F_{pz} = \rho g b\left[\frac{1}{8}\pi R^2 - \frac{1}{2}\left(\frac{\sqrt{2}}{2}R\right)\left(\frac{\sqrt{2}}{2}R\right)\right] = \rho g b\left[\frac{1}{8} \times 3.14 \times 2^2 - \frac{1}{4} \times 2^2\right]\mathrm{m^2} = 22.36\mathrm{kN}$$

所以

$$F_p = \sqrt{F_{px}^2 + F_{pz}^2} = (39.216^2 + 22.36^2)^{\frac{1}{2}}\mathrm{kN} = 45.143\mathrm{kN}$$

总压力倾角

$$\theta = \arctan\frac{F_{pz}}{F_{px}} = \arctan\frac{22.36}{39.216} = 29.69°$$

思考题

3-1　流体静压强有哪些特性？

3-2 证明静止流体中任意点处各方向的压强相等。

3-3 流体平衡微分方程是如何建立的？它的物理意义是什么？

3-4 绝对压强、相对压强、真空度的定义分别是什么？如何换算？

3-5 处于相对平衡的流体的等压面是否为水平面？为什么？什么条件下等压面是水平面？

习 题

3-1 静止流体的压强作用于某作用面的方向是（ ）。

A. 垂直于受压面　　　　　　　　　B. 垂直且指向受压面

C. 指向受压面　　　　　　　　　　D. 不能确定

3-2 在地球表面，只考虑重力作用的静止流体，等压面是指（ ）。

A. 测压管水头相等的面　　　　　　B. 充满各种流体的水平面

C. 充满流体且连通的水平面　　　　D. 充满均质流体且连通的水平面

3-3 绝对压强 p 与相对压强 p_e、真空度 p_v、当地大气压 p_a 之间的关系是（ ）。

A. $p=p_e+p_v$　　　B. $p_e=p+p_a$　　　C. $p_v=p_a-p$　　　D. $p_e=p_v+p_a$

3-4 $z+\dfrac{p}{\rho g}=C$ 是流体静力学方程式，从物理意义上 $z+\dfrac{p}{\rho g}$ 说法正确的是（ ）。

A. 某断面计算点单位质量流体对某一基准面所具有的位置能量

B. 某断面计算点单位质量流体对某一基准面所具有的压力能量

C. 某断面计算点单位质量流体对某一基准面所具有的势能

D. 某断面计算点单位质量流体对某一基准面所具有的总势能

3-5 流体中某点的绝对压强为 $10^2 kN/m^2$，当地大气压为 1 个工程大气压，则该点的相对压强为（ ）。

A. $1kN/m^2$　　　B. $4kN/m^2$　　　C. $-1kN/m^2$　　　D. $-4kN/m^2$

3-6 金属压力表的读数值是（ ）。

A. 绝对压强　　　　　　　　　　　B. 绝对压强加当地大气压

C. 相对压强　　　　　　　　　　　D. 相对压强加当地大气压

3-7 敞口油箱，深度为 3m，油的密度为 $800kg/m^3$，求箱底的相对压强。

3-8 某密封水箱如图 3-28 所示，若水面上的相对压强 $p_0=-44.5kPa$，求：

1) h 值。

2) 求水下 0.3m（M 点）处的压强，要求分别用绝对压强、相对压强、真空度表示，其中相对压强值要求用水柱高及大气压表示。

3）M 点相对于基准面 0—0 的测压管水头。

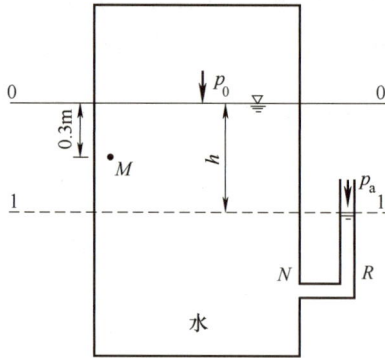

图 3-28　习题 3-8 图

3-9　如图 3-29 所示，某铅直矩形闸门，已知 $h_1 = 1\text{m}$、$h_2 = 2\text{m}$、$b = 1.5\text{m}$，求总压力大小及其作用点位置。

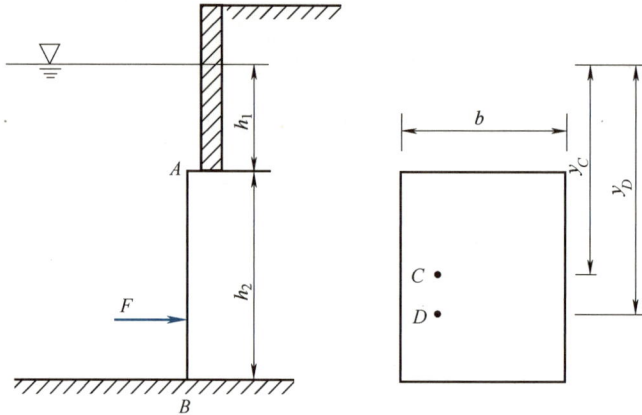

图 3-29　习题 3-9 图

3-10　如图 3-30 所示，矩形自动开启阀门 AB，宽度为 2.0m，高度为 2.0m，垂直安装，要求 A 点水位达到 2.0m 时，阀门自动打开，不计轴承摩擦，试求阀门的安装位置。

3-11　如图 3-31 所示，某圆弧门，$r = 2\text{m}$。求：

1）作用于闸门的水平总压力及其作用线位置。

2）铅垂总压力及其作用线位置。

图 3-30　习题 3-10 图

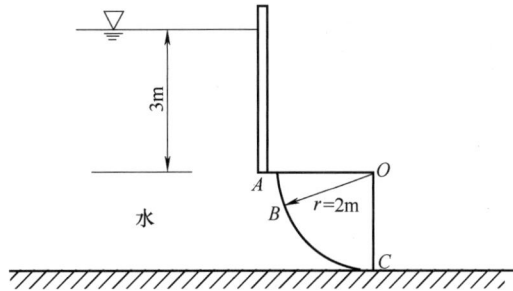

图 3-31　习题 3-11 图

第 **4** 章

流体运动学

　　红旗渠位于河南安阳林州，被誉为"世界第八大奇迹"。红旗渠是林州市人民在极其艰难的条件下，从太行山腰修建的引漳入林的工程，被称为"人工天河"。红旗渠水利工程的修建需要充分利用流体运动学的知识。红旗渠的建成，彻底改善了林州人民靠天等雨的恶劣生存环境，解决了家畜吃水及耕地灌溉问题，极大地改善了林州人民的生活条件，被林州人民称为"生命渠""幸福渠"。

4.1　描述流体运动的两种方法

　　理论力学以受力后不变形的刚体为研究对象，材料力学以各向同性产生微小变形的弹性固体为研究对象，而流体力学以无固定形状的流体为研究对象。流体中每个质点都受周围各质点的影响，运动互相制约，但约束不像刚体那样紧密，互相之间有自由程和相对位移，因此流体运动较为复杂，流体质点在空间运动具有确定的物理量，诸如流体质点的位移、速度、加速度、密度、压强、动量、动能等，统称为流体的流动参数。在运动过程中，这些物理量会发生变化，需要进行描述及研究其变化规律，描述流体运动就是要表达这些流动参数在各个不同空间位置上随时间连续变化的规律，无论是从着眼于研究流体质点的运动出发，还是从着眼于研究流动空间点上流动参数的变化出发，解决这种问题有两种可行的方法，即拉格朗日法和欧拉法。

4.1.1　拉格朗日法

　　拉格朗日法又称为随体法。它着眼于流体质点，跟随流体质点一起运动，记录流体质点在运动过程中各种物理量随所到位置和时间的变化规律，跟踪所有的流体质点便可了解整个流体运动的全貌。通常取某一时刻（如 $t=t_0$），某流体质点的空间坐标（如 $x=a_1$，$y=b_1$，$z=c_1$）作为该流体质点的标记，该流体质

点的物理量 $\boldsymbol{B}$（如矢径、速度等矢量，或压强、密度等标量）随时间变化的表达式为

$$\boldsymbol{B} = \boldsymbol{B}(a, b, c, t) \tag{4-1}$$

式中，a、b、c、t 称为拉格朗日坐标，不同的值代表不同的流体质点。在任意时刻 t，流体质点相对于坐标原点的位置可表示为

$$\boldsymbol{r} = \boldsymbol{r}(a, b, c, t) \tag{4-2}$$

它代表了流体质点的运动轨迹。

流体是由无数多个流体质点组成的介质，工程上更关心由流体质点群构成的流体元和流体系统的运动规律及其形成的作用。用拉格朗日法描述流体质点群的运动远比描述刚体和固体质点系统的运动复杂得多。由于流体的易变形性，所有流体质点之间均可发生规律不同的相对运动，每个流体质点的物理量均可随时间连续变化，用拉格朗日坐标描述流体质点群运动的数学方程将十分复杂，无法求解。拉格朗日法的缺点还在于不能直接给出流体质点速度的空间分布，因此除涉及个别流体质点运动的少数例子，如研究污染物粒子在水中运动的轨迹，自由液面的波动规律等外，流体力学研究很少采用拉格朗日法。但拉格朗日观点，特别是由同一批流体质点组成的流体线、流体面和流体系统的概念，仍经常被应用。拉格朗日观点是定义流体物理量的基础，物理学基本定律也是按拉格朗日观点以直接描述流体质点和质点群运动的方式给出的。

4.1.2 欧拉法

欧拉法着眼于空间点，把流体物理量表示为空间位置和时间的函数。空间点上的物理量，是指某时刻占据空间点的流体质点的物理量。不同时刻占据该空间点的流体质点不同，因此欧拉法表示的是流体物理量在不同时刻的空间分布。

在直角坐标系中，流体物理量 $\boldsymbol{B}$ 的空间分布可表示为

$$\boldsymbol{B} = \boldsymbol{B}(x, y, z, t) \tag{4-3}$$

式中，x、y、z、t 称为欧拉变数，(x, y, z) 称为欧拉坐标，不同的 (x, y, z) 值代表不同的空间点。

在欧拉法中最重要的流体物理量是速度 $\boldsymbol{v}$ 和压强 p。在时刻 t，速度的空间分布可表示为

$$\boldsymbol{v} = \boldsymbol{v}(x, y, z, t) \tag{4-4}$$

速度分布的分量式可表示为

$$\begin{cases} v_x = v_x(x,y,z) \\ v_y = v_y(x,y,z) \\ v_z = v_z(x,y,z) \end{cases} \tag{4-5}$$

在时刻 t，压强的空间分布可表示为

$$p = p(x,y,z,t) \tag{4-6}$$

按欧拉观点，考察的对象不局限于空间点，可推广到空间面（控制面）和空间体（控制体）。城市交通管理中心通过监视某一个或几个重要区域（特别是重要交通枢纽区域）的人流来调配运力，是行之有效的管理方法，它体现了欧拉法的优点。在流体力学中关注指定空间区域内的流动，是符合实际问题需要的，例如，求流体流过某物体表面时的作用力，只要分析物体表面上的速度分布和压强分布即可，不必了解物体表面以外区域中每个质点的运动过程。

流体作为一种连续介质，在空间构成一个"场"，场的观点就是欧拉观点。有关的物理量在空间的分布，称为该物理量场，如速度场、压强场、密度场等，所有这些物理量场统称为流场。由于引入场的观点，可用数学中成熟的场论知识作为理论分析工具，因此欧拉法是流体力学数学解析法中最常用的分析法。

4.2 描述流体运动的基本概念

4.2.1 迹线与流线

流体质点的运动轨迹叫作迹线，迹线是拉格朗日法描述流体运动的几何基础，而欧拉法描述流体运动的几何基础则是流线。

1. 迹线

流场中某一流体质点的运动轨迹称为迹线。它是拉格朗日法描述流体运动的几何基础。它表示同一流体质点在不同时刻的运动方向。例如，在流动的水面上撒一片木屑，木屑随水流漂流的途径就是某一点的运动轨迹，也就是迹线。

如给定欧拉速度场 $v = v(x,y,z,t)$，则根据迹线的定义，可写出直角坐标系下的迹线微分方程：

$$\begin{cases} \dfrac{\mathrm{d}x}{\mathrm{d}t} = v_x(x,y,z,t) \\[2mm] \dfrac{\mathrm{d}y}{\mathrm{d}t} = v_y(x,y,z,t) \\[2mm] \dfrac{\mathrm{d}z}{\mathrm{d}t} = v_z(x,y,z,t) \end{cases} \tag{4-7}$$

式中，位置坐标（x,y,z,t）是时间 t 的函数。若给定初始时刻 $t=0$ 的质点坐标为（a,b,c）。对式（4-7）积分就可得到该质点的迹线方程。

2. 流线

流线是用来描绘某一特定时刻流场中各点速度方向的曲线，在曲线上流体质点的速度方向与该点的切线方向一致，如图 4-1 所示。它是欧拉法描述流体运动的几何基础。它表示同一时刻、不同空间点上流体质点的速度方向。例如，在流动水面上同时撒很多片木屑，这时可看到这些木屑将连成若干条曲线，每一条曲线表示在同一瞬时各点的流动方向线，也就是流线。

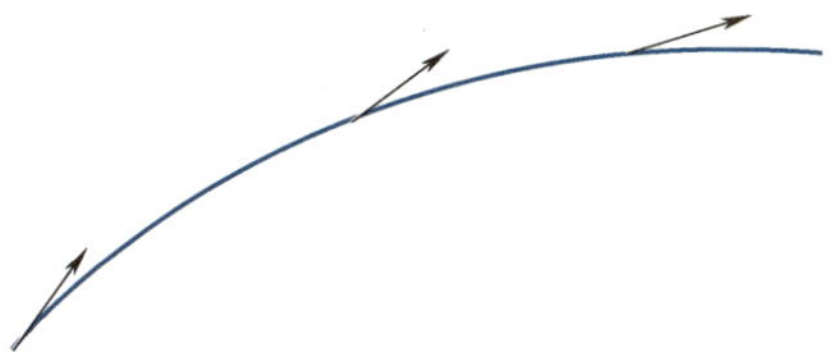

图 4-1　流线

设流线上任意一点的矢径 $r=xi+yj+zk$，则 $dr=dxi+dyj+dzk$ 代表该点上与流线相切的矢量。如给定欧拉速度场 $v=v(x,y,z,t)$，则根据流线的定义，速度 v 与 dr 共线，即

$$dr \cdot v=0 \tag{4-8}$$

于是可写出直角坐标系下的流线微分方程

$$\frac{dx}{v_x}=\frac{dy}{v_y}=\frac{dz}{v_z} \tag{4-9}$$

将时间 t 作为参变量，对式（4-9）积分，可得到流线方程。

一般情况下，流线不能相交和分支，在给定瞬间，通过空间某一特定点只能有一条流线，否则在同一空间点上流体质点将同时有几个不同的速度方向。只有在流场中速度为零或无穷大的那些点，流线才可以相交，这是因为在这些点上会出现在同一点上存在不同速度方向的问题。速度为零的点称为驻点，速度为无穷大的点称为奇点，如图 4-2 所示。

根据上述迹线与流线的定义，可以清楚地看到，流线和迹线是两个不同的概念。流线是针对某一时刻而言的，不同的时刻有不同的流线；而迹线是指某一时段内某一质点的运动轨迹曲线。在定常流动时，因为流场中各流体质点的速度不随时间变化，所以通过同一点的流线形状始终保持不变，因此流线和迹线相重合。而在非定常流动时，一般来说，流线要随时间变化，故流线和迹线不相重合。

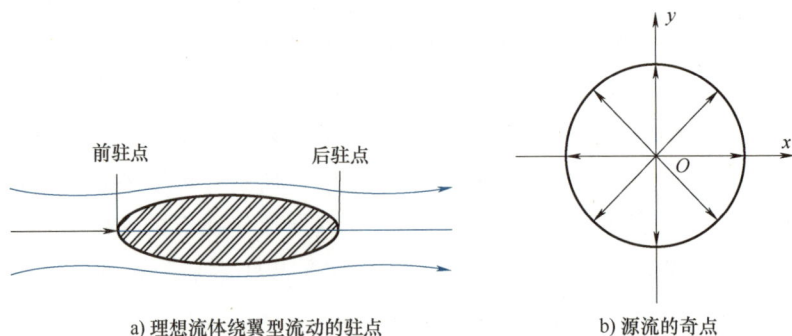

前驻点　　　后驻点

a) 理想流体绕翼型流动的驻点　　　　b) 源流的奇点

图 4-2　驻点与奇点

【例 4-1】　已知流场中任意一点的速度分量分别为：$v_x = x+t$，$v_y = -y+t$，$v_z = z+t$。试求：$t=0$ 时刻，通过 A 点（$-1,-1,0$）的流线方程。

【解】　由于 $v_z = 0$，且 v_y 和 v_x 与 z 无关，因此该流场的流动是一个二元流动。现将已知的速度分布代入流线微分方程式（4-9），即

$$\frac{\mathrm{d}x}{x+t} = \frac{\mathrm{d}y}{-y+t}$$

对该流线微分方程积分，其中时间 t 可视为常数，得到流线方程

$$(x+t)(y-t) = C$$

代入边界条件：$t=0$ 时刻，此流线经过 A 点（$-1,-1$），可得

$$C = 1$$

故 $t=0$ 时刻，通过 A 点（$-1,-1$）的流线方程为 $xy = 1$。

4.2.2　定常流动与非定常流动

在通常情况下，流场中流体的运动参数要随空间点的位置和时间变化，为研究方便起见。按照流体质点通过空间固定点时的运动参数是否随时间而变化将其分为定常流动和非定常流动。

若流场中每一空间点的各运动参数（速度、加速度、压强、密度、温度、动能、动量等）都不随时间而变化，仅是位置坐标的函数，则称这种流动为定常流动或恒定流动。当然，不同点的运动参数一般情况下是不同的。

若流场中流体的运动参数不仅是位置坐标的函数，也随时间变化，则称这种流动为非定常流动或非恒定流动。

国家游泳中心水立方（图 4-3）看似简单的"方盒子"，却是由我国传统文化和现代科技共同"搭建"而成的。中国人认为：没有规矩不成方圆，按照定

制出来的规矩做事，就可以获得整体的和谐统一。在我国传统文化中，"天圆地方"的设计思想催生了水立方，它与国家体育场——圆形的"鸟巢"相呼应，相得益彰。为在较短时间内将水灌满泳池，分别采用了变径出流和等直径出流两种方式。当水位 H 保持不变时，出水管道中各个运动要素都不随时间变化，为定常流动；当水位 H 逐渐降低时，出水管道中各个运动要素随时间发生变化，为非定常流动。

图 4-3　水立方游泳馆

4.2.3　流管、流束、流量与平均流速

1. 流管

某一时刻在流场中任取一条不是流线的曲线，过曲线上的每一点作流线，这些流线所构成的曲面称为流面（图 4-4a）。如果任取的是一条封闭曲线，则由这些流线所构成的管状曲面称为流管（图 4-4b）。由流线定义可知，位于流管表面上的各流体质点只具有相切于流管方向的速度，没有法向速度分量，因而不能穿越流管表面，即没有流体通过流管表面向内或向外流动，流管如同真实的固体管壁，将其内部的流体限制在管内流动。

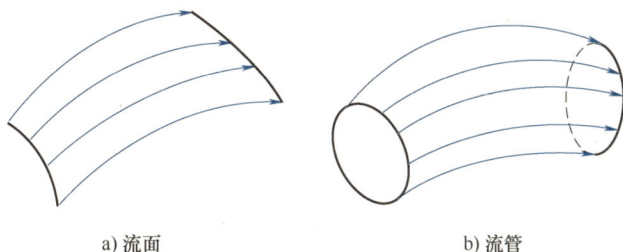

a) 流面　　　　　　　　　　　　b) 流管

图 4-4　流面与流管

2. 流束

流管内部的全部流体称为流束。流束可大可小，如果封闭曲线取在管道内部周线上，则流束就是充满管道内部的全部流体，这种情况通常称为总流。如

果封闭曲线取得极小，甚至缩为一点，则极限趋近于一条流线的流束，称为元流（或称为微小流束）。

3. 流量

流束中处处与速度方向相垂直的横截面称为该流束的过流断面。相应地在总流中取一横截面如图 4-5 中虚线所示，那么该断面就称为总流的过流断面。

单位时间内通过某一总流过流断面的流体体积称为体积流量，简称流量，以符号 Q 表示，常用单位为 m^3/s 或 m^3/h。有时也用单位时间内通过总流过流断面的流体质量来表示流量，称为质量流量，常用单位为 kg/s。流量的计算式可用图 4-6 来说明。设有一面积为 A 的曲面，取微元面积 dA，在此面积上流体的速度 v 在法线方向上的分量为 v_n，则流量 Q 的计算式为

$$Q = \int dQ = \int_A v_n dA \tag{4-10}$$

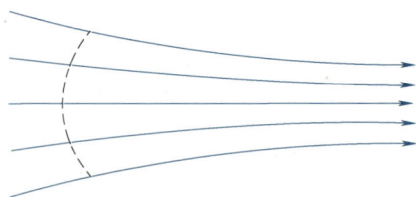

图 4-5　总流的过流断面　　　　　　　图 4-6　流量

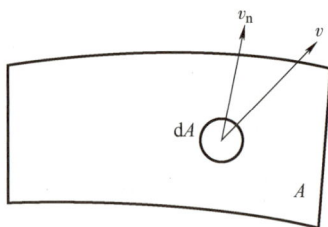

4. 平均流速

在工程计算中，为了计算方便，引入平均流速的概念。平均流速是一种假想的流速，即假定在过流断面上各流体质点都以相同的平均速度流过，则单位时间内通过该过流断面的体积流量与各流体质点以真实流速流过的体积流量相等。平均流速在实际工程计算中得到广泛应用，通常人们所说的某管道中某种流体的流速是多少，指的都是平均流速。根据上述平均流速的概念，流量 Q 与过流断面的面积 A 的比值即平均流速，记作 $\bar{v}$，在不混淆的情况下，上横杠可不标出。

$$\bar{v} = \frac{Q}{A} \tag{4-11}$$

4.2.4　一元、二元与三元流动

实际流体在空间上的运动是极为复杂的，就流场中流体的运动参数依赖空间坐标的个数而言，可将其分为一元流动、二元流动和三元流动。

若流场中流体的运动参数仅是关于一个空间坐标 x 的函数，则该流动称

为一元流动。真正的一元流动并不存在，但是当采用过流断面的平均运动参数时，就可以近似地按一元流动来处理，这种处理方法称为一元分析法。一元分析法是流体力学中经常采用的一种简化方法。例如，对于管流，可将有关的运动参数（如流速）进行断面平均，这实际上是忽略了断面上次要的、微小的变化，而把断面流速分布看作均匀分布，通过这样的处理后，总流的运动参数就仅是时间 t 和流程 x 的函数，总流也就简化成一元流动。

若流场中流体的运动参数是关于两个空间坐标 x、y 的函数，则该流动称为二元流动，或称为平面流动。例如，宽浅矩形断面的顺直明渠水流，因宽度很大，两侧壁对流速分布的影响可忽略不计。这样，流场中任意一点的流速在空间位置的关系上，就只与水流方向的坐标轴 x 和水深方向的坐标轴 y 有关，而与宽度方向的坐标轴 z 无关。

若流场中流体的运动参数是关于三个空间坐标 x、y、z 的函数，则该流动称为三元流动。严格地讲，实际流动一般都是三元流动，只是由于三元流动分析起来太复杂，还会遇到数学上的困难，不易求解，所以才要结合具体的流动情况引入断面平均值，将三元流动简化为二元流动或一元流动。在简化过程中需要引入的修正系数可通过试验方法确定。

黄河属世界长河之一，全长约 5464km，其流域总面积 79.5 万 km^2。黄河水流沿着断面形状与大小沿程变化的天然河道中流动属于三维流动，如图 4-7 所示。实际工程流体力学问题，其运动要素一般是三个坐标的函数，属于三维流动。但是由于三维流动的复杂性，在数学处理上有相当大的困难，为此，人们往往根据具体问题的性质把它简化为二维流动或一维流动来处理。

图 4-7　三维流动

流体质点的速度是半径 r 和 x 的函数，且不随时间变化，即

$$v_x = f(x, r) \tag{4-12}$$

这是一个二元流动问题，但可简化为一元流动问题，在每个截面上取平均

速度 $\bar{v}$，于是有

$$\bar{v} = f(x) \tag{4-13}$$

这是一个一元流动问题。

4.2.5 均匀流、急变流与渐变流

在流场中，如果任意一确定流体质点在运动过程中速度保持不变（大小和方向均不变），则将这样的流动称为均匀流。均匀流具有下列性质：

1）各质点的流速相互平行，过流断面为一平面。

2）位于同一流线上的各个质点速度相等。

3）沿流程各过流断面上流速剖面相同，因而平均速度相等，但在同一过流断面上各点处的速度可以不同。

4）可以证明，过流断面上压强服从静压强分布规律，即同一过流断面上各点的测压管水头相等。这一性质在第5章推导重要的总流能量方程时将用到。

如果流体质点在运动过程中速度大小或方向发生明显变化，则将这样的流动称为急变流。在实际工程中，有些流动虽然不属于严格意义上的均匀流，但是流体质点的速度变化比较缓慢（如渐扩管或渐缩管中的流动），这样的流动称为渐变流。渐变流中的流线近乎为平行直线，过流断面也可以近似看成平面。上述性质4）可以推广至渐变流断面，如图4-8所示。

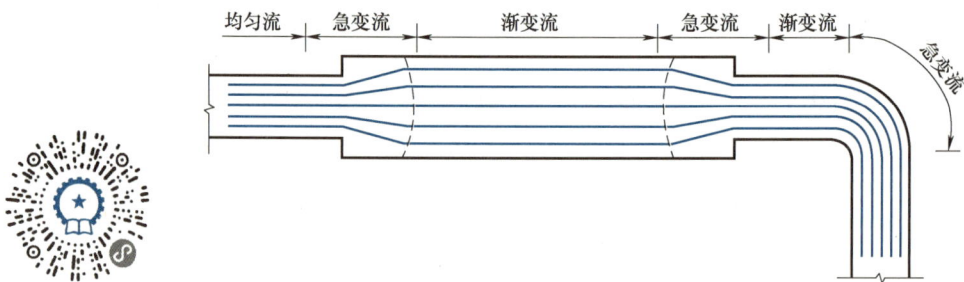

图 4-8（动图）

图 4-8 均匀流、急变流和渐变流

4.3 连续性方程

在总流中，断面平均流速究竟如何沿流向变化呢？下面从质量守恒定律出发，研究流体的质量平衡来解决这个问题。

在总流中取面积为 A_1 和 A_2 的 1、2 两断面，探讨两断面间流动空间（两端的

面为 1、2 断面，中部为管壁侧面所包围的全部空间）的质量收支平衡，如图 4-9 所示。设 A_1 的平均流速为 v_1，A_2 的平均流速为 v_2，则 dt 时间内流入断面 1 的流体质量为 $\rho_1 A_1 v_1 dt = \rho_1 Q_{v_1} dt = Q_{m1} dt$，流出断面 2 的流体质量为 $\rho_2 A_2 v_2 dt = \rho_2 Q_{v_2} dt = Q_{m2} dt$。在恒定流时两断面间流动空间内流体质量不变，流动连续，根据质量守恒定律流入断面 1 的流体质量必等于流出断面 2 的流体质量。

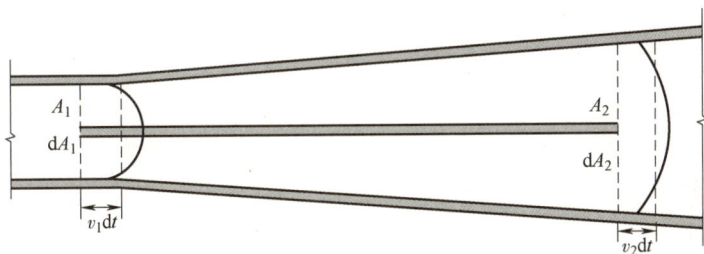

图 4-9　总流的质量收支平衡

$$Q_{m1} = Q_{m2} \tag{4-14}$$

$$\rho_1 Q_{v_1} dt = \rho_2 Q_{v_2} dt \tag{4-15}$$

消去 dt 便可得出不同断面上密度不相同时反映两断面间流动空间的质量平衡的连续性方程，即可压缩流体的连续性方程：

$$Q_{m_1} = Q_{m2} \tag{4-16}$$

$$\rho_1 Q_{v_1} = \rho_2 Q_{v_2} \tag{4-17}$$

或

$$\rho_1 A_1 v_1 = \rho_2 A_2 v_2 \tag{4-18}$$

当流体不可压缩时，密度为常数 $\rho_1 = \rho_2$。因此，不可压缩流体的连续性方程为

$$Q_{v_1} = Q_{v_2} \tag{4-19}$$

或

$$A_1 v_1 = A_2 v_2 \tag{4-20}$$

不难证明，沿任意一元流，上述各方程也成立，即

可压缩时：

$$\begin{cases} dQ_{m1} = dQ_{m2} \\ \rho_1 dQ_{v_1} = \rho_2 dQ_{v_2} \\ \rho_1 v_1 dA_1 = \rho_2 v_2 dA_2 \end{cases} \tag{4-21}$$

不可压缩时：

$$\begin{cases} dQ_{v_1} = dQ_{v_2} \\ v_1 dA_1 = v_2 dA_2 \end{cases} \tag{4-22}$$

式（4-19）、式（4-20）和式（4-22）都是不可压缩流体恒定流连续性方程式的各种形式。方程式表明：在不可压缩流体一元流动中，平均流速与断面面

积成反比变化。

由于断面 1、2 是任意选取的,上述关系可以推广至全部流动的各个断面,即

$$\begin{cases} Q_{v_1} = Q_{v_2} = \cdots = Q_v \\ A_1 v_1 = A_2 v_2 = \cdots = Av \end{cases} \tag{4-23}$$

而流速之比和断面之比有下列关系:

$$v_1 : v_2 : \cdots : v = \frac{1}{A_1} : \frac{1}{A_2} : \cdots : \frac{1}{A} \tag{4-24}$$

从式(4-24)可以看出,连续性方程确立了总流各断面平均流速沿流向的变化规律。

仅依靠连续性方程式,虽然并不能求出断面平均流速的绝对值,但可以确定它们的相对比值。所以,只要总流的流量已知,或任意一断面的流速已知,其他任何断面的流速就可以算出。

【例 4-2】 如图 4-10 所示的管段,$d_1 = 2.5 \text{cm}$,$d_2 = 5 \text{cm}$,$d_3 = 10 \text{cm}$。

1)当流量为 4L/s 时,求各管段的平均流速。

2)旋动阀门,使流量增加至 8L/s 或使流量减少至 2L/s 时,平均流速如何变化?

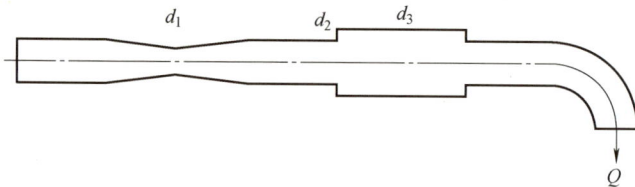

图 4-10 例 4-2 图

【解】 1)根据连续性方程

$$Q_v = v_1 A_1 = v_2 A_2 = v_3 A_3$$

$$v_1 = \frac{Q_v}{A_1} = \frac{4 \times 10^{-3} \text{m}^3/\text{s}}{\frac{\pi}{4} \times (2.5 \times 10^{-2} \text{m})^2} = 8.16 \text{m/s}$$

$$v_2 = v_1 \frac{A_1}{A_2} = v_1 \left(\frac{d_1}{d_2}\right)^2 = 8.16 \text{m/s} \times \left(\frac{2.5 \times 10^{-2} \text{m}}{5 \times 10^{-2} \text{m}}\right)^2 = 2.04 \text{m/s}$$

$$v_3 = v_1 \left(\frac{d_1}{d_3}\right)^2 = 8.16 \times \left(\frac{2.5 \times 10^{-2} \text{m}}{10 \times 10^{-2} \text{m}}\right)^2 = 0.51 \text{m/s}$$

2）各断面流速比例保持不变，流量增加至 8L/s 时，即流量增加为 2 倍，则各段流速增加至 2 倍，即

$$v_1 = 16.32 \text{m/s}, \ v_2 = 4.08 \text{m/s}, \ v_3 = 1.02 \text{m/s}$$

流量减小至 2L/s 时，即流量减小为 1/2，则各段流速也减小至 1/2，即

$$v_1 = 4.08 \text{m/s}, \ v_2 = 1.02 \text{m/s}, \ v_3 = 0.255 \text{m/s}$$

以上所列连续性方程，只反映了两断面之间的空间质量收支平衡。应当注意，这个质量平衡的观点，还可以推广到任意空间。三通管的合流和分流，车间的自然换气，管网的总管流入和支管流出，都可以从质量平衡和流动连续观点提出连续性方程的相应形式。例如，三通管道在分流和合流时，根据质量守恒定律，显然可推广为分流时：

$$Q_{v_1} = Q_{v_2} + Q_{v_3}$$
$$v_1 A_1 = v_2 A_2 + v_3 A_3$$

合流时：

$$Q_{v_1} + Q_{v_2} = Q_{v_3}$$
$$v_1 A_1 + v_2 A_2 = v_3 A_3$$

【例 4-3】 断面为 50cm×50cm 的送风管，通过 a、b、c、d 四个 40cm×40cm 的送风口向室内输送空气，如图 4-11 所示。送风口气流均为 5m/s，求通过送风管 1、2、3 各断面的流速和流量。

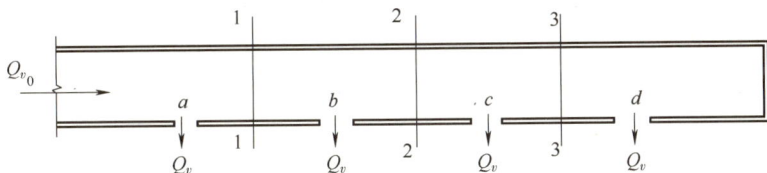

图 4-11 例 4-3 图　　　　　　　　　　图 4-11（动图）

【解】 每一送风口流量

$$Q_v = 0.4 \text{m} \times 0.4 \text{m} \times 5 \text{m/s} = 0.8 \text{m}^3/\text{s}$$

分别以 1、2、3 各断面以右的全部管段作为质量平衡收支运算的空间，写连续性方程。

$$Q_{v_1} = 3Q_v = 3 \times 0.8 \text{m}^3/\text{s} = 2.4 \text{m}^3/\text{s}$$
$$Q_{v_2} = 2Q_v = 2 \times 0.8 \text{m}^3/\text{s} = 1.6 \text{m}^3/\text{s}$$
$$Q_{v_3} = Q_v = 1 \times 0.8 \text{m}^3/\text{s} = 0.8 \text{m}^3/\text{s}$$

各断面流速

$$v_1 = \frac{2.4\text{m}^3/\text{s}}{0.5\text{m}\times0.5\text{m}} = 9.6\text{m/s}$$

$$v_2 = \frac{1.6\text{m}^3/\text{s}}{0.5\text{m}\times0.5\text{m}} = 6.4\text{m/s}$$

$$v_3 = \frac{0.8\text{m}^3/\text{s}}{0.5\text{m}\times0.5\text{m}} = 3.2\text{m/s}$$

4.4　流体运动的分解

4.4.1　流体微团运动的分析

刚体的一般运动可以分解为移动和转动两种基本形式。流体与刚体的主要不同在于流体具有流动性、极易变形。因此，任意流体微团在运动过程中不仅与刚体一样可以移动和转动，还会发生变形运动（包含线变形和角变形两种）[10]，如图 4-12 所示。

【例 4-4】　已知 $v_x = x^2 y + y^2$，$v_y = x^2 - y^2 x$，试求此流场中在 $x = 1$、$y = 2$ 点处的线变形率、角变形率与角速度。

【解】　由 $v_x = x^2 y + y^2$，$v_y = x^2 - y^2 x$，$x = 1$，$y = 2$ 得

线变形率为

$$\theta_x = \frac{\partial v_x}{\partial x} = 2xy = 4 , \theta_y = \frac{\partial v_y}{\partial y} = -2xy = -4$$

角变形率为

$$\varepsilon_z = \frac{1}{2}\left(\frac{\partial v_y}{\partial x} + \frac{\partial v_x}{\partial y}\right) = \frac{1}{2}(2x - y^2 + x^2 + 2y) = \frac{1}{2}\times(2 - 4 + 1 + 4) = \frac{3}{2}$$

角速度为

$$\omega_z = \frac{1}{2}\left(\frac{\partial v_y}{\partial x} - \frac{\partial v_x}{\partial y}\right) = \frac{1}{2}(2x - y^2 - x^2 - 2y) = \frac{1}{2}\times(2 - 4 - 1 - 4) = -\frac{7}{2}$$

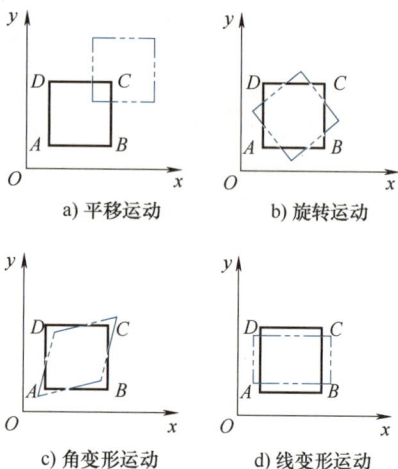

a) 平移运动　　　b) 旋转运动

c) 角变形运动　　　d) 线变形运动

图 4-12　流体微团运动的分析

图 4-12（动图）

4.4.2　流体微团运动的分解

既然流体微团在运动过程中有移动、转动和变形运动，那么其速度表达式中就相应包含三种运动的分速度，将这称为亥姆霍兹（Helmholtz）速度分解定理。

如图 4-13 所示，设参考点 $M_0(x,y,z)$ 的流速分量为 v_{x0}，v_{y0}，v_{z0}，临近 M 点 $(x+\mathrm{d}x,y+\mathrm{d}y,z+\mathrm{d}z)$ 的速度可按泰勒级数展开求得

$$
\begin{cases}
v_x = v_{x0}+\mathrm{d}v_{x0} = v_{x0}+\dfrac{\partial v_{x0}}{\partial x}\mathrm{d}x+\dfrac{\partial v_{x0}}{\partial y}\mathrm{d}y+\dfrac{\partial v_{x0}}{\partial z}\mathrm{d}z \\[2mm]
v_y = v_{y0}+\mathrm{d}v_{y0} = v_{y0}+\dfrac{\partial v_{y0}}{\partial x}\mathrm{d}x+\dfrac{\partial v_{y0}}{\partial y}\mathrm{d}y+\dfrac{\partial v_{y0}}{\partial z}\mathrm{d}z \\[2mm]
v_z = v_{z0}+\mathrm{d}v_{z0} = v_{z0}+\dfrac{\partial v_{z0}}{\partial x}\mathrm{d}x+\dfrac{\partial v_{z0}}{\partial y}\mathrm{d}y+\dfrac{\partial v_{z0}}{\partial z}\mathrm{d}z
\end{cases}
\tag{4-25}
$$

以 x 轴为例，加以变换。

$$
\begin{aligned}
v_x &= v_{x0}+\frac{\partial v_{x0}}{\partial x}\mathrm{d}x+\frac{\partial v_{x0}}{\partial y}\mathrm{d}y+\frac{\partial v_{x0}}{\partial z}\mathrm{d}z\pm\frac{1}{2}\frac{\partial v_{y0}}{\partial x}\mathrm{d}y\pm\frac{1}{2}\frac{\partial v_{z0}}{\partial x}\mathrm{d}z \\[2mm]
&= v_{x0}+\frac{\partial v_{x0}}{\partial x}\mathrm{d}x+\frac{1}{2}\left(\frac{\partial v_{y0}}{\partial x}+\frac{\partial v_{x0}}{\partial y}\right)\mathrm{d}y+\frac{1}{2}\left(\frac{\partial v_{x0}}{\partial z}+\frac{\partial v_{z0}}{\partial x}\right)\mathrm{d}z+\frac{1}{2}\left(\frac{\partial v_{x0}}{\partial z}-\frac{\partial v_{z0}}{\partial x}\right)\mathrm{d}z- \\[2mm]
&\quad\frac{1}{2}\left(\frac{\partial v_{y0}}{\partial x}-\frac{\partial v_{x0}}{\partial y}\right)\mathrm{d}y
\end{aligned}
$$

$$
\tag{4-26}
$$

分别令

$$
\begin{cases}
\theta_x = \dfrac{\partial v_{x0}}{\partial x} \\[2mm]
\varepsilon_{xOy} = \dfrac{1}{2}\left(\dfrac{\partial v_{y0}}{\partial x}+\dfrac{\partial v_{x0}}{\partial y}\right) \\[2mm]
\varepsilon_{xOz} = \dfrac{1}{2}\left(\dfrac{\partial v_{x0}}{\partial z}+\dfrac{\partial v_{z0}}{\partial x}\right) \\[2mm]
\omega_{xOz} = \dfrac{1}{2}\left(\dfrac{\partial v_{x0}}{\partial z}-\dfrac{\partial v_{z0}}{\partial x}\right) \\[2mm]
\omega_{xOy} = \dfrac{1}{2}\left(\dfrac{\partial v_{y0}}{\partial x}-\dfrac{\partial v_{x0}}{\partial y}\right)
\end{cases}
\tag{4-27}
$$

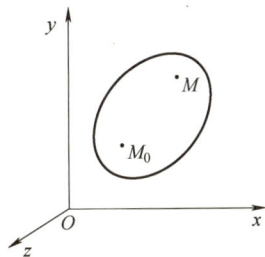

图 4-13　流体微团
运动的分解

式中，v_{x0} 为流体微团沿 x 轴方向的平移速度；θ_x 为流体微团因前后端流速差引起的沿 x 轴方向的线变形；ε_{xOy}、ε_{xOz} 为流体微团沿 z 轴方向分别在 xOy、xOz 平面内的角变形；ω_{xOz}、ω_{xOy} 为流体微团在与 x 轴垂直的 yOz 平面内，分别偏离 z 轴和 y 轴的角变化或绕 r 轴的旋转角，称为旋转角变形。

将式（4-27）代入式（4-26）得

$$v_x = v_{x0} + \theta_x dx + (\varepsilon_{xOy}dy + \varepsilon_{xOz}dz) + (\omega_{xOz}dz - \omega_{xOy}dy) \tag{4-28}$$

或

$$\begin{cases} v_x = v_{x0} + \theta_x dx + (\varepsilon_{xOy}dy + \varepsilon_{xOz}dz) + (\omega_{xOz}dz - \omega_{xOy}dy) \\ v_y = v_{y0} + \theta_y dy + (\varepsilon_{xOy}dx + \varepsilon_{yOz}dz) + (\omega_{xOy}dx - \omega_{yOz}dz) \\ v_z = v_{z0} + \theta_z dz + (\varepsilon_{xOz}dx + \varepsilon_{yOz}dy) + (\omega_{yOz}dy - \omega_{xOz}dx) \end{cases} \tag{4-29}$$

式（4-29）是流体微团运动的分解式，即流体微团的运动过程可分解为移动运动、变形运动（包括线变形和角变形）和旋转运动。

4.4.3　有旋流动和无旋流动

式（4-29）中所有旋转角变形 ω 为零的流动称为无旋流动，旋转角变形不全为零的流动称为有旋流动，如图 4-14 所示。由于黏性的存在，自然界中绝大多数流体的流动为有旋流动，理想流体才可能存在无旋流动。水和空气由静止到运动，可视为保持无旋状态；吸风装置形成的气流，可按无旋流动处理，送风形成的气流则为有旋流动。有旋流动有时是以明显的旋涡形式出现的，如桥墩背流面的旋涡区、船只运动时船尾后形成的旋涡、大气中形成的龙卷风等。至于工程中大量存在着的湍流运动，更是充满着尺度不同的大小旋涡。

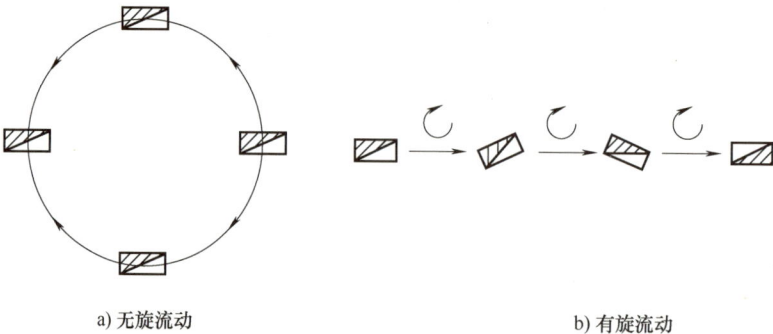

a) 无旋流动　　　　　　　　　　　b) 有旋流动

图 4-14　无旋流动与有旋流动

图 4-14（动图）

【例 4-5】 已知平面直角坐标系中的二维速度场 $\boldsymbol{v} = (x+t)\boldsymbol{i} + (y+t)\boldsymbol{j}$。试求：

1）迹线方程：$\dfrac{dx}{v_x}=\dfrac{dy}{v_y}=\dfrac{dz}{v_z}=dt$。

2）流线方程：$\dfrac{dx}{v_x}=\dfrac{dy}{v_y}=\dfrac{dz}{v_z}$。

3）$t=0$ 时刻，通过（1，1）点的流体微团运动的加速度。

4）涡量（旋度），并判断流动是否有旋。

【解】 1）将 $v_x=x+t$、$v_y=y+t$ 代入迹线方程 $\dfrac{dx}{dt}=v_x$、$\dfrac{dy}{dt}=v_y$，得

$$\frac{dx}{dt}=x+t,\quad \frac{dy}{dt}=y+t$$

采用变量代换法解这个微分方程。

令 $X=x+t$，$Y=y+t$，则 $x=X-t$，$y=Y-t$，代入上式，得

$$\frac{dx}{dt}=\frac{dX}{dt}-1=X\Rightarrow\frac{dX}{X+1}=dt\Rightarrow\ln(X+1)=t+C_1\Rightarrow x+t+1=e^{t+C_1}=ae^t\Rightarrow x=ae^t-t-1, a=e^{C_1}$$

$$\frac{dy}{dt}=\frac{dY}{dt}-1=Y\Rightarrow\frac{dY}{Y+1}=dt\Rightarrow\ln(Y+1)=t+C_2\Rightarrow y+t+1=e^{t+C_2}=be^t\Rightarrow y=be^t-t-1, b=e^{C_2}$$

得迹线的参数方程：

$$x=ae^t-t-1,\quad y=be^t-t-1$$

其中，a、b 是积分常数（拉格朗日变数）。消掉时间 t，并给定 a、b 即可得到以 x、y 表示的流体质点 (a,b) 的迹线方程。

例如，已知欧拉法表示的速度场 $\boldsymbol{v}=2x\boldsymbol{i}-2y\boldsymbol{j}$，求流体质点的迹线方程，并说明迹线形状。将 $v_x=2x$，$v_y=-2y$ 代入迹线微分方程 $\dfrac{dx}{dt}=v_x$、$\dfrac{dy}{dt}=v_y$，得

$$\frac{dx}{dt}=2x,\quad \frac{dy}{dt}=-2y$$

分离变量并积分，得

$$\begin{cases}\ln x=2t+C_1\\ \ln y=-2t+C_2\end{cases}$$

从上两式中消去时间 t 得迹线方程：$\ln xy=C_1+C_2$，即 $\ln xy=C$。可见，该流场中流体质点的迹线为一双曲线。

2）将 $v_x=x+t$，$v_y=y+t$ 代入流线微分方程 $\dfrac{dx}{v_x}=\dfrac{dy}{v_y}$，得

$$\frac{dx}{x+t}=\frac{dy}{y+t}$$

当 t 为常数时，积分得流线方程

$$\ln(x+t)=\ln(y+t)+\ln C$$

或

$$(x+t)=C(y+t)$$

3）由质点导数的定义可得流动在 x 与 y 方向的加速度分量分别为

$$a_x=\frac{\mathrm{D}v_x}{\mathrm{D}t}=\frac{\partial v_x}{\partial t}+v_x\frac{\partial v_x}{\partial x}+v_y\frac{\partial v_x}{\partial y}=1+(x+t)\times1+(y+t)\times0=x+t+1$$

$$a_y=\frac{\mathrm{D}v_y}{\mathrm{D}t}=\frac{\partial v_y}{\partial t}+v_x\frac{\partial v_y}{\partial x}+v_y\frac{\partial v_y}{\partial y}=1+(x+t)\times0+(y+t)\times1=y+t+1$$

所以，$t=0$ 时刻，通过（1,1）点的流体微团运动的加速度为

$$\boldsymbol{a}=\frac{\mathrm{D}\boldsymbol{v}}{\mathrm{D}t}=a_x\boldsymbol{i}+a_x\boldsymbol{j}=(x+t+1)\boldsymbol{i}+(y+t+1)\boldsymbol{j}=2\boldsymbol{i}+2\boldsymbol{j}$$

4）由涡量（旋度）的定义，对于题中所给的平面流动有

$$\boldsymbol{\Omega}=\nabla\times\boldsymbol{v}=\Omega_z\boldsymbol{k}=\left(\frac{\partial v_y}{\partial x}-\frac{\partial v_x}{\partial y}\right)\boldsymbol{k}=0$$

所以流动无旋。

【例 4-6】 三维不可压缩流场中 $v_x=x^2+z^2+5$，$v_y=y^2+z^2-3$，且已知 $z=0$ 处 $v_z=0$。试求流场中 v_z 的表达式，并检验是否无旋。

【解】 由连续方程 $\dfrac{\partial v_x}{\partial x}+\dfrac{\partial v_y}{\partial y}+\dfrac{\partial v_z}{\partial z}=0$ 得

$$\frac{\partial v_z}{\partial z}=-\frac{\partial v_x}{\partial x}-\frac{\partial v_y}{\partial y}=-2x-2y$$

积分，得

$$v_z=-2(x+y)z+C$$

由 $z=0$ 处 $v_z=0$ 得

$$C=0$$

所以流场中 v_z 的表达式为

$$v_z=-2(x+y)z$$

由于 $\omega_x=\dfrac{1}{2}\left(\dfrac{\partial v_z}{\partial y}-\dfrac{\partial v_y}{\partial z}\right)=-2z$，$\omega_y=\dfrac{1}{2}\left(\dfrac{\partial v_x}{\partial z}-\dfrac{\partial v_z}{\partial x}\right)=2z$，$\omega_z=\dfrac{1}{2}\left(\dfrac{\partial v_y}{\partial x}-\dfrac{\partial v_x}{\partial y}\right)=0$，可见，当 $z=0$ 时，该流体运动就是无旋的；当 $z\neq0$ 时，该流体运动就是有旋的。

思考题

4-1　试述研究流体运动的欧拉法和拉格朗日法分别是什么。

4-2　流线有什么特性? 它与迹线有什么区别? 在什么条件下流线和迹线重合?

4-3　在同一流场中,同一时刻不同流体质点组成的曲线是否都是流线?

4-4　解释下列名词:定常流动、非定常流动、流线、迹线、有效截面、平均流速、流量。

4-5　试述流体不可压缩流动与定常流动的区别。

4-6　流场为有旋流动时,流体微团一定做圆周运动吗? 流场为无旋流动时,流体微团一定做直线运动吗?

4-7　流体微团的旋转角速度与刚体的旋转角速度有什么本质区别?

习 题

4-1　直径为 150mm 的给水管道,输水量为 980.7kg/h,试求断面的平均流速。

4-2　断面为 300mm×400mm 的矩形风道,风量为 2700m³/h,求其平均流速。如风道出口处断面收缩为 150mm×400mm,求该断面的平均流速。

4-3　水从水箱流经直径为 $d_1 = 10cm$、$d_2 = 5cm$、$d_3 = 2.5cm$ 的管道流入大气中,如图 4-15 所示。当出口流速为 10m/s 时,求:

1)体积流量及质量流量。

2)d_1 及 d_2 管段的流速。

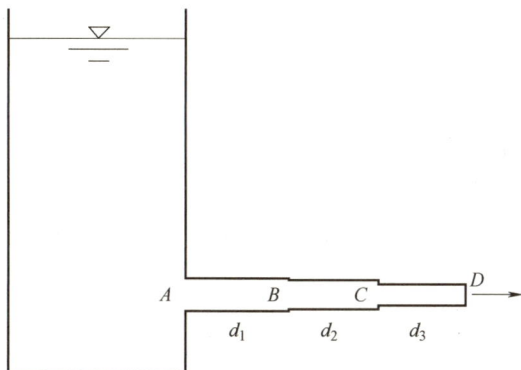

图 4-15　习题 4-3 图

4-4 设计输水量为 2942.1kg/h 的给水管道，流速限制在 0.9~1.4m/s 之间。试确定管道直径，根据所选直径求流速，直径规定为 50mm 的倍数。

4-5 圆形风道，流量为 10000m³/h，流速不超过 20m/s。试设计直径，根据所选直径求流速，直径规定为 50mm 的倍数。

4-6 在直径为 d 的圆形风道断面上，用下述方法选定五个点，以测定局部风速。设想用和管轴同心但不同半径的圆周，将全部断面分为中间是圆，其他是圆环的五个面积相等的部分。测点位于等分此部分面积的圆周上，这样测得的各点流速分别代表相应断面的平均流速。

1）试计算各测点到管心的距离，表示为直径的倍数。

2）若各点的流速为 v_1、v_2、v_3、v_4、v_5，空气密度为 ρ，求质量流量 Q_m。

第 **5** 章

流体动力学

京杭大运河始建于春秋时期，是世界上里程最长、工程最大的古代运河，也是最古老的运河之一，与长城、坎儿井并称为我国古代的三项伟大工程，并且使用至今，是我国古代劳动人民创造的一项伟大工程，是我国文化地位的象征之一。大运河南起余杭（今杭州），北到涿郡（今北京），途经今浙江、江苏、山东、河北四省及天津、北京两市，贯通海河、黄河、淮河、长江、钱塘江五大水系，主要水源为微山湖，大运河全长约 1794km。运河对我国南北地区之间的经济、文化发展与交流，特别是对沿线地区工农业经济的发展起了巨大作用。通过学习本章内容，能够充分认识京杭大运河中水体流动的基本规律。

5.1 雷诺输运定理

5.1.1 雷诺实验

1883 年，英国科学家雷诺（Reynolds）通过实验研究，发现流体有两种不同的流动状态，即层流和湍流。雷诺实验装置如图 5-1 所示。

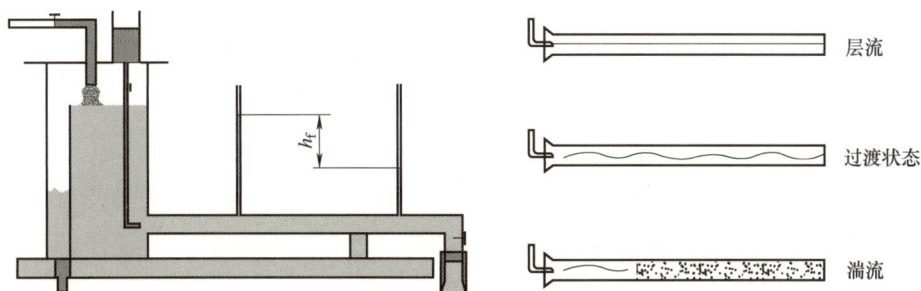

图 5-1 雷诺实验装置

利用定位水箱提供定常水头，微开玻璃管出水阀门，使水流匀速流动，同时打开染色水阀门，确保染色水出口与玻璃管同轴线，并尽量调节流速使染色水的流速和玻璃管中水速接近。当管中水流速度较小时，染色水在玻璃管中保持一条直线，不与周围的水相混，这说明流体只做轴向运动，而无横向运动，此时水在管中分层运动，各层间互不干扰、互不相混，这种流动状态称为层流。逐渐开大出水阀门，当管中水流速度达到某一数值时，管中的染色水线开始呈波纹状，表明此时流体质点出现了与轴向垂直的横向运动，流体的运动不再只是层状流动，开始跃层运动，这种状态称为过渡状态。当阀门开大到一定程度，即管中流速增大到一定程度时，染色水线在管中剧烈波动、断裂并混杂在许多小旋涡中，随机地充满整个管子截面，此时管中流体质点在向前流动时，处于完全无规则的乱流状态，这种流动状态称为湍流。

5.1.2 临界雷诺数

管中流动呈何种流态，层流还是湍流，除与流体的平均流速有关外，还与管径 d、流体的密度 ρ、黏度 μ 等因素有关[11]。根据相似原理和量纲分析，上述诸参数可以组成一个无量纲量

$$Re = \frac{vd\rho}{\mu} = \frac{vd}{\nu} \tag{5-1}$$

式中，Re 称为雷诺数。

式（5-1）说明雷诺数与平均流速和管径成正比，与流体的运动黏度成反比。

如果管径及流体运动黏度一定，则雷诺数只随平均流速变化。实验中发现流体由湍流转变为层流时的平均流速与由层流转变为湍流时的平均流速不同。这两个流速分别称为下临界流速 v_c 和上临界流速 v_c'，相应的雷诺数分别称为下临界雷诺数 Re_c 和上临界雷诺数 Re_c'，即

$$Re_c = \frac{v_c d}{\nu} \text{及} \ Re_c' = \frac{v_c' d}{\nu} \tag{5-2}$$

雷诺通过实验测得上临界雷诺数为大于 4000 的不确定量，其数值受外界扰动的影响而发生变化，下临界雷诺数为 2000。通常当 $Re>4000$ 时，属于湍流流动；当 $Re<2000$ 时，属于层流流动；当 $2000 \leqslant Re \leqslant 4000$ 时，属于不稳定状态，可能是层流也可能是湍流。

雷诺数可以作为判别流动状态的准则。在实际工程上为简化分析起见，对

于圆管中流动一般认为，当 $Re > 2000$ 时，流动为湍流流动；当 $Re < 2000$ 时，流动为层流流动。

为什么雷诺数可以作为判别流动状态的准则，可从雷诺数的物理意义上做进一步分析。

黏性流体流动时受到惯性力和黏性力的作用，这两个力可表示为

$$\text{惯性力} = \text{质量} \times \text{加速度} = m\frac{\mathrm{d}v}{\mathrm{d}t} = \rho l^3 \frac{v}{t} = \rho l^2 v^2$$

$$\text{黏性力} = \text{动力黏度} \times \text{面积} \times \text{速度梯度}$$

$$= \mu A\frac{\mathrm{d}v}{\mathrm{d}y} = \mu l^2 \frac{v}{l} = \mu l v \tag{5-3}$$

式中，v 为速度；l 为特征尺寸，对圆管内的流动，l 为圆管内径；t 为时间；ρ 为流体密度；μ 为流体的动力黏度。则

$$\frac{\text{惯性力}}{\text{黏性力}} = \frac{\rho l^2 v^2}{\mu l v} = \frac{vl}{\nu} = Re \tag{5-4}$$

从式（5-4）可以看出，在 Re 较小的情况下，黏性力对流体质点的运动起主导作用，限制了流体质点的紊乱运动，因而流动是层流流动。反之，在 Re 较大的情况下，惯性力起主导作用，黏性力虽仍存在，但作用较小，控制不了流体质点的紊乱状态，因而，流动是湍流流动。

对理想流体，不存在黏性力，也没有层流、湍流的概念，讨论雷诺数是无意义的。

5.1.3 雷诺输运方程

设在某时刻的流场中，单位体积流体的物理量分布函数值为 $f(r, t)$，则 t 时刻在流体域 $\tau(t)$ 上的流体所具有的总物理量为 $I(t)$，即

$$I(t) = \iiint\limits_{\tau(t)} f(r, t)\,\mathrm{d}\tau \tag{5-5}$$

设 t 时刻体积在空间 $\tau(t)$ 的位置上，在 $t + \Delta t$ 时刻该体积到达另一位置 $\tau(t + \Delta t)$，如图 5-2 所示。

由导数定义

$$\frac{\mathrm{D}}{\mathrm{D}t}I(t) = \lim_{\Delta t \to 0}\frac{I(t + \Delta t) - I(t)}{\Delta t} \tag{5-6}$$

其中 $I(t + \Delta t)$ 为

$$I(t + \Delta t) = \iiint\limits_{\tau(t + \Delta t)} f(r, t + \Delta t)\,\mathrm{d}\tau \tag{5-7}$$

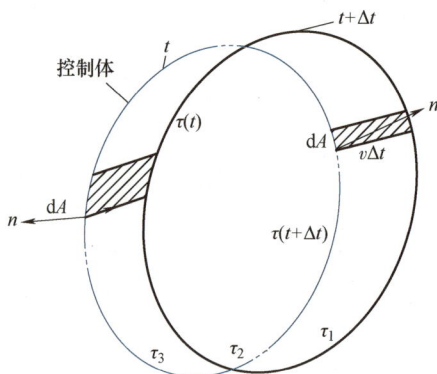

图 5-2　控制体随时间变化图

现将 $\tau(t+\Delta t)$ 分为两部分，即与 $\tau(t)$ 重合的部分 τ_2 和 $\tau(t)$ 新占有的区域部分 τ_1，又设从 $\tau(t)$ 空出区域部分为 τ_3，故有

$$\tau(t+\Delta t)=\tau_1+\tau_2=\tau_1+(\tau_2+\tau_3)-\tau_3=\tau_1+\tau-\tau_3 \tag{5-8}$$

式中，$\tau_2+\tau_3$ 即体积 τ，于是相应的体积分

$$I(t+\Delta t)=I_{\tau_1}(t+\Delta t)+I_\tau(t+\Delta t)-I_{\tau_3}(t+\Delta t) \tag{5-9}$$

因此

$$\frac{\mathrm{D}}{\mathrm{D}t}I(t)=\lim_{\Delta t\to 0}\frac{I_\tau(t+\Delta t)-I_\tau(t)}{\Delta t}+\lim_{\Delta t\to 0}\frac{I_{\tau_1}(t+\Delta t)}{\Delta t}-\lim_{\Delta t\to 0}\frac{I_{\tau_3}(t+\Delta t)}{\Delta t} \tag{5-10}$$

式（5-10）等号右端第一项与第二项分别为

$$\lim_{\Delta t\to 0}\frac{I_\tau(t+\Delta t)-I_\tau(t)}{\Delta t}=\frac{\partial}{\partial t}\iiint_\tau f(r,t)\,\mathrm{d}\tau \tag{5-11}$$

$$\lim_{\Delta t\to 0}\frac{I_{\tau_1}(t+\Delta t)}{\Delta t}=\lim_{\Delta t\to 0}\frac{\oiint_{A_1} f(r,t+\Delta t)\boldsymbol{v}\cdot\boldsymbol{n}\mathrm{d}A\Delta t}{\Delta t}=\oiint_{A_1} f(r,t)\boldsymbol{v}\cdot\boldsymbol{n}\mathrm{d}A \tag{5-12}$$

式中，A_1 为 τ_1 与 τ 的公共表面；$\mathrm{d}\tau=-\boldsymbol{v}\cdot\boldsymbol{n}\mathrm{d}A\Delta t$；式（5-10）等号右边第 3 项为

$$-\lim_{\Delta t\to 0}\frac{I_{\tau_3}(t+\Delta t)}{\Delta t}=\oiint_{A_2} f(r,t)\boldsymbol{v}\cdot\boldsymbol{n}\mathrm{d}A \tag{5-13}$$

式中，A_2 为 τ_3 与 τ 的公共表面；$\mathrm{d}\tau=-\boldsymbol{v}\cdot\boldsymbol{n}\mathrm{d}A\Delta t$；这里 A_1 与 A_2 组成了 τ 的全部边界 A，于是式（5-12）与式（5-13）合并后可写为

$$\oiint_{A_1} f(r,t)\boldsymbol{v}\cdot\boldsymbol{n}\mathrm{d}A+\oiint_{A_2} f(r,t)\boldsymbol{v}\cdot\boldsymbol{n}\mathrm{d}A=\oiint_A f(r,t)\boldsymbol{v}\cdot\boldsymbol{n}\mathrm{d}A \tag{5-14}$$

将式（5-11）与式（5-14）一起代入式（5-10）中，得

$$\frac{\mathrm{D}}{\mathrm{D}t}I(t)=\frac{\partial}{\partial t}\iiint_\tau f(r,t)\,\mathrm{d}\tau+\oiint_A f(r,t)\boldsymbol{v}\cdot\boldsymbol{n}\mathrm{d}A \tag{5-15}$$

式（5-15）表明，某时刻一可变体积上系统总物理量对时间的变化率，等于该时刻所在空间域（控制体）中物理量的时间变化率以及单位时间通过该空间域边界净输运的流体物理量之和，这就是著名的雷诺输运定理，又称为雷诺输运方程。

5.2　连续方程的积分和微分形式

连续方程是质量守恒定律应用于流体流动时的数学表达式。根据质量守恒定律，体系内流体的质量在流动过程中不随时间变化，则适用的连续方程为

$$\frac{\mathrm{D}}{\mathrm{D}t}\iiint_\tau \rho\mathrm{d}\tau=0 \tag{5-16}$$

5.2.1　连续方程的积分形式

利用雷诺输运方程，可把式 $\dfrac{\mathrm{D}}{\mathrm{D}t}\iiint_\tau \rho\mathrm{d}\tau=0$ 变成如下形式

$$\iiint_\tau\frac{\partial\rho}{\partial t}\mathrm{d}\tau+\oiint_A\rho\boldsymbol{v}\cdot\mathrm{d}A=0 \text{ 或 } \iiint_\tau\frac{\partial\rho}{\partial t}\mathrm{d}\tau=-\oiint_A\rho\boldsymbol{v}\cdot\mathrm{d}A \tag{5-17}$$

这就是适用于控制体的积分形式的连续方程，它说明控制体内流体质量的增加率等于通过控制面 A 进出的流体净流入率。

对于定常流动，由于 $\partial\rho/\partial t=0$，则连续方程变为

$$\oiint_A\rho\boldsymbol{v}\cdot\mathrm{d}A=0 \text{ 或} -\iint_{A_进}\rho\boldsymbol{v}\cdot\mathrm{d}A=\iint_{A_出}\rho\boldsymbol{v}\cdot\mathrm{d}A \tag{5-18}$$

式（5-18）说明，当不存在内部源汇时，对于定常流动，经过控制面流入控制体的流量必然等于流出控制体的流量。

对于一维定常流动，式（5-18）可写为

$$\rho_1 v_1 A_1=\rho_2 v_2 A_2 \tag{5-19}$$

式中，v_1、v_2 分别与截面 A_1、A_2 相垂直。

式（5-19）还可以写为

$$\rho v A=常数$$

5.2.2　连续方程的微分形式

为得到微分形式的连续方程，可利用高斯散度定理把式（5-17）中的面积

分项改写为体积分项，即

$$\oiint_A \rho v \cdot \mathrm{d}A = \oiint_A \rho v \cdot n \mathrm{d}A = \iiint_\tau \nabla \cdot (\rho v) \mathrm{d}\tau \tag{5-20}$$

把式（5-20）代入式（5-17），于是有

$$\iiint_\tau \left[\frac{\partial \rho}{\partial t} + \nabla \cdot (\rho v) \right] \mathrm{d}\tau = 0 \tag{5-21}$$

由于积分体积 τ 是任意取的，且假定被积函数连续，因此，只有当括号内的值处处为零时，积分才可能为零。于是就得到微分形式的连续方程，即

$$\frac{\partial \rho}{\partial t} + \nabla \cdot (\rho v) = 0 \tag{5-22}$$

将式（5-22）中 $\nabla \cdot (\rho v)$ 项展开，则

$$\nabla \cdot (\rho v) = v \cdot \nabla \rho + \nabla \rho \cdot v \tag{5-23}$$

将其代入式（5-22），有

$$\frac{\partial \rho}{\partial t} + v \cdot \nabla \rho + \nabla \rho \cdot v = 0 \tag{5-24}$$

因为

$$\frac{\mathrm{D}\rho}{\mathrm{D}t} = \frac{\partial \rho}{\partial t} + v \cdot \nabla \rho \tag{5-25}$$

则

$$\frac{\mathrm{D}\rho}{\mathrm{D}t} + \nabla \rho \cdot v = 0 \tag{5-26}$$

这是另一种微分形式的连续方程，它与式（5-22）完全等价。

对于可压缩流体的定常流动，微分形式的连续方程为

$$\nabla \cdot (\rho v) = 0 \tag{5-27}$$

对于不可压缩流体，因为 $\mathrm{D}\rho/\mathrm{D}t = 0$，则有连续方程

$$\nabla \cdot v = 0 \tag{5-28}$$

这说明不可压缩流体在流动过程中速度 v 的散度，即体积膨胀率处处为零。

以上微分形式的连续方程都是矢量形式，它们对任意坐标系都成立，只是对于不同的坐标系，其标量形式是不同的。

【例 5-1】 如图 5-3 所示，大气压强为 97kPa，收缩段的直径应当限制在什么数值以上，才能保证不出现空化？水温为 40℃，不考虑损失。

【解】 已知水温为 40℃时，$\rho = 992.2 \mathrm{kg/m}^3$，汽化压强 $p' = 7.38 \mathrm{kPa}$。求出

$$\frac{p_a}{\rho g} = \frac{97\mathrm{kPa}}{992.2\mathrm{kg/m}^3 \times 9.8\mathrm{m/s}^2} = 10\mathrm{m}$$

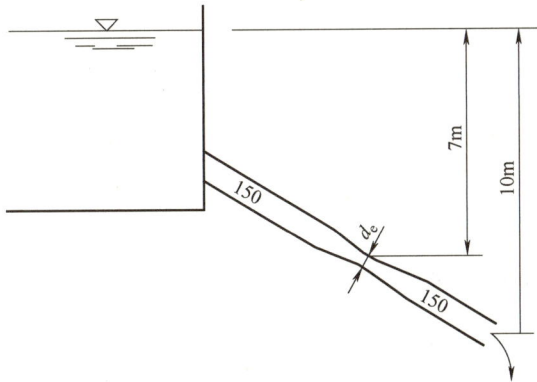

图 5-3　例 5-1 图

$$\frac{p'}{\rho g} = \frac{7.38 \text{kPa}}{992.2 \text{kg/m}^3 \times 9.8 \text{m/s}^2} = 0.75 \text{m}$$

列水面和收缩断面的能量方程时，为避免出现空化，以 40℃ 时水的汽化压强 p' 作为最小压强值，求出对应的收缩段直径 d_c。当收缩段直径大于 d_c 时，收缩段压强一定大于 p'，可以避免产生汽化。能量方程为

$$10 \text{m} + 10 \text{m} = 3 \text{m} + \frac{v_c^2}{2g} + 0.75 \text{m}, \quad \frac{v_c^2}{2g} = 16.25 \text{m}$$

列水面和出口断面的能量方程

$$\frac{v^2}{2g} = 10 \text{m}$$

根据连续性方程，得

$$\frac{v_c}{v} = \frac{d^2}{d_c^2}$$

则

$$\left(\frac{v_c}{v}\right)^2 = \frac{16.25 \text{m}}{10 \text{m}} = \frac{(150 \text{mm})^4}{d_c^4}$$

得出

$$d_c = 133 \text{mm}$$

5.3　动量方程的积分和微分形式

动量方程是牛顿第二定律应用于运动流体的数学表达式。对于某瞬时占据

空间固定体积 τ 的流体所构成的体系，由牛顿第二定律可知，体系的动量随时间的变化率等于作用在该体系上所有外力的合力，即

$$\frac{D}{Dt}\iiint_\tau \rho v \mathrm{d}\tau = \sum F \tag{5-29}$$

这就是适用于体系的动量方程，下面借助于雷诺输运方程将式（5-29）变换成适用于控制体的形式。

5.3.1 动量方程的积分形式

利用雷诺输运方程，式（5-29）可写为

$$\iiint_\tau \frac{\partial(\rho v)}{\partial t}\mathrm{d}\tau + \oiint_A \rho v(v\cdot\mathrm{d}A) = \sum F \tag{5-30}$$

式中，$\sum F$ 为作用在控制体上所有外力的合力，包括质量力 F_b（又称为彻体力）和表面力 F_s，而表面力又可分为法向力 F_n 和切向力 F_t；如令 R 为作用在单位质量流体上的质量力，且 $R=Xi+Yj+Zk$，其中 X、Y、Z 分别是单位质量流体上的质量力在 x、y、z 轴上的投影，则作用于控制体内所有流体上质量力的合力为

$$F_b = \iiint_\tau \rho R \mathrm{d}\tau \tag{a}$$

表面力为 $F_s=F_n+F_t$。对于理想流体，切向应力为零，因此表面力为

$$F_s = F_n = -\oiint_A p\mathrm{d}A \tag{b}$$

负号表示压强方向与表面外法线方向相反。将式（a）与式（b）代入式（5-30），则有

$$\iiint \frac{\partial(\rho v)}{\partial t}\mathrm{d}\tau + \oiint_A \rho v(v\cdot\mathrm{d}A) = \iiint \rho R\mathrm{d}\tau - \oiint_A p\mathrm{d}A \tag{5-31a}$$

对于直角坐标系，其三个分量形式为

$$\iiint_\tau \frac{\partial(\rho v_x)}{\partial t}\mathrm{d}\tau + \oiint_A \rho v_n v_x \mathrm{d}A = -\oiint_A p\cos(n,i)\mathrm{d}A + \iiint_\tau X\rho\mathrm{d}\tau$$

$$\iiint_\tau \frac{\partial(\rho v_y)}{\partial t}\mathrm{d}\tau + \oiint_A \rho v_n v_y \mathrm{d}A = -\oiint_A p\cos(n,j)\mathrm{d}A + \iiint_\tau Y\rho\mathrm{d}\tau$$

$$\iiint_\tau \frac{\partial(\rho v_z)}{\partial t}\mathrm{d}\tau + \oiint_A \rho v_n v_z \mathrm{d}A = -\oiint_A p\cos(n,k)\mathrm{d}A + \iiint_\tau Z\rho\mathrm{d}\tau \tag{5-31b}$$

对于定常流动，式（5-31a）变为

$$\oiint_A \rho v(v\cdot\mathrm{d}A) = \iiint_\tau \rho R\mathrm{d}\tau - \oiint_A p\mathrm{d}A \tag{5-32}$$

值得注意的是，在使用积分形式的动量方程时，控制面 A 必须是封闭的。

5.3.2　动量方程的微分形式

为了得到无黏性流体微分形式的动量方程，可采用高斯定理，把积分形式的动量方程式（5-31a）中的面积分转换成体积分，于是压力项变为

$$-\oiint_A p\mathrm{d}A = -\iiint_\tau \nabla p\mathrm{d}\tau \tag{5-33}$$

动量通量项变为

$$\oiint_A p\boldsymbol{v}(\boldsymbol{v}\cdot\mathrm{d}\boldsymbol{A}) = \oiint_A (\boldsymbol{n}\cdot\boldsymbol{v})\rho\boldsymbol{v}\mathrm{d}A = \iiint_\tau [\boldsymbol{v}(\nabla\cdot\rho\boldsymbol{v})+\rho\boldsymbol{v}\cdot\nabla v]\mathrm{d}\tau \tag{5-34}$$

则式（5-31a）左端变为

$$\iiint_\tau \frac{\partial(\rho\boldsymbol{v})}{\partial t}\mathrm{d}\tau + \iiint_\tau [\boldsymbol{v}(\nabla\cdot\rho\boldsymbol{v})+\rho\boldsymbol{v}\cdot\nabla v]\mathrm{d}\tau$$

$$= \iiint_\tau \left(\rho\frac{\partial\boldsymbol{v}}{\partial t}+\boldsymbol{v}\frac{\partial\rho}{\partial t}\right)\mathrm{d}\tau + \iiint_\tau [\boldsymbol{v}(\nabla\cdot\rho\boldsymbol{v})+\rho\boldsymbol{v}\cdot\nabla v]\mathrm{d}\tau \tag{5-35}$$

$$= \iiint_\tau \left\{\rho\left(\frac{\partial\boldsymbol{v}}{\partial t}+v\cdot\nabla v\right)+\boldsymbol{v}\left[\frac{\partial\rho}{\partial t}+\nabla\cdot(\rho\boldsymbol{v})\right]\right\}\mathrm{d}\tau = \iiint_\tau \rho\left(\frac{\partial\boldsymbol{v}}{\partial t}+\boldsymbol{v}\cdot\nabla\boldsymbol{v}\right)\mathrm{d}\tau$$

代入式（5-31a），便有

$$\iiint_\tau \left[\rho\left(\frac{\partial\boldsymbol{v}}{\partial t}+v\cdot\nabla v\right)+\nabla p-\rho\boldsymbol{R}\right]\mathrm{d}\tau = 0 \tag{5-36}$$

因为 τ 是任意取的，且假定被积函数连续，由此可知，被积函数恒为零，即

$$\frac{\partial\boldsymbol{v}}{\partial t}+v\cdot\nabla v = \boldsymbol{R}-\frac{1}{\rho}\nabla p \tag{5-37a}$$

或

$$\frac{\mathrm{D}\boldsymbol{v}}{\mathrm{D}t} = \boldsymbol{R}-\frac{1}{\rho}\nabla p \tag{5-37b}$$

这就是理想流体微分形式的动量方程，又称为欧拉运动微分方程。令 Π 代表黏性应力张量，可以推出黏性流体的动量方程为

$$\rho\frac{\mathrm{D}\boldsymbol{v}}{\mathrm{D}t} = \rho\boldsymbol{R}-\nabla p+\nabla\Pi \tag{5-38a}$$

或者

$$\frac{\partial(\rho\boldsymbol{v})}{\partial t}+\nabla(\rho vv) = \rho\boldsymbol{R}-\nabla p+\nabla\Pi \tag{5-38b}$$

对于无黏性气体，可以忽略质量力，即 $R=0$，于是有

$$\frac{\mathrm{D}\boldsymbol{v}}{\mathrm{D}t} = -\frac{1}{\rho}\nabla p \tag{5-39}$$

对于定常流动，由式（5-37a）有

$$\boldsymbol{v} \cdot \nabla v = \boldsymbol{R} - \frac{1}{\rho}\nabla p \tag{5-40}$$

上述矢量形式的欧拉运动微分方程也可改写成直角坐标系或其他坐标系中的相应形式。

【例5-2】 水在直径为 10cm 的 60° 水平弯管中，以 5m/s 的流速流动，如图 5-4 所示。弯管前端的压强为 9807Pa。如不计水头损失，也不考虑重力作用，求水流对弯管 1—2 的作用力。

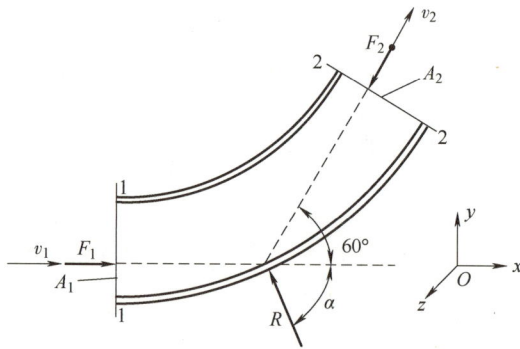

图 5-4 例 5-2 图

【解】 1）确定控制体。取控制体为 1—2 断面间弯管占有的空间。这样把受流体作用的弯管整个内表面包括在控制面内，又没有其他多余的固壁。

2）选择坐标系。坐标系选择如图 5-4 所示，x 轴为弯管进口前管道的轴线，z 轴为垂直方向，xOy 平面为水平面。

3）流出和流进控制体的动量差。流出为 $\rho Q_v \boldsymbol{v}_2$；流进为 $\rho Q_v \boldsymbol{v}_1$。动量差为 $\rho Q_v(\boldsymbol{v}_2 - \boldsymbol{v}_1)$。

由于断面面积不变，$\boldsymbol{v}_1 = \boldsymbol{v}_2 = v = 5\text{m/s}$。若断面面积变化，求未知流速时，通常要运用连续性方程。

4）控制体内流体受力分析。由于不考虑重力作用，质量力为零。表面力包括：

断面 1 上，$F_1 = p_1 A_1$，方向沿 x 轴正向。

断面 2 上，$F_2 = p_2 A_2$，方向垂直于断面 2，且指向控制体内。

其余表面，$\boldsymbol{R}$ 为弯管内表面对流体的作用力。由于 $\boldsymbol{R}$ 的方向未知，可任意假设某方向。不妨设 $\boldsymbol{R}$ 在 xOy 平面上的投影方向与 x 轴的夹角为 α。

未知压强 p_2 应根据能量方程

$$z_1 + \frac{p_1}{\rho g} + \frac{v_1^2}{2g} = z_2 + \frac{p_2}{\rho g} + \frac{v_2^2}{2g}$$

求出。由于 $z_1 = z_2$，$v_1 = v_2 = v$，则

$$p_1 = p_2 = p = 9807 \text{Pa}$$

一般地，求某一未知压强总要用到能量方程。

联立动量方程并求解：

$$\sum F_x = p_1 A_1 - p_2 A_2 \cos 60° - R\cos\alpha = pA(1 - \cos 60°) - R\cos\alpha$$
$$= \rho Q_v(v_{2x} - v_{1x}) = \rho v_1 A_1(v_2 \cos 60° - v_1)$$
$$= \rho A v^2(\cos 60° - 1)$$
$$\sum F_y = -p_2 A_2 \sin 60° + R\sin\alpha = -pA\sin 60° + R\sin\alpha$$
$$= \rho Q_v(v_{2y} - v_{1y}) = \rho v A(v_2 \sin 60° - 0)$$
$$= \rho A v^2 \sin 60°$$
$$\sum F_z = R_z = \rho Q_v(v_{2z} - v_{1z})$$

也即

$$\begin{cases} pA(1 - \cos 60°) - R\cos\alpha = \rho A v^2(\cos 60° - 1) \\ -pA\sin 60° + R\sin\alpha = \rho A v^2 \sin 60° \\ R_z = \rho Q_v(v_{2z} - v_{1z}) \end{cases}$$

代入数据，得

$$pA = 9807 \text{Pa} \times \frac{\pi}{4} \times (0.1 \text{m})^2 = 77.02 \text{N}$$

$$\begin{cases} 77.02 \text{N} \times (1 - \cos 60°) - R\cos\alpha = 1000 \text{kg/m}^3 \times \frac{\pi}{4} \times (0.1 \text{m})^2 \times (5 \text{m/s})^2 \times (\cos 60° - 1) \\ -77.02 \text{N} \times \sin 60° + R\sin\alpha = 1000 \text{kg/m}^3 \times \frac{\pi}{4} \times (0.1 \text{m})^2 \times (5 \text{m/s})^2 \times \sin 60° \\ R_z = 0 \end{cases}$$

联立求解，得

$$R = 273.37 \text{N} \quad \alpha = 60° \quad R_z = 0$$

5）答案及其分析。由于水流对弯管的作用力与弯管对水流的作用力大小相等，方向相反。因此水流对弯管的作用力 $\boldsymbol{F}$ 为

$$\boldsymbol{F} = -\boldsymbol{R}$$

$F = 272N$，方向与 R 相反。

作用力 F 位于水平面内，这是由于弯管水平放置且不考虑重力作用所致。F 的大小和方向将对管路构件的承载能力产生影响，这是工程上所关注的。

上例的求解过程说明了运用动量方程的几个主要步骤。运用动量方程的注意点如下：

1）所选的坐标系必须是惯性坐标系。这是由于牛顿第二定律在惯性坐标系内成立。在求解做相对运动的流动时，应谨慎。如农田中的旋转喷水装置的功率问题。

2）由于方程式是矢量式，应首先选择和在图上标明坐标系。坐标系选择不是唯一的，但应以使计算简便为原则。

3）正确选择控制体。由于动量方程解决的是固体壁面和流体之间相互作用的整体作用力或者作用力之和，因此，应使控制面上有流体进出的部分处在渐变流段等。

4）必须明确地假定待求的固体壁面对流体的作用力的方向，并用符号表示，如 R。如果求解结果 R 为负值，则表示实际方向与假设相反。计算时，R 也可用分量表示：(R_x, R_y)。

5）注意方程式本身各项的正负及压力和速度在坐标轴上投影的正负，特别是流进动量项。

6）问题往往求的是流体对固体壁面的作用力 F，因此，最后应明确回答 F 的大小和方向。

5.4　能量方程的积分和微分形式

能量方程是热力学第一定律应用于流动流体时的数学表达式。对于某瞬间占据空间体积 τ 的流体所构成的体系，热力学第一定律可表述如下：单位时间内外界传给体系的热量等于体系所储存的总能量的增加率加上体系对外界输出的功率，即

$$\frac{\delta Q}{\delta t} = \frac{DE}{Dt} + \frac{\delta W}{\delta t} \qquad (a)$$

式中，$\frac{\delta Q}{\delta t} = \dot{Q}$，为单位时间内外界传给体系的热量；$\frac{DE}{Dt}$ 为体系所储存总能量的增加率；$\frac{\delta W}{\delta t} = \dot{W}$，为单位时间内体系对外界所做的功。

　　体系与外界的热量交换形式有热传导、对流、辐射及燃烧等，这里不考虑详细的换热过程，所以仅以 δQ 代表体系与外界的换热量，并规定外界向体系传热时，δQ 取正值。

　　体系所储存的总能量包括内能和动能，以 e 代表单位质量流体的总内能（又称为广义内能）

$$e = \tilde{e} + \frac{v^2}{2} \tag{5-41}$$

式中，$\tilde{e}$ 为单位质量流体的内能（比内能）。则整个体系所具有的总内能（又称为广义内能）E 为

$$E = \iiint_\tau \rho \left(\tilde{e} + \frac{v^2}{2} \right) \mathrm{d}\tau \tag{5-42}$$

　　对于确定的体系，其所具有的总储存能随时间的变化率可以用随体导数予以表达，故总储存能的时间变化率以 $\dfrac{\mathrm{D}E}{\mathrm{D}t}$ 表示，即

$$\frac{\mathrm{D}E}{\mathrm{D}t} = \frac{\mathrm{D}}{\mathrm{D}t} \iiint_\tau \rho \left(\tilde{e} + \frac{v^2}{2} \right) \mathrm{d}\tau \tag{b}$$

　　体系对外界做功是通过体系克服外力产生运动而完成的。由于外力有质量力和表面力，故体系对外界所做的功也可以分为克服质量力所做的功和克服表面力所做的功两种。规定体系对外界做功取正值，外界对体系做功取负值。设单位质量流体所受到的质量力为 $\boldsymbol{R}$，则单位时间内作用于体系上的质量力对体系所做的功为

$$- \iiint_\tau \rho \boldsymbol{R} \cdot v \mathrm{d}\tau \tag{c}$$

　　表面力所做的功一般情况下应包括克服作用于表面的法向力所做的功和克服作用于体系表面的剪力所做的功两部分。这里所研究的是理想流体，不存在黏性剪切力，因而克服黏性剪切力所做的功为零。因此，表面力所做的功可以表示成

$$\oiint_A p(\boldsymbol{n} \cdot \boldsymbol{v}) \mathrm{d}A = \oiint_A \frac{p}{\rho} (\rho \boldsymbol{v} \cdot \boldsymbol{n}) \mathrm{d}A \tag{d}$$

　　积分号前未加负号是因为它是表示体系对外界所做的功，按规定应为正。把式（b）～式（d）代入式（a），则体系的能量方程可以写成

$$\dot{Q} = \iiint_\tau \rho \left(\tilde{e} + \frac{v^2}{2} \right) \mathrm{d}\tau - \iiint_\tau \rho \boldsymbol{R} \cdot v \mathrm{d}\tau + \oiint_A \frac{p}{\rho} (\rho \boldsymbol{v} \cdot \boldsymbol{n}) \mathrm{d}A \tag{5-43}$$

5.4.1 能量方程的积分形式

现在借助于雷诺输运方程将式（5-43）转换成适合于控制体的形式。由于在推导体系的能量方程时所取的体系是某瞬间占据固定空间体积 τ 的流体，因此当取该空间体积为控制体时，外界向体系传输的热量就等于同一瞬间外界向该控制体内的流体所传输的热量，体系克服外界施加的表面力和质量力所做的功也就是控制体内的流体克服外界所施加的表面力和质量力所做的功。

根据雷诺输运方程，式（5-43）中控制体内流体所储存的能量随时间的变化率项可以写成

$$\frac{\mathrm{D}}{\mathrm{D}t}\iiint_{\tau}\rho\left(\tilde{e}+\frac{v^2}{2}\right)\mathrm{d}\tau=\iiint\frac{\partial}{\partial t}\left[\rho\left(\tilde{e}+\frac{v^2}{2}\right)\right]\mathrm{d}\tau+\oiint_{A}\left(\tilde{e}+\frac{v^2}{2}\right)(\rho\boldsymbol{v}\cdot\boldsymbol{n})\mathrm{d}A \quad (5\text{-}44)$$

设质量力有势，即 $\boldsymbol{R}=\nabla U$，则作用于控制体内流体上的质量力在单位时间内所做的功为

$$-\iint_{\tau}\rho\boldsymbol{R}\cdot v\mathrm{d}\tau=-\iint_{\tau}\nabla U\cdot\rho v\mathrm{d}\tau=-\iiint_{\tau}\nabla\cdot(U\rho\boldsymbol{v})\mathrm{d}\tau+\iiint_{\tau}U\nabla\cdot(\rho\boldsymbol{v})\mathrm{d}\tau \quad (5\text{-}45)$$

将连续性方程 $\nabla\cdot(\rho v)=-\dfrac{\partial\rho}{\partial t}$ 代入式（5-45），并利用高斯定理，则有

$$-\iint_{\tau}\rho\boldsymbol{R}\cdot v\mathrm{d}\tau=-\oiint_{A}U(\rho\boldsymbol{v}\cdot\boldsymbol{n})\mathrm{d}A-\iiint_{\tau}U\frac{\partial\rho}{\partial t}\mathrm{d}\tau \quad (5\text{-}46)$$

假定质量力势函数在固定点处不随时间变化，即 $\dfrac{\partial U}{\partial t}=0$（一般情况下总是这样的），则式（5-46）可改写成

$$-\iint_{\tau}\rho\boldsymbol{R}\cdot v\mathrm{d}\tau=-\oiint_{A}U(\rho\boldsymbol{v}\cdot\boldsymbol{n})\mathrm{d}A-\iiint_{\tau}\frac{\partial(\rho U)}{\partial t}\mathrm{d}\tau \quad (5\text{-}47)$$

把上面所得到的有关关系式代入式（5-43），整理后得到

$$\dot{Q}=\iiint_{\tau}\frac{\partial}{\partial t}\left[\rho\left(\tilde{e}+\frac{v^2}{2}-U\right)\right]\mathrm{d}\tau+\oiint_{A}\left(\tilde{e}+\frac{v^2}{2}-U\right)(\rho\boldsymbol{v}\cdot\boldsymbol{n})\mathrm{d}A+\oiint_{A}\frac{p}{\rho}(\rho\boldsymbol{v}\cdot\boldsymbol{n})\mathrm{d}A$$

$$(5\text{-}48)$$

把面积分项加以合并，则有

$$\dot{Q}=\iiint_{\tau}\frac{\partial}{\partial t}\left[\rho\left(\tilde{e}+\frac{v^2}{2}-U\right)\right]\mathrm{d}\tau+\oiint_{A}\left(\tilde{e}+\frac{p}{\rho}+\frac{v^2}{2}-U\right)(\rho\boldsymbol{v}\cdot\boldsymbol{n})\mathrm{d}A \quad (5\text{-}49)$$

这就是适用于控制体积分形式的能量方程式。方程式中的面积分项的积分面积 A 是指整个控制表面，如图 5-5 所示，$A=A_1+A_2$，其中 A_1 是由物体表面所

组成的。当物体为旋转机械时，旋转机械与流体之间的功量交换应包括在上述

能量方程中的 $\oiint_A \dfrac{p}{\rho}(\rho\boldsymbol{v} \cdot \boldsymbol{n})\,\mathrm{d}A$ 项内，这时 $\oiint_A \dfrac{p}{\rho}(\rho\boldsymbol{v} \cdot \boldsymbol{n})\,\mathrm{d}A$ 可以写成

$$\oiint_A \frac{p}{\rho}(\rho\boldsymbol{v} \cdot \boldsymbol{n})\,\mathrm{d}A = \oiint_{A_1} \frac{p}{\rho}(\rho\boldsymbol{v} \cdot \boldsymbol{n})\,\mathrm{d}A + \oiint_{A_2} \frac{p}{\rho}(\rho\boldsymbol{v} \cdot \boldsymbol{n})\,\mathrm{d}A \tag{5-50}$$

等式右边第一项代表旋转机械与流体的功量交换，为方便起见，以 $\dot{W}_\mathrm{s}$ 表示。等式右边第二项表示控制体内的流体流动克服控制体外的流体作用于控制面上的压强力所做的流动功。因此，可以把式（5-49）改写成

$$\dot{Q} = \iiint_\tau \frac{\partial}{\partial t}\left[\rho\left(\tilde{e} + \frac{v^2}{2} - U\right)\right]\mathrm{d}\tau + \oiint_A \left(\tilde{e} + \frac{p}{\rho} + \frac{v^2}{2} - U\right)(\rho\boldsymbol{v} \cdot \boldsymbol{n})\,\mathrm{d}A + \iint_{A_2} \frac{p}{\rho}(\rho\boldsymbol{v} \cdot \boldsymbol{n})\,\mathrm{d}A + \dot{W}_\mathrm{s}$$

$$\tag{5-51}$$

考虑到固体表面上不会产生流体的流进和流出。因此可以把式（5-51）写成

$$\dot{Q} = \iiint_\tau \frac{\partial}{\partial t}\left[\rho\left(\tilde{e} + \frac{v^2}{2} - U\right)\right]\mathrm{d}\tau + \oiint_{A_\text{出}} \left(\tilde{e} + \frac{p}{\rho} + \frac{v^2}{2} - U\right)(\rho\boldsymbol{v} \cdot \boldsymbol{n})\,\mathrm{d}A -$$

$$\tag{5-52}$$

$$\oiint_{A_\text{进}} \left(\tilde{e} + \frac{p}{\rho} + \frac{v^2}{2} - U\right)(\rho\boldsymbol{v} \cdot \boldsymbol{n})\,\mathrm{d}A + \dot{W}_\mathrm{s}$$

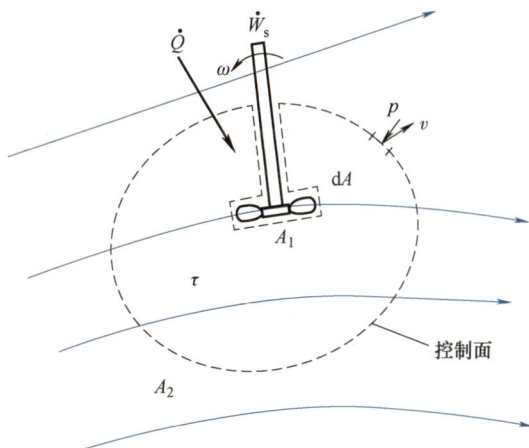

图 5-5　控制体积分形式的能量方程式用图

这是积分形式能量方程式的另一种形式，在研究流体通过叶轮机械的内部流动时经常要用到它。式（5-52）说明，单位时间内外界向控制体内的流体的加热量，应等于流体通过旋转机械对外界的做功率，与通过控制面流体所净带

走的总能量，以及控制体内流体所具有的能量的时间变化率这三者之和。

注意，式（5-51）和式（5-52）的面积分项中总是同时出现比内能 $\tilde{e}$ 和流动功 $\dfrac{p}{\rho}$，因此，可以用比焓 h 来表示它们之和。这样，式（5-51）和式（5-52）就变成

$$\dot{Q}=\iint_\tau \frac{\partial}{\partial t}\left[\rho\left(\tilde{e}+\frac{v^2}{2}-U\right)\right]\mathrm{d}\tau+\oiint_A\left(h+\frac{v^2}{2}-U\right)(\rho\boldsymbol{v}\cdot\boldsymbol{n})\mathrm{d}A \qquad (5\text{-}53\mathrm{a})$$

$$\dot{Q}=\iint_\tau \frac{\partial}{\partial t}\left[\rho\left(\tilde{e}+\frac{v^2}{2}-U\right)\right]\mathrm{d}\tau+\oiint_{A_{\text{出}}}\left(h+\frac{v^2}{2}-U\right)(\rho\boldsymbol{v}\cdot\boldsymbol{n})\mathrm{d}A-$$

$$\oiint_{A_{\text{进}}}\left(h+\frac{v^2}{2}-U\right)(\rho\boldsymbol{v}\cdot\boldsymbol{n})\mathrm{d}A+\dot{W}_s \qquad (5\text{-}54\mathrm{a})$$

注意，式（5-53a）和式（5-54a）中只是面积分项含有比焓，而体积分项中却仍然为比内能。这是由于体积分项是表示控制体内流体所具有的能量随时间的变化率，因而不包含流动功。

如果质量力是重力，则质量力势函数可以表示成 $U=-gz$，它表示单位质量流体所具有的势能。因此，式（5-53a）和式（5-54a）可以写成

$$\dot{Q}=\iint_\tau \frac{\partial}{\partial t}\left[\rho\left(\tilde{e}+\frac{v^2}{2}+gz\right)\right]\mathrm{d}\tau+\oiint_A\left(h+\frac{v^2}{2}+gz\right)(\rho\boldsymbol{v}\cdot\boldsymbol{n})\mathrm{d}A \qquad (5\text{-}53\mathrm{b})$$

$$\dot{Q}=\iint_\tau \frac{\partial}{\partial t}\left[\rho\left(\tilde{e}+\frac{v^2}{2}+gz\right)\right]\mathrm{d}\tau+\oiint_{A_{\text{出}}}\left(h+\frac{v^2}{2}+gz\right)(\rho\boldsymbol{v}\cdot\boldsymbol{n})\mathrm{d}A-$$

$$\oiint_{A_{\text{进}}}\left(h+\frac{v^2}{2}+gz\right)(\rho\boldsymbol{v}\cdot\boldsymbol{n})\mathrm{d}A+\dot{W}_s \qquad (5\text{-}54\mathrm{b})$$

5.4.2 能量方程的微分形式

为了得到微分形式的能量方程，利用高斯定理把适用于控制体积分形式的能量方程式（5-53a）中的面积分项改成体积分项，即

$$\oiint_A\left(h+\frac{v^2}{2}-U\right)(\rho\boldsymbol{v}\cdot\boldsymbol{n})\mathrm{d}A=\iiint_\tau\nabla\cdot\left[\left(h+\frac{v^2}{2}-U\right)\rho\boldsymbol{v}\right]\mathrm{d}\tau \qquad (5\text{-}55)$$

这时能量方程式（5-53a）变成

$$\dot{Q}=\iint_\tau \frac{\partial}{\partial t}\left[\rho\left(\tilde{e}+\frac{v^2}{2}-U\right)\right]\mathrm{d}\tau-\iint_\tau\nabla\cdot\left[\left(h+\frac{v^2}{2}-U\right)\rho\boldsymbol{v}\right]\mathrm{d}\tau \qquad (5\text{-}56)$$

以 $\dot{q}$ 代表单位时间内外界对控制体内单位质量流体的加热量，则式（5-56）可写成

$$\iiint_{\tau}\left\{\rho\dot{q}-\frac{\partial}{\partial t}\left[\rho\left(\tilde{e}+\frac{v^2}{2}-U\right)\right]-\nabla\cdot\left[\left(h+\frac{v^2}{2}-U\right)\rho\boldsymbol{v}\right]\right\}\mathrm{d}\tau=0 \tag{5-57}$$

由于积分体积 τ 是任意取的，且假定积分号内的各参数都是连续的，因此被积函数必然等于零，即

$$\rho\dot{q}-\frac{\partial}{\partial t}\left[\rho\left(\tilde{e}+\frac{v^2}{2}-U\right)\right]-\nabla\cdot\left[\left(h+\frac{v^2}{2}-U\right)\rho\boldsymbol{v}\right]=0 \tag{5-58}$$

由于

$$\begin{aligned}\frac{\partial}{\partial t}\left[\rho\left(\tilde{e}+\frac{v^2}{2}-U\right)\right]&=\frac{\partial}{\partial t}\left[\rho\left(h+\frac{v^2}{2}-U\right)\right]-\frac{\partial p}{\partial t}\\&=\rho\,\frac{\partial}{\partial t}\left(h+\frac{v^2}{2}-U\right)+\left(h+\frac{v^2}{2}-U\right)\frac{\partial\rho}{\partial t}-\frac{\partial p}{\partial t}\end{aligned} \tag{5-59}$$

$$\nabla\cdot\left[\left(h+\frac{v^2}{2}-U\right)\rho\boldsymbol{v}\right]=\left(h+\frac{v^2}{2}-U\right)\nabla\cdot(\rho\boldsymbol{v})+\rho\boldsymbol{v}\cdot\nabla\left(h+\frac{v^2}{2}-U\right) \tag{5-60}$$

把式（5-59）、式（5-60）代入式（5-58），整理后得到

$$\dot{q}=\frac{1}{\rho}\left(h+\frac{v^2}{2}-U\right)\left[\frac{\partial p}{\partial t}+\nabla\cdot(\rho\boldsymbol{v})\right]+\frac{\partial}{\partial t}\left(h+\frac{v^2}{2}-U\right)+\boldsymbol{v}\cdot\nabla\left(h+\frac{v^2}{2}-U\right)-\frac{1}{\rho}\frac{\partial p}{\partial t} \tag{5-61}$$

注意到连续方程式为

$$\frac{\partial p}{\partial t}+\nabla\cdot(\rho\boldsymbol{v})=0 \tag{5-62}$$

以及随体导数的表达式

$$\frac{\mathrm{D}(\ast)}{\mathrm{D}t}=\frac{\partial}{\partial t}(\ast)+\boldsymbol{v}\cdot\nabla(\ast) \tag{5-63}$$

最后便可得到

$$\dot{q}=\frac{\mathrm{D}}{\mathrm{D}t}\left(h+\frac{v^2}{2}-U\right)-\frac{1}{\rho}\frac{\partial p}{\partial t} \tag{5-64}$$

这就是微分形式的能量方程。

如果质量力是重力，方程式（5-64）则变成

$$\dot{q}=\frac{\mathrm{D}}{\mathrm{D}t}\left(h+\frac{v^2}{2}+gz\right)-\frac{1}{\rho}\frac{\partial p}{\partial t} \tag{5-65}$$

当流体流动过程与外界既无热量交换又无机械功输入输出，并且流动为定常流动时，则式（5-65）可简化为

$$\frac{\mathrm{D}}{\mathrm{D}t}\left(h+\frac{v^2}{2}+gz\right)=0 \tag{5-66}$$

根据随体导数的物理意义可知，式（5-66）表明在绝能定常流动过程中，

单位质量流体所包含的焓值、动能与势能之和即具有的总能量将保持不变，即

$$h+\frac{v^2}{2}+gz=C(\text{沿流线}) \tag{5-67}$$

式（5-70）说明，在多维绝能定常流动中流体所具有的总能量沿迹线保持不变，由于定常流动迹线与流线重合，因此沿流线流体总能量也保持不变。一般情况下，不同流线的流体所具有的总能量是不相同的，只有当起始点上流体所具有的总能量相等，在整个流场上流体所具有的总能量才处处相等，这种流动叫作均能流。

如果流动是非定常流动，从式（5-65）可以看出，对于无黏性流体来讲，即使在流动过程中流体与外界无热量和机械功的交换，流体总能量仍然要发生变化，总能量的随体导数取决于压强的当地变化率。

对于黏性流体，令 H 代表总焓，e 代表内能，在不考虑势能时则可以证明有下面两式成立，即

$$\frac{dH}{dt}=\frac{1}{\rho}\frac{\partial p}{\partial t}+\frac{1}{\rho}\nabla\cdot(\boldsymbol{\Pi}\cdot\boldsymbol{v})+\dot{q} \tag{5-68}$$

$$\rho\frac{de}{dt}=\Phi-p\nabla\cdot\boldsymbol{v}+\rho\dot{q} \tag{5-69}$$

式中，Φ 为耗散函数，其表达式为

$$\Phi\equiv\boldsymbol{\Pi}\cdot\boldsymbol{\varepsilon} \tag{5-70}$$

式中，$\boldsymbol{\varepsilon}$ 为变形率张量。

【例 5-3】 如图 5-6 所示，空气由炉口 a 流入，通过燃烧后，废气经 b、c、d 由烟囱流出。烟气 $\rho=0.6\text{kg/m}^3$，空气 $\rho=1.2\text{kg/m}^3$，由 a 到 c 的压强损失为 $9\frac{\rho v^2}{2}$，c 到 d 的损失为 $20\frac{\rho v^2}{2}$。求：

1）出口流速 v。

2）c 处静压 p_c。

【解】 1）在进口前 0m 高程和出口 50m 高程处两断面的能量方程

图 5-6 例 5-3 图

$$0+0+9.8\text{m/s}^2\times(1.2-0.6)\text{kg/m}^3\times50\text{m}$$

$$=20\times0.6\text{kg/m}^3\times\frac{v^2}{2}+9\times0.6\text{kg/m}^3\times\frac{v^2}{2}+0.6\text{kg/m}^3\times\frac{v^2}{2}+0$$

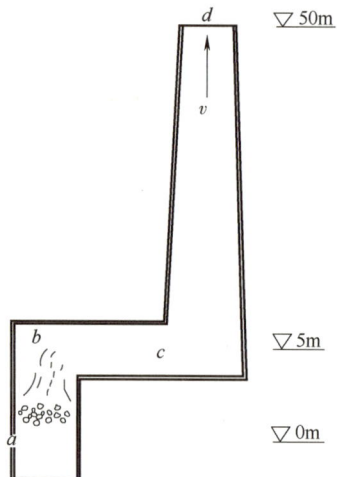

解得

$$v = 5.7\text{m/s}$$

2）计算 p_c，取 c、d 断面

$$0.6\text{kg/m}^3 \times \frac{v^2}{2} + p_c + (50-5)\text{m} \times 0.6\text{kg/m}^3 \times 9.8\text{m/s}^2$$

$$= 0 + 20 \times 0.6\text{kg/m}^3 \times \frac{v^2}{2} + 0.6\text{kg/m}^3 \times \frac{v^2}{2}$$

解得

$$p_c = -68.6\text{Pa}$$

5.5　伯努利方程及其应用

伯努利方程由瑞士科学家伯努利（1738 年）首先提出，以后由欧拉完善其理论推导过程。伯努利方程首次以动能与压强势能相互转换的方式确立了流体运动中速度与压强的关系，为理论流体力学奠定了基础。伯努利方程的限制条件虽然较为苛刻，但方程揭示的规律可普遍应用于各种流动，解释诸如河道流动、虹吸管、机翼升力等现象的机理[12]。

5.5.1　沿流线的伯努利方程

在无黏性重力流体的流场中，沿流线 s 取一圆柱形控制体元（图 5-7），控制体元长为 δs，端面面积为 δA；两端面上的压强分别为 p 和 $p + \frac{\partial p}{\partial s}\delta s$；重力为 $\rho g \delta A \delta s$，与流线切线方向夹角为 θ。将牛顿第二定律应用于控制体内的流体元 a，沿流线切线方向（以流动方向为正）

$$-\rho g \delta A \delta s \cos\theta + p \delta A - \left(p + \frac{\partial p}{\partial s}\delta s \right) \delta A = \rho \delta A \delta s \frac{dv(a,t)}{dt} \tag{5-71}$$

式中，$v(a,t)$ 为流体元的速度，整理后取极限可得

$$-g\cos\theta - \frac{1}{\rho}\frac{\partial p}{\partial s} = \frac{dv(a,t)}{dt} \tag{5-72}$$

由几何关系

$$\cos\theta = \frac{dz}{ds} \tag{5-73}$$

将流体元的加速度转换为欧拉形式的加速度，沿流线 s 方向的质点导数式为

$$\frac{dv(a,t)}{dt} = \frac{Dv(s,t)}{Dt} = \frac{\partial v}{\partial t} + v\frac{\partial v}{\partial s} \tag{5-74}$$

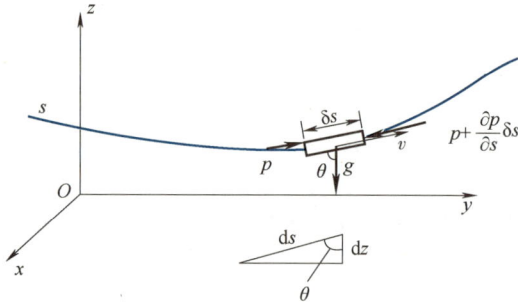

图 5-7　圆柱形控制体元

式（5-72）可表示为

$$-g\frac{\partial z}{\partial s}-\frac{1}{\rho}\frac{\partial p}{\partial s}=\frac{\partial v}{\partial t}+v\frac{\partial v}{\partial s} \tag{5-75}$$

式（5-75）为无黏性流体沿流线的运动微分方程，又称为一维欧拉运动方程。为将方程沿流线积分，两边乘以 ds 并移项，因

$$\frac{\partial z}{\partial s}\mathrm{d}s=\mathrm{d}z,\frac{\partial p}{\partial s}\mathrm{d}s=\mathrm{d}p,\frac{\partial v}{\partial s}\mathrm{d}s=\mathrm{d}v(沿流线) \tag{5-76}$$

可得

$$\frac{\partial v}{\partial t}\mathrm{d}s+v\mathrm{d}v+g\mathrm{d}z+\frac{1}{\rho}\mathrm{d}\rho=0(沿流线) \tag{5-77}$$

将式（5-77）沿流线积分，得

$$\int\frac{\partial v}{\partial t}\mathrm{d}s+\frac{v^2}{2}+gz+\int\frac{\mathrm{d}p}{\rho}=常数(沿流线) \tag{5-78}$$

式（5-78）称为欧拉运动方程沿流线的积分式，适合于可压缩无黏性流体沿流线的不定常流动。

对不可压缩流体的定常流动，式（5-78）可进一步简化为

$$\frac{v^2}{2}+gz+\frac{p}{\rho}=常数(沿流线) \tag{5-79}$$

式（5-79）称为伯努利方程。方程中的 $v^2/2$、gz、p/ρ 分别代表单位质量流体具有的动能、位置势能和压强势能。伯努利方程表明由这三种形式的机械能组成的流体总机械能（分布密度）沿流线守恒，并定量地指出这三种机械能（分布密度）沿流线的相互转换关系。因此伯努利方程是物理学能量守恒和转换定律在流体运动中的表现形式之一，具有重要理论意义[13]。应用伯努利方程时常采用沿流线上任意两点的总机械能值相等的形式

$$\frac{v_1^2}{2}+gz_1+\frac{p_1}{\rho}=\frac{v_2^2}{2}+gz_2+\frac{p_2}{\rho} \tag{5-80}$$

伯努利方程形式简单、意义深刻、历史久远，是在工程流体力学历史上应用最广的方程之一，但也是最容易被误用的方程之一，误用的原因是忽视了方程的限制条件。从上述推导过程可知，伯努利方程的限制条件包括：无黏性流体，不可压缩流体，定常流动，沿流线[14]。应用伯努利方程时必须确认四个条件同时满足。

【例5-4】 如图5-8所示，用直径 $d=100\mathrm{mm}$ 的管道从水箱中引水。如水箱中的水面恒定，水面高出管道出口中心的高度 $H=4\mathrm{m}$，管道的损失假设沿管长均匀发生，$h_1=3\dfrac{v^2}{2g}$。求：

1）通过管道的流速 v 和流量 Q_v。

2）管道中点 M 的压强 p_M。

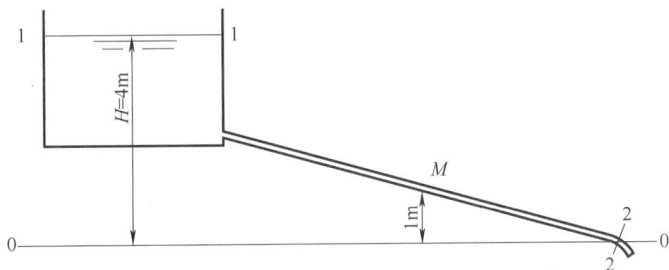

图5-8 例5-4图

【解】 整个流动是从水箱水面通过水箱水体经管道流入大气中，它和大气相接的断面是水箱水面 1—1 和流出断面 2—2，这就是取断面的对象。基准水平面 0—0 通过出口断面形心，是流动的最低点。

1）写 1—1、2—2 的能量方程：

$$z_1+\frac{p_1}{\rho g}+\frac{\alpha_1 v_1^2}{2g}=z_2+\frac{p_2}{\rho g}+\frac{\alpha_2 v_2^2}{2g}+h_{l1-2}$$

式中，$z_1=4\mathrm{m}$，$z_2=0$，$\dfrac{p_1}{\rho g}=0$，因 2 断面为射流断面 $\dfrac{p_2}{\rho g}=0$，1 断面的速度水头即水箱中的速度水头，对于管流而言常称为行进流速水头。当水箱断面面积比管道断面面积大得多时，行进流速较小，行进流速水头数值更小，一般可忽略不计，则

$$\frac{\alpha_1 v_1^2}{2g} \approx 0, \quad \frac{\alpha_2 v_2^2}{2g} = \frac{\alpha v^2}{2g}, \quad h_{l1-2} = 3\frac{v^2}{2g}$$

取 $\alpha = 1$，代入能量方程，解得

$$\frac{v^2}{2g} = 1\text{m}$$

$$v = 4.43\text{m/s}$$

$$Q_v = vA = 4.43\text{m/s} \times \frac{3.14 \times (0.1\text{m})^2}{4} = 0.0348\text{m}^3/\text{s}$$

2）为求 M 点的压强，必须在 M 点取断面。另一断面取在和大气相接的水箱水面或管流出口断面，现在选择在出口断面，则

$$z_1 = 1\text{m}, \quad \frac{p_1}{\rho g} = \frac{p_M}{\rho g}, \quad \frac{\alpha_1 v_1^2}{2g} = 1\text{m}$$

$$z_2 = 0, \quad \frac{p_2}{\rho g} = 0, \quad \frac{\alpha_2 v_2^2}{2g} = 1\text{m}, \quad h_{l1-2} = \frac{1}{2} \times 3\frac{v^2}{2g} = 1.5\text{m}$$

代入能量方程，得

$$1\text{m} + \frac{p_M}{\rho g} + 1\text{m} = 0 + 0 + 1\text{m} + 1.5\text{m}$$

$$\frac{p_M}{\rho g} = 0.5\text{m}$$

$$p_M = 4.904\text{kPa}$$

根据上述的流动分析，只要能在流动中，选择两压强已知或压差已知的断面，就有可能算出流速。文丘里流量计就是利用这个原理，在管道中造成流速差，引起压强变化，通过压差的量测来求出流速和流量。

5.5.2 沿总流的伯努利方程

1. 沿流线法线方向的速度压强关系式

设在无黏性重力流体的定常流场中流线为曲线 s，曲线上某点的曲率半径为 R，曲率中心为 C，如图 5-9 所示。

以该点为中心沿流线外法线方向 n 取一圆柱形体积元，长为 δn，端面面积为 δA，体积元的速度为 v。作用在体积元上的重力为 $g\delta A\delta n$，重力与该点的曲率半径夹角为 θ。设作用在体积元上端面的压强为 p（指向外法线方向），作用在下端面的压强为 $-\left(p + \frac{\partial p}{\partial n}\delta n\right)$（指向曲线的曲率中心）。在重力和压强合力的共同

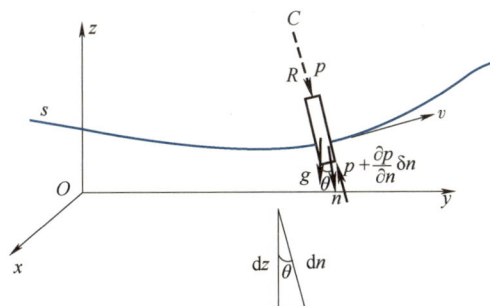

图 5-9　无黏性重力流体的定常流场

作用下，体积元的向心加速度为 v^2/R。由牛顿第二定律列出沿流线法线方向的运动方程为

$$\rho g \delta A \delta n \cos\theta + p\delta A - \left(p + \frac{\partial p}{\partial n}\delta n\right)\delta A = -\rho \delta A \delta n \frac{v^2}{R} \tag{5-81}$$

整理后取极限，并考虑到几何关系

$$\cos\theta = -\frac{\mathrm{d}z}{\mathrm{d}n} \tag{5-82}$$

可得

$$g\frac{\mathrm{d}z}{\mathrm{d}n} + \frac{1}{\rho}\frac{\partial p}{\partial n} = \frac{v^2}{R} \tag{5-83}$$

式（5-83）为可压缩无黏性重力流体沿流线法线方向的速度压强关系式，它说明流体质点的运动方向发生改变（产生向心加速度）是因为沿流线的法线方向重力分量和压强梯度作用的结果。若忽略重力作用，如气体流动或液体做平行于地面的水平流动时，引起流体质点改变方向的唯一原因是沿流线的法线方向存在压强梯度[15]，即

$$\frac{\partial p}{\partial n} = \frac{\rho v^2}{R} \tag{5-84}$$

流线的曲率半径总取为正（$R>0$），由式（5-84）可知 $\dfrac{\partial p}{\partial n}>0$，说明弯曲流线的外侧（流线曲率中心的异侧）的压强总是大于内侧（流线曲率中心的同侧）。若速度一定，流线曲率半径越小，流线两侧的压强梯度越大。

设 $\rho \equiv$ 常数时，式（5-83）中 g 和 $1/\rho$ 均可移至微分号之内，沿流线法线方向积分可得

$$-\int\frac{v^2}{R}\mathrm{d}n+gz+\frac{p}{\rho}=常数（沿流线法线方向）\tag{5-85}$$

式（5-85）可称为沿流线法线方向的伯努利方程，方程成立的限制条件：无黏性流体，不可压缩流体，定常流动，沿流线法线方向（以背离曲率中心方向为正）。式（5-85）反映了单位质量流体的位能、压强势能与惯性离心力（$-v^2/R$）所做的功沿流线法线方向的相互转换关系。

当流线为直线时，$R\to\infty$，由式（5-85）可得

$$gz+\frac{p}{\rho}=常数（沿流线法线方向）\tag{5-86}$$

或

$$p=-\rho gz+C\tag{5-87}$$

式（5-87）与静止流体中的压强公式形式相同，它表明不可压缩无黏性流体做直线定常流动时，沿直线流线法线方向的压强变化规律与静止液体中一样。工程上将流线成相互平行或接近平行的直线的流束称为缓变流（否则称为急变流），在缓变流流束的有效截面上压强分布符合静止液体中的压强分布规律。

2. 沿总流的伯努利方程

伯努利方程［式（5-79）］描述单位质量流体沿流线流动时总机械能守恒。在由无数流线组成的流束中，将伯努利方程中三项机械能在有效截面 A 上按质量流量积分，总机械能沿流束仍保持守恒，即

$$\iint_A\left(\frac{v^2}{2}+gz+\frac{p}{\rho}\right)\rho\mathrm{d}Q=常数（沿流束）\tag{5-88}$$

在工程上通常将式（5-88）化为沿总流的形式，并用总流有效截面上的平均速度 v 代替不均匀的速度分布，为此引入动能修正因子 α，定义为

$$\iint_A\frac{v^2}{2}\rho\mathrm{d}Q=\alpha\frac{v^2}{2}\rho Q\tag{5-89}$$

若截面 A 符合缓变流条件，将式（5-86）和式（5-89）代入式（5-88），考虑 $\rho Q=常数$，可得

$$\frac{\alpha v^2}{2}+gz+\frac{p}{\rho}=常数（沿总流）\tag{5-90}$$

常用的形式为沿总流取两个缓变流截面 A_1、A_2，平均速度分别为 v_1、v_2，可得

$$\frac{\alpha_1 v_1^2}{2}+gz_1+\frac{p_1}{\rho}=\frac{\alpha_2 v_2^2}{2}+gz_2+\frac{p_2}{\rho}（沿总流）\tag{5-91}$$

式（5-90）和式（5-91）称为沿总流的伯努利方程或一维平均流动伯努利方程，表明在有效截面上按质量流量计算的总机械能沿总流守恒。方程成立的限制条件：忽略黏性，不可压缩流体，定常流动，A_1、A_2 截面符合缓变流条件（其他截面上允许有急变流存在）。α 由式（5-89）定义。在圆管流动中抛物线速度分布（层流）时 $\alpha=2$，1/7 指数速度分布（湍流）时 $\alpha=1$。绝大多数的实际管流均为湍流，因此通常取 $\alpha_1=\alpha_2=1$，这样式（5-91）与沿流线的式（5-80）形式完全一样。

【例 5-5】　文丘里流量计如图 5-10 所示，由一段渐缩管、一段喉管和一段渐扩管，前后相连所组成。将它连接在主管中，当主管水流通过此流量计时，由于喉管断面缩小，流速增加，压强相应减小，用压差计测定压强水头的变化 Δh，即可计算出流速和流量。

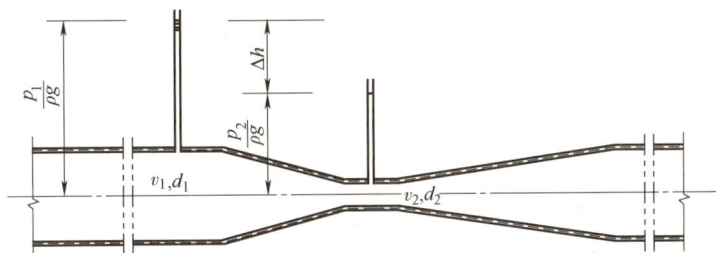

图 5-10　文丘里流量计

【解】　取 1、2 两渐变流断面，写理想流体能量方程式

$$0+\frac{p_1}{\rho g}+\frac{v_1^2}{2g}=0+\frac{p_2}{\rho g}+\frac{v_2^2}{2g}$$

移项

$$\frac{p_1}{\rho g}-\frac{p_2}{\rho g}=\frac{v_2^2}{2g}-\frac{v_1^2}{2g}=\Delta h$$

出现两个流速，和连续性方程式联立，有

$$v_1\times\frac{\pi}{4}d_1^2=v_2\times\frac{\pi}{4}d_2^2$$

$$\frac{v_1}{v_2}=\left(\frac{d_1}{d_2}\right)^2,\ \frac{v_2^2}{v_1^2}=\frac{\dfrac{v_2^2}{2g}}{\dfrac{v_1^2}{2g}}=\left(\frac{d_1}{d_2}\right)^4$$

代入能量方程，得

$$\left(\frac{d_1}{d_2}\right)^4 \frac{v_1^2}{2g} - \frac{v_1^2}{2g} = \Delta h$$

解出流速

$$v_1 = \sqrt{\frac{2g\Delta h}{\left(\dfrac{d_1}{d_2}\right)^4 - 1}}$$

流量为

$$Q_v = v_1 \frac{\pi}{4} d_1^2 = \frac{\pi}{4} d_1^2 \sqrt{\frac{2g\Delta h}{\left(\dfrac{d_1}{d_2}\right)^4 - 1}}$$

但 $\dfrac{\pi}{4} d_1^2 \sqrt{\dfrac{2g}{\left[\left(\dfrac{d_1}{d_2}\right)^4 - 1\right]}}$ 只和管径 d_1、d_2 有关，对于一定的流量计，它是一个常数，

以 K 表示。即令

$$K = \frac{\pi}{4} d_1^2 \sqrt{\frac{2g}{\left[\left(\dfrac{d_1}{d_2}\right)^4 - 1\right]}}$$

则

$$Q_v = K\sqrt{\Delta h}$$

由于推导过程采用了理想流体的力学模型，求出的流量值比实际值大。为此，乘以 μ 值来修正。μ 值根据实验确定，称为文丘里流量系数。它的值在 0.95~0.98 之间。则

$$Q_v = \mu K\sqrt{\Delta h}$$

5.5.3　伯努利方程的水力学意义

将伯努利方程式（5-79）和式（5-90）变换为另一种形式

$$\frac{v^2}{2g} + z + \frac{p}{\rho g} = 常数（沿流线） \tag{5-92a}$$

$$\frac{\alpha v^2}{2g} + z + \frac{p}{\rho g} = H = 常数（沿总流） \tag{5-92b}$$

式（5-92a）表示单位质量流体的机械能沿流线守恒。式（5-92b）表示在

有效截面上按单位质量计算的总机械能沿总流守恒，这种形式在水力学中有特殊意义。方程的各项均具有长度量纲，通常将 $v^2/2g$ 称为速度水头，z 称为位置水头，$p/\rho g$ 称为压强水头，后两者之和称为测压管水头，而 H 则称为总水头。因此，式（5-92a）和式（5-92b）可称为水头形式的伯努利方程，它表明不可压缩无黏性流体做定常流动时总水头沿流程不变。在水力学中将流道各截面上相应的水头高度连成水头线，如图 5-11 所示。

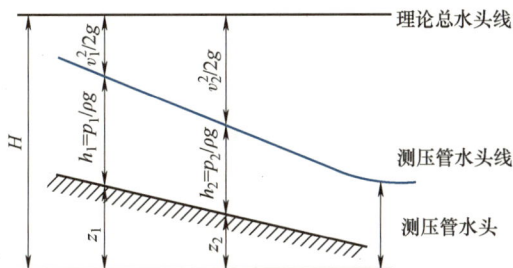

图 5-11　水头形式的伯努利方程

例如，将位置水头和压强水头之间的连线称为测压管水头线（或称为水力坡度线，HGL），在渠道流中它就是水面线；总水头的连线称为总水头线（或称为能量坡度线，EGL）。实际河道中由于存在黏性摩擦，造成能量损失，总水头线沿流程是不断降低的。总水头线与测压管水头线之差代表速度水头，速度水头的变化反映流速的变化。可见用水头线图可形象地反映流动中速度、压强和总能量的变化[16]。水头形式的沿总流的伯努利方程的常用形式为

$$\frac{\alpha_1 v_1^2}{2g}+z_1+\frac{p_1}{\rho g}=\frac{\alpha_2 v_2^2}{2g}+z_2+\frac{p_2}{\rho g}（沿总流）\tag{5-93}$$

【例 5-6】　水流由水箱经前后相接的两管流出大气中。大小管断面的比例为 2∶1。全部水头损失的计算式如图 5-12 所示。

1）求出口流速 v_2。

2）绘制总水头线和测压管水头线。

3）根据水头线求 M 点的压强 p_M。

【解】　1）选取水面断面 1—1 及流出断面 2—2，基准面通过管轴出口，则

$$p_1=0，z_1=8.2\text{m}，v_1=0$$

$$p_2=0，z_2=0$$

写能量方程

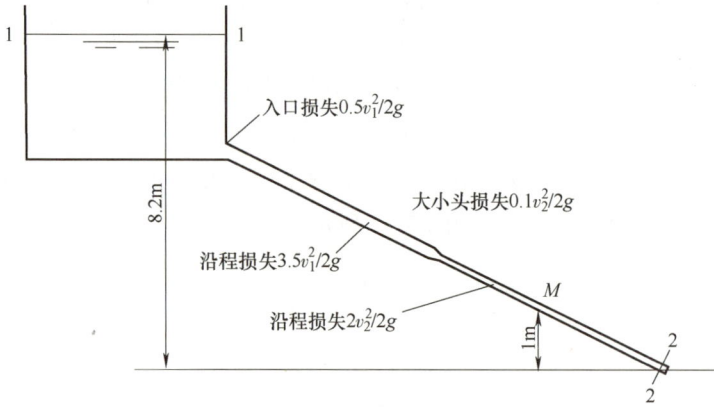

图 5-12　例 5-6 图

$$8.2\text{m}+0+0=0+0+\frac{v_2^2}{2g}+h_{l1-2}$$

根据图 5-12

$$h_{l1-2}=0.5\frac{v_1^2}{2g}+0.1\frac{v_2^2}{2g}+3.5\frac{v_1^2}{2g}+2\frac{v_2^2}{2g}$$

由于两断面之比为 2∶1，所以两管流速之比为 1∶2，即 $v_2=2v_1$，则 $\frac{v_2^2}{2g}=4\frac{v_1^2}{2g}$。
代入可得

$$h_{l1-2}=3.1\frac{v_2^2}{2g}$$

则

$$8.2\text{m}=4.1\frac{v_2^2}{2g}$$

$$\frac{v_2^2}{2g}=2\text{m}$$

$$v_2=6.26\text{m/s}$$

$$\frac{v_1^2}{2g}=0.5\text{m}$$

2）现在从断面 1—1 开始绘制总水头线，如图 5-13 所示。水箱静水水面高 $H=8.2\text{m}$，总水头线就是水面线。入口处有局部损失，$0.5\frac{v_1^2}{2g}=0.5\times0.5\text{m}=$

0.25m，则 1—a 的垂直向下长度为 0.25m。从 A 到 B 的沿程损失为 $3.5\dfrac{v_1^2}{2g}=$ 1.75m，则 b 低于 a 的垂直距离为 1.75m。以此类推，直至水流出口，图 5-13 中的 1—a—b—b_0—c 即总水头线。

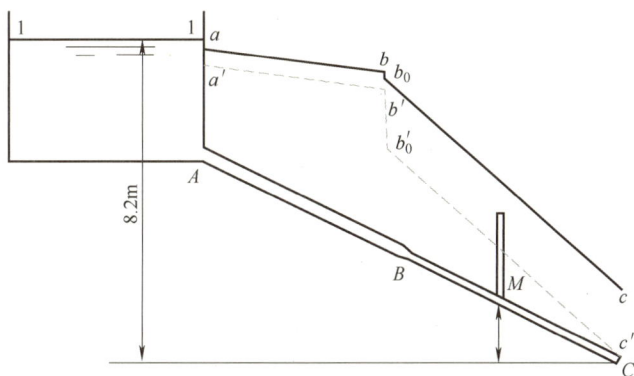

图 5-13　总水头线

测压管水头线在总水头线之下，与总水头线的垂直距离：在 A—B 管段的距离为 $\dfrac{v_1^2}{2g}=0.5$m，在 B—C 管段的距离为 $\dfrac{v_2^2}{2g}=2$m。由于断面不变，流速水头不变。两管段的测压管水头线分别与各管段的总水头线平行。图 5-13 中的 1—a'—b'—b_0'—c' 即测压管水头线。

3）测量图中测压管水头线至 BC 管中点的垂直距离，求出 M 点的压强。量得 $\dfrac{p_M}{\rho g}=1$m，则 $p_M=9807$Pa

从例 5-6 可以看出，绘制测压管水头线和总水头线之后，图形上出现 4 根有能量意义的线：总水头线、测压管水头线、水流轴线（管轴线）和基准面线。这 4 根线的相互垂直距离，反映了沿程各断面的各种水头值。水流轴线到基准面线之间的垂直距离，就是断面的位置水头；测压管水头线到水流轴线之间的垂直距离，就是断面的压强水头；总水头线到测压管水头线之间的垂直距离，就是断面流速水头。

5.5.4　伯努利方程的应用

1. 皮托管测速

在流场中某一点处放置一根两端开口的直角弯管，其一端迎着来流方向，当流体流进管内并上升一定高度后，管内流体就静止了，如图 5-14 所示。因此 B 点处的流速为零，形成驻点，驻点处的压强称为总压，可由弯管中静止液体的高度来确定，即

$$p_B = \rho g H_B \tag{5-94}$$

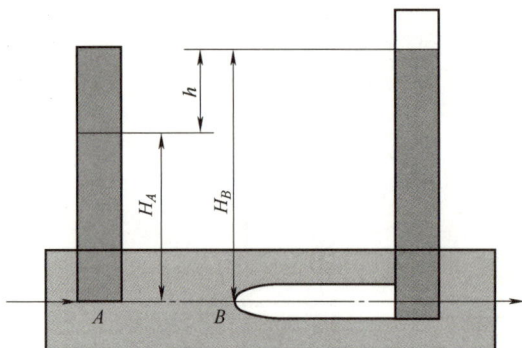

图 5-14　测速示意图　　　　　　　　图 5-14（动图）

同时在 B 点上游与 B 点在同一水平线上取一未受弯管影响的 A 点，并在通过 A 点的过流断面管壁上垂直于流动方向装一开口测压管。设此断面处在缓变流区，因此沿断面各点的压强按静压强分布，于是有

$$p_A = \rho g H_A \tag{5-95}$$

对 A、B 两点列出沿流线的伯努利方程，得

$$\frac{p_A}{\rho g} + \frac{v_A^2}{2g} = \frac{p_B}{\rho g} \tag{5-96}$$

$$\frac{v_A^2}{2g} = \frac{p_B}{\rho g} - \frac{p_A}{\rho g} = H_A - H_B = h \tag{5-97}$$

$$v_A = \sqrt{2g\frac{p_B - p_A}{\rho g}} = \sqrt{2gh} \tag{5-98}$$

工程上常把 p_A 称为静压，$\rho v_A^2 / 2$ 称为动压，静压和动压之和称为总压或全压。在 B 点处测到的总压与未受扰动的 A 点处的总压相同，所以若能测得某点处的总压和静压，就能由式（5-98）求得该点的速度。

皮托管就是利用上述原理制成的，示意图如图 5-15 所示。其中心为总压测管，静压测管包围在其周围，在驻点之后适当距离的外壁上沿圆周垂直于流向开几个小孔，作为静压管口。两管的通道分别接在压差计的两端，压差计给出总压和静压的差，便可由式（5-98）求得测点处的流速。

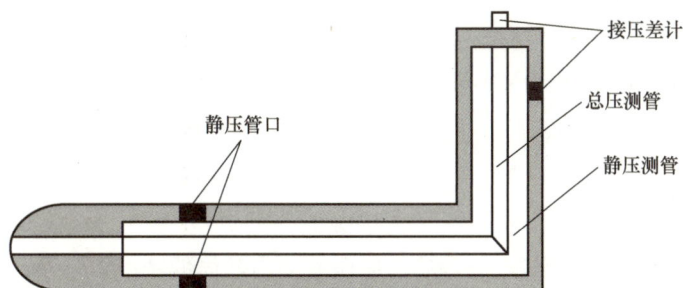

图 5-15　皮托管示意图

若压差计为 U 形压差计，则式（5-98）可写成

$$v_A = \sqrt{2g\frac{p_B-p_A}{\rho g}} = \sqrt{2gh\frac{\rho_1-\rho}{\rho}} \qquad (5\text{-}99)$$

式中，ρ 为被测液体的密度；ρ_1 为 U 形压差计内液体的密度；h 为 U 形管中液面的高度差。

在实际应用中，考虑到测速管对流动的扰动以及驻点与静压管口之间流体能量损失的影响等，在式（5-98）及式（5-99）中还应乘以一校正系数 $C(C<1)$，通常 C 由试验测得。

2. 文丘里流量计

文丘里流量计是一种测量管道中液体体积流量的仪器，其与待测管道接通。它由收缩段、扩散段及两段之间的喉部组成[17]，如图 5-16 所示。

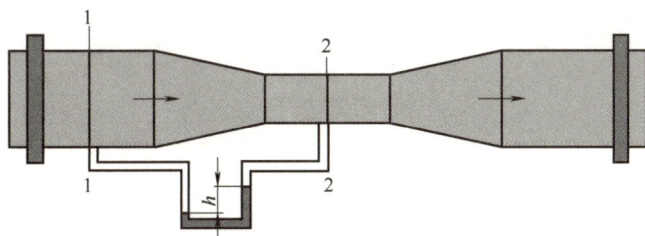

图 5-16　文丘里流量计

图 5-16（动图）

文丘里流量计水平放置，收缩段从管径为 D 的截面 1—1 光滑地收缩至管径为 d 的喉部截面 2—2，然后又逐渐扩大，用 U 形压差计测得液面高度差为 h。显然截面 1—1、2—2 均处在缓变流中，假定两截面上的动能修正系数 $\alpha = 1$，则有

$$\frac{p_1}{\rho}+\frac{v_1^2}{2}=\frac{p_2}{\rho}+\frac{v_2^2}{2} \tag{5-100}$$

由质量守恒定律 $v_1\pi D^2/4 = v_2\pi D^2/4$ 和压强差 $p_1-p_2=(\rho_1-\rho)gh$，代入式（5-100）可得

$$v_1=\sqrt{\frac{2gh(\rho_1/\rho-1)}{(D/d)^4-1}} \tag{5-101}$$

式中，ρ 为被测液体的密度；ρ_1 为 U 形压差计内液体的密度。

式（5-101）乘以该截面处的面积就可以得到流量，考虑到流体的黏性影响及制造工艺等因素，式（5-101）中还应乘以一个流量系数 C_q，流量系数由试验测得，一般在 0.95~0.98 之间。

【例 5-7】 设文丘里流量计的两管直径为 $d_1=200\mathrm{mm}$、$d_2=100\mathrm{mm}$，测得两端面的压强差 $\Delta h=0.5\mathrm{m}$，文丘里流量系数 $\mu=0.98$，求流量。

【解】

$$K=\frac{\pi}{4}(0.2\mathrm{m})^2\times\sqrt{\frac{2\times9.8\mathrm{m/s}^2}{\left[\left(\dfrac{200\mathrm{m}}{100\mathrm{m}}\right)^4-1\right]}}=0.036\mathrm{m}^{2.5}/\mathrm{s}$$

$$Q_v=0.98\times0.036\mathrm{m}^{2.5}/\mathrm{s}\times\sqrt{0.5\mathrm{m}}=0.0249\mathrm{m}^3/\mathrm{s}=24.9\mathrm{L/s}$$

思 考 题

5-1 圆管内流动的雷诺数和沿平板流动的雷诺数定义有何不同？

5-2 恒定总流的伯努利方程，其各项的物理意义和几何意义分别是什么？

5-3 应用伯努利方程时，其中的位置水头可以任意选取基准面来计算，为什么？

5-4 对水流流向问题有如下一些说法：水一定是从高处向低处流，水一定从压强大的地方向压强小的地方流，水一定从流速大的地方向流速小的地方流，这些说法是否正确？为什么？正确的说法应该是什么？

习 题

5-1 有一不可压缩流体平面流动，其速度分布规律为 $v_x=x^2\sin y$，$v_y=2x\cos y$，试分析该流动是否连续。

5-2 假设有一不可压缩流体三维流动，其速度分布规律为 $v_x=3(x+y^3)$，

$v_y = 4y + z^2$，$v_z = x + y + 2z$，试分析该流动是否连续。

5-3　如图 5-17 所示，水在直径为 10cm 的 60° 水平弯管中，以大小为 5m/s 的流速流动。弯管前端的压强为 0.1atm。如不计水头损失，也不考虑重力作用，求水流对弯管 1—2 的作用力。

5-4　如图 5-18 所示，有一输水管道。水自截面 1—1 流向截面 2—2。测得截面 1—1 的水流平均流速 $\bar{v}_1 = 2\text{m/s}$，已知 $d_1 = 0.5\text{m}$，$d_2 = 1\text{m}$，试求截面 2—2 处的平均流速为多少？

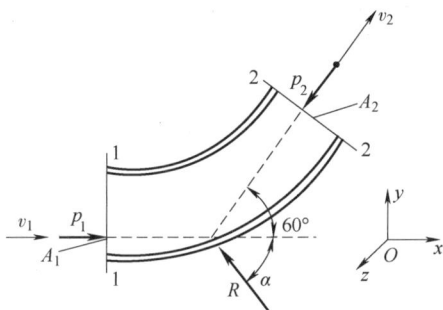

图 5-17　习题 5-3 图

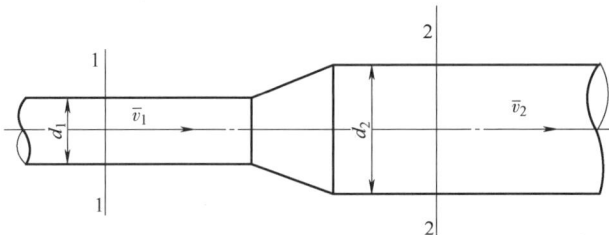

图 5-18　习题 5-4 图

5-5　如图 5-19 所示，$d_1 = 2.5\text{cm}$，$d_2 = 5\text{cm}$，$d_3 = 10\text{cm}$。求：

1）当流量为 4L/s 时，求各管段的平均流速。

2）旋动阀门，使流量增加至 8L/s 或使流量减少至 2L/s 时，平均流速如何变化？

5-6　如图 5-20 所示，氨气压缩机用直径 $d_1 = 76.2\text{mm}$ 的管子吸入密度 $\rho_1 = 4\text{kg/m}^3$ 的氨气，经压缩后，由直径 $d_2 = 38.1\text{mm}$ 的管子以 $v_2 = 10\text{m/s}$ 的速度流出，此时密度增至 $\rho_2 = 20\text{kg/m}^3$。求质量流量及流入流速 v_1。

5-7　用水银比压计量测管中水流，过流断面中点流速为 v，如图 5-21 所示。测得 A 点的比压计读数 $\Delta h = 60\text{mmHg}$。求：

1）求该点的流速 v。

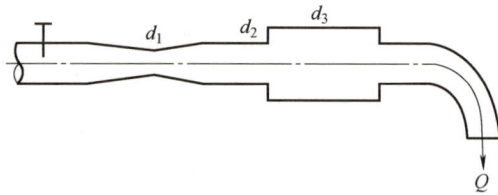

图 5-19 习题 5-5 图

2）若管中流体是密度为 $0.8g/cm^3$ 的油，Δh 仍不变，该点的流速为多少？不计损失。

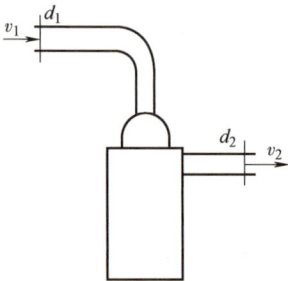

图 5-20 习题 5-6 图

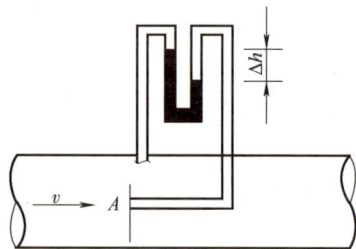

图 5-21 习题 5-7 图

5-8 如图 5-22 所示，一等直径的输水管，管径为 $d = 100mm$，水箱水位恒定，水箱水面至管道出口形心点的高度为 $H = 2m$，若不考虑水流运动的水头损失，求管道中输水流量。

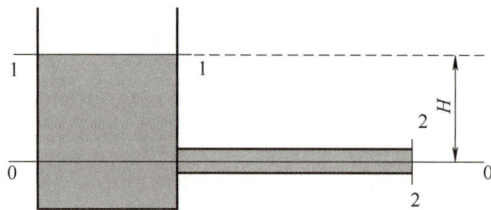

图 5-22 习题 5-8 图

5-9 如图 5-23 所示，风管直径 $D = 100mm$，空气重度 $\gamma = 12N/m^2$，在直径 $d = 50mm$ 的喉部装一细管与水池相连，高差 $H = 150mm$，当水银测压计中读数 $\Delta h = 25mm$ 时，开始从水池中将水吸入风管中，此时的空气流量为多大？

5-10 如图 5-24 所示，水流通过图 5-24 所示的管路流入大气。已知：U 形测压管中水银柱高差 $\Delta h = 0.2m$，$h_1 = 0.72m$，管径 $d_1 = 0.1m$，管嘴出口直径

$d_2 = 0.05\text{m}$。不计管中水头损失，试求管中流量 Q_v。

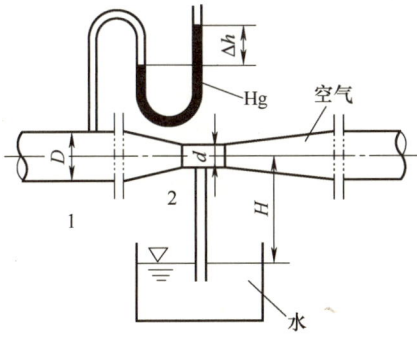

图 5-23　习题 5-9 图

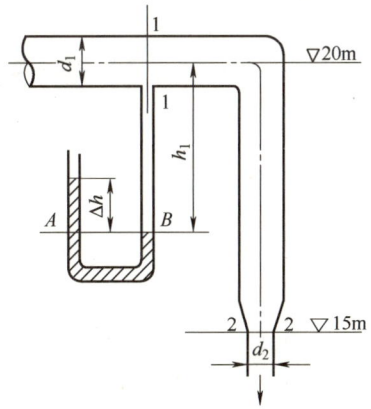

图 5-24　习题 5-10 图

第 6 章

计算流体力学

6.1 概述

  计算流体力学（Computational Fluid Dynamics,CFD）是随计算机软硬件的发展而衍生出来的一门新兴学科。一般而言，计算流体力学是利用计算机和数值方法来求解满足流体力学定解问题的一种专门知识，但它也包含对许多复杂的流体或拟流体的动力学问题进行近似处理，如将连续介质力学问题转化为离散介质的质点系动力问题；将三维问题转化为几个一维问题处理等。计算流体力学还包括对数值方法导致的误差及其影响误差的因素进行评估，如数值边界条件的超定问题所造成的收敛性和稳定性问题。此外，流场计算时的前后处理问题也属于计算流体力学的范畴，前处理（Pre-Process）即计算网格的划分，一般要流场计算人员自己完成，然后才可进入离散方程的求解。目前许多商用软件的网格生成结果文件的共享性日益增强，因此可单独利用网格文件。后处理（Post-Process）则将大量的计算数据信息用图像表格给出。目前，后处理一般可利用商用软件完成，如 Tecplot 软件，只要将数据格式按所用软件的要求整理，输出数据格式再供商用软件调用。如果整个计算问题都用商用软件完成，则相应的前后处理也由该软件完成[18]。

  人们通常认为 1965 年是计算流体力学作为一门独立学科出现的起始年代，此后计算流体力学蓬勃发展，论文和相关刊物急剧增加，也相继出现了专门求解计算流体力学问题的计算软件。目前，计算流体力学已成为与理论、实验相并列的解决流体力学理论和工程问题的一种独立方法。在具体实践中，有通过计算独立地发现一些未知的流体力学现象而后才在实验研究中得到证实的例子。目前计算流体力学的应用范围越来越广，如高速列车路途中的各种流场问题，汽车风载问题、炉膛燃烧、玻璃熔窑流场、汽缸活塞运动、叶轮机械、液力系统和微机械结构的计算等[19]。

从大的方面分类，计算流体力学包括有限差分法（含有限体积法）、有限元法和边界元法以及谱方法等，分类的依据是建立离散求解方程原理的不同。有限差分法是用一组离散点上的数值来逼近连续函数精确求解在该点的值，即用离散值构建出的差分方程来近似微分方程并进行求解。如果用离散值构建出的差分方程来近似积分方程并进行求解，则称为有限体积法。而有限元法和谱方法都建立在解的函数逼近的基础上，有限元法是解的分片逼近，谱方法是解的总体逼近。从目前计算流体力学的应用情况看，有限差分法适应范围广，可解决的问题多，本书只着重介绍有限差分法[20]。

有限差分法的研究思路是首先研究模型方程的差分方法，然后将模型方程的差分方法应用于典型问题，如激波运动、圆柱绕流、圆球绕流、空腔环流、后向台阶流动等，这些经典问题都有大量试验数据支撑，能证明方法的好坏。最后才用于具体流动问题[21]。

有限差分法的基本模型方程包括波动方程

$$\frac{\partial u}{\partial t} + c\,\frac{\partial u}{\partial x} = 0; \frac{\partial u}{\partial t} + \frac{\partial f}{\partial x} = 0, c>0, f=cu \tag{6-1}$$

热传导方程

$$\frac{\partial u}{\partial t} = \alpha\,\frac{\partial^2 u}{\partial x^2}, \alpha>0 \ \text{或} \ \frac{\partial u}{\partial t} = \frac{1}{Re}\frac{\partial^2 u}{\partial x^2} \tag{6-2}$$

无黏性 Burgers 方程

$$\frac{\partial u}{\partial t} + u\,\frac{\partial u}{\partial x} = 0 \ \text{或} \ \frac{\partial u}{\partial t} + \frac{\partial f}{\partial x} = 0, f = \frac{u^2}{2} \tag{6-3}$$

有黏性 Burgers 方程

$$\frac{\partial u}{\partial t} + u\,\frac{\partial u}{\partial x} = \alpha\,\frac{\partial^2 u}{\partial x^2} \tag{6-4a}$$

或

$$\frac{\partial u}{\partial t} + \frac{\partial f}{\partial x} = \alpha\,\frac{\partial^2 u}{\partial x^2}, f = \frac{u^2}{2}, \alpha = \frac{1}{Re} \tag{6-4b}$$

在介绍模型方程差分格式之后，本章将简单介绍二维无黏性流体和有黏性流体及边界层流动的差分解法。

6.1.1　数值模拟的步骤

1）建立反映工程或物理问题本质的数学模型，具体地就是要建立反映问题各个量之间的微分方程及相应的定解条件，这是数值求解的出发点。

2）数学模型建立之后，需要合适的数值求解方法。如有限差分法、有限元法、有限体积法等。计算方法不仅包括微分方程的离散化方法、求解方法，还包括坐标的建立、边界条件的处理等。

3）程序编制及运行计算，包括计算网格划分、初始条件和边界条件的输入、控制参数的设定等。

4）数据处理，大量的数据可以通过图表形象地显示出来，需要用户进行分析、判断。

6.1.2 微分方程的分类

在流体力学中，不同流动的控制方程按其数学性质的不同可分为三类：椭圆型方程、抛物型方程、双曲型方程。例如，拉普拉斯方程

$$\frac{\partial^2 \varphi}{\partial x^2} + \frac{\partial^2 \varphi}{\partial y^2} + \frac{\partial^2 \varphi}{\partial z^2} = 0 \qquad (6\text{-}5)$$

为椭圆型方程。一维扩散方程

$$\frac{\partial u}{\partial t} = \beta \frac{\partial^2 \varphi}{\partial x^2} \qquad (6\text{-}6)$$

为抛物型方程。一维对流方程

$$\frac{\partial u}{\partial t} + \alpha \frac{\partial u}{\partial x} = 0 \qquad (6\text{-}7)$$

为双曲型方程。

6.1.3 数值求解方法简介

流动数值计算方法主要有有限差分法、有限元法、有限分析法、有限体积法和边界元法等。

1. 有限差分法

在所有数值方法中，有限差分法是发展最早、目前应用较广的一种流动数值方法。该方法将求解域（如流场）划分为差分网格，最简单的是矩形网格。用有限个网格节点（离散点）代替连续的求解域，然后将控制流动的微分方程的导数用差商代替，导出含有离散点上有限个未知数的差分方程组，求解差分方程组（代数方程组），所得到的解即该流动问题的数值近似解[22]。

有限差分法是一种直接将微分问题转变为代数问题的近似数值解法，其关键在于针对所研究的流动问题选择合适的差商来替代微商。有限差分法发展比较成熟，适于求解非定常流动问题（抛物型、双曲型问题），但不便于表现复杂

的边界，用它求解椭圆型问题（如拉普拉斯方程）不如有限元法方便[22]。

2. 有限元法

有限元法是将一个连续的求解域任意分成适当形状（三角形或四边形）的若干单元，并于各单元分片构造插值函数，然后根据极值原理（如伽辽金法），由流动问题的控制微分方程构造积分方程，对各单元积分得到离散的单元有限元方程，把总体的极值作为各单元极值之和，即将局部单元总体合成，形成嵌入了指定边界条件的代数方程组，求解该方程组就可得到各节点上待求的函数值，从而求得该流动问题的数值解[23]。

有限元法将微分方程转化为积分方程来求解，其实质是分段（或分片、分块）逼近，即将整个求解区域划分为有限个子区域，构造分区的插值函数以逼近真解。与有限差分法相比，有限元法特别适合于几何、物理条件比较复杂的流动问题，而且便于程序的标准化，适于求解椭圆型问题[23]。

3. 有限分析法

有限分析法是一种在有限元法基础上改进的方法，其基本思想是，离散单元上的解，不再用插值函数来表达，而是方程局部线性化后的解析解。首先，将待求问题的总体区域划分为许多小的子区域，在这些子区域中求局部解析解；然后，从局部解析解导出一个代数方程，使子区域上的内节点值与相邻的节点值联系起来；最后，把所有的局部解析解汇集在一起，就得到所求问题的有限分析数值解。

有限分析法可以比较好地保持原有问题的物理特性，能准确地模拟流动的对流效应，同时不存在数值扩散现象，计算稳定性、收敛性较好[24]。

4. 有限体积法

有限体积法是近年来发展非常迅速的一种离散化方法。其特点是计算效率高。有限体积法是目前商用 CFD 软件大多采用的一种方法。

有限体积法的基本思路：将计算区域划分为一系列不重复的控制体积，并使每个网格点周围有一个控制体积，即每个控制体积都有一个节点作为代表。将待解的微分方程对每一个控制体积进行积分，得出一组离散方程。其中的未知数是网格点的因变量 φ。为了求出控制体积的积分，必须假定 φ 值在网格点之间的变化规律，即设定其分段分布剖面。

有限体积法得出的离散方程，要求因变量的积分守恒对任意一组控制体积都得到满足，对整个计算区域，自然也得到满足，这是有限体积法的突出优点[25]。

5. 边界元法

边界元法首先将控制微分方程化为边界积分方程，再用有限元的基本思想与方法步骤（在求解域的边界上划分有限单元）来处理边界积分方程。与有限差分法和有限元法（在边界上满足边界条件，在域内只是近似满足控制微分方程）不同，边界元法在域内满足微分方程，而在边界上近似满足边界条件[26]。

边界元法的优点是将全域的计算化为区域边界上的计算，维数减少了一个，使三维问题化为二维问题，二维问题化为一维问题，给计算带来一系列的简化。由于边界元法近似范围仅在区域边界上，其精度一般高于有限元法[26]。

6.1.4　CFD 软件结构

为方便用户使用 CFD 软件处理不同类型的工程问题，一般的商用 CFD 软件往往将复杂的 CFD 过程集成，通过一定的接口，让用户快速地输入问题的有关参数。所有的商用 CFD 软件均包括三个基本阶段：前处理、求解和后处理，与之对应的程序模块简称前处理器、求解器和后处理器。

1. 前处理器

前处理器用于完成前处理工作，前处理环节是向 CFD 软件输入所求问题的相关数据。该过程一般是借助与求解器相对应的对话框等图形界面来完成的。在前处理阶段需要用户进行以下工作：定义所求问题的几何计算域；将计算域划分成多个互不重叠的子区域，形成由单元组组成的网格；对所要研究的物理和化学现象进行抽象，选择相应的控制方程；定义流体的属性参数；为计算域边界处的单元指定边界条件；对于瞬态问题，指定初始条件。

目前，在使用商用 CFD 软件进行计算时，有超过 50%以上的时间花在几何区域的定义及计算网格的生成上。可以使用 CFD 软件自身的前处理器来生成几何模型，也可以借用其他商用 CFD 或 CAD/CAE 软件提供的几何模型。此外，指定流体参数的任务也是在前处理阶段进行的。

2. 求解器

求解器的核心是数值求解方法，常用的数值求解方法包括有限差分法、有限元法、有限体积法等。各种数值求解方法的主要差别在于流动变量被近似的方式及相应的离散化过程，有限体积法是目前商用 CFD 软件广泛采用的方法。

计算步骤：借助简单函数来近似待求的流动变量；将该近似关系代入连续型的控制方程中，形成离散方程组；求解代数方程组。

3. 后处理器

后处理器是为了有效地观察和分析流动计算结果。随着计算机图形功能的提高，目前的 CFD 软件均配备了后处理器，提供了较为完善的后处理功能，包括计算域的几何模型及网格显示、矢量图、等值线图、XY 散点图、粒子轨迹图。借助后处理功能，还可动态模拟流动效果，直观地了解 CFD 的计算结果。

6.1.5　常用的商用 CFD 软件

自 1981 年以来，出现了如 PHOENICS、CFX、STAR-CD、FIDAP、FLUENT 等多个商用 CFD 软件，这些软件的显著特点如下：

1）功能比较全面，适用性强，可以求解工程中的各种复杂问题。

2）具有比较易用的前后处理系统和与其他 CAD 及 CFD 软件的接口能力，便于用户快速完成模型、网格划分等工作。

3）可以让用户扩展自己的开发模块，具有比较完备的容错机制和操作界面，稳定性高。

4）可在多种计算机、多种操作系统下，包括并行环境下运行。

随着计算技术的快速发展，这些商用软件在工程界发挥着越来越大的作用。

1. PHOENICS

PHOENICS 是第一套计算流体力学与传热学的商用软件，第一个正式版本于 1981 年开发完成。除 CFD 软件通用的功能外，PHOENICS 软件有自己独特的功能：

1）可以根据需要添加用户程序、用户模型；几乎可以读入任何 CAD 软件的图形文件；利用 MOVOBJ，可以定义物体运动，克服了使用相对运动方法的局限性。

2）提供了多种湍流模型、多相流模型、多流体模型、燃烧模型等。

3）提供了若干专用模块，用于特定领域的分析计算。如 COFFUS 用于煤粉锅炉炉膛燃烧模拟，HOTBOX 用于电子元器件散热模拟等。

2. CFX

与大多数 CFD 软件不同的是，CFX 除可以使用有限体积法外，还采用了基于有限元的有限体积法。

在湍流模型的应用上，除常用的湍流模型外，最先使用了大涡模拟（LES）和分离涡模拟（DES）等高级湍流模型。

CFX 可计算的物理问题包括可压缩与不可压缩流动、耦合传热、热辐射、多相流粒子输送过程、化学反应和燃烧等问题，还拥有诸如气蚀、凝固、沸腾、多孔介质、相间传质、非牛顿流、喷雾干燥、动静干涉、真实气体等大批复杂现象的实用模型。

3. STAR-CD

STAR-CD 基于有限体积法，适用于不可压缩流体和可压缩流体的计算、热力学的计算、非牛顿流的计算。

STAR-CD 前处理器不仅具有较强的 CAD 建模功能，而且与 CAD/CAE 软件有较好的接口，可有效地进行数据交换。STAR-CD 具有多种网格划分技术和网格加密技术，并对网格质量优劣有自我判断功能，还可以处理滑移网格的问题。因此，STAR-CD 在适应复杂计算区域的能力方面具有一定优势，可用于多级透平机械内的流场计算。

STAR-CD 后处理器具有动态和静态显示计算结果的功能。

4. FIDAP

与其他 CFD 软件不同的是，该软件完全基于有限元法，提供了较广泛的物理模型，不仅可以模拟非牛顿流变学、辐射传热、多孔介质中的流动，而且可以精确模拟质量源项、化学反应及其他复杂现象。

FIDAP 可用于求解聚合物、薄膜涂镀、生物医学、半导体晶体生长、冶金、玻璃加工及其他领域中出现的各种流动问题。它对涉及的流体流动、传热、传质、离散相流动、自由表面、液固相变、流固耦合等问题都提供了精确、有效的解决方案。

5. FLUENT

FLUENT 是继 PHOENICS 软件之后的第二个投放市场的基于有限体积法的软件。它是目前功能最全面、适用性最广、国内使用最广泛的 CFD 软件之一。使用 GAMBIT 作为前处理软件，可以读入多种 CAD 软件的三维几何模型和多种 CAE 软件的网格模型。FLUENT 可用于二维、三维流动分析，定常、非定常流动分析，不可压缩流体和可压缩流体的流动计算，单相及多相流动的计算等。

6.2 流动模型

为了能得到流体流动的基本方程，需要遵循以下过程：

1）从物理定律出发，选择合适的物理学基本原理：质量守恒；力＝质量×加速度（牛顿第二定律）；能量守恒。

2）将这些物理学原理应用于适当的流动模型。

3）从这种应用中导出体现这些物理学原理的数学方程式。

本节论述上面的第 2）条，就是定义合适的流动模型。目前，对于有连续性的流体，答案是构造下面四种流动模型（图 6-1）。

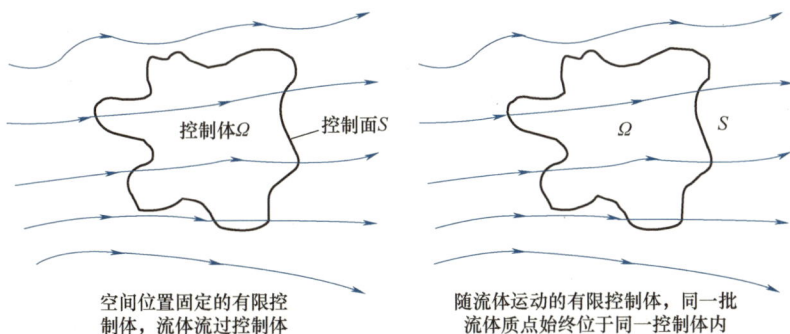

图 6-1a（动图 1）

空间位置固定的有限控
制体，流体流过控制体

随流体运动的有限控制体，同一批
流体质点始终位于同一控制体内

a) 有限控制体模型

图 6-1a（动图 2）

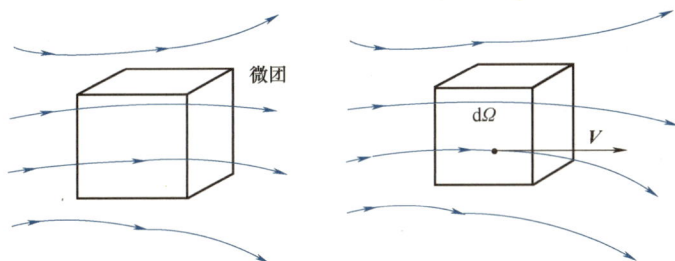

图 6-1b（动图 1）

空间位置固定的无穷小
微团，流体流过微团

沿流线运动的无穷小微团，其速
度等于流线上每一点的当地速度

b) 无穷小流体微团模型

图 6-1　流动模型

图 6-1b（动图 2）

6.2.1　控制体与流体微团

图 6-1a 中的流线表示了流动的流场，假设在流动区域内划出一个有限的封闭控制体，称为控制体 Ω，围成控制体的封闭曲面称为控制面 S。控制体的位置可以是固定的，此时会有流体流过控制体。控制体也可以随流体运动，使位于这个控制体内的流体质点始终是同一批。无论哪种情形，控制体都是流动中大小适当的有限区域。物理学的基本原理将被运用到控制体内的流体上。前一种情形还将运用于流过控制面的流体。所以，我们不是同时在观察整个流场，而是借助控制体，将我们的注意力集中在控制体本身这一有限区域内的流体。直接将物理学基本原理运用于有限控制体，得到的流体流动方程将是积分形式的。对这些积分形式的控制方程进行处理，可（间接地）导出偏微分方程组。对于空间位置固定的有限控制体（图 6-1a 中的左半边），这样得到的方程组，无论

是积分形式的还是偏微分形式的，都称为守恒型控制方程。而对于随流体运动的有限控制体（图 6-1a 中的右半边），这样得到的积分或偏微分形式的方程组，称为非守恒型控制方程。

再考虑图 6-1b 中流线所表示的流动。设想流动中的一个无穷小流体微团，其体积微元是 dV，流体微团无限小的含义与微积分中无限小的含义相同。但是它又必须足够大，大到包含了大量的流体分子，使它能够被看作连续介质。流体微团的位置也可以是固定的，此时会有流体流过微团，如图 6-1b 中的左半边所示。流体微团还可以沿流线运动，其速度 V 等于流线上每一点的当地流速。和前面一样，我们不是同时观察整个流场，物理学基本原理仅仅运用于流体微团本身。此时的这种处理直接导出的是偏微分形式的基本方程组。对于空间位置固定的流体微团（图 6-1b 中的左半边），得到的偏微分方程组仍旧称为守恒型方程。而对于运动的流体微团（图 6-1b 中的右半边），得到的偏微分方程组也还是称为非守恒型方程。

6.2.2　连续性方程

考虑图 6-1a 左半边所示的流动模型，即一个形状任意、大小有限的控制体。该控制体的空间位置固定，其边界为控制面，如图 6-1a 中标出的所示。流体穿过控制面，流过固定的控制体。图 6-2 对这个流动模型进行了更详细的描述。在图 6-2 所示的控制面上，设一点的流动速度为 V，表面微元的面积向量为 dS。仍用 dΩ 表示有限控制体内的一个体积微元。将质量守恒的物理学原理应用于这个控制体，意味着：

通过控制面 S 流出控制体的净质量流量 B＝控制体内质量减少的时间变化率 C

$$(6-8)$$

运动的流体穿过任意固定表面的质量流量＝密度×表面面积×垂直于表面的速度分量。因此通过面积 dS 的质量流量微元为

$$\rho V_n \mathrm{d}S = \rho V \cdot \mathrm{d}S \tag{6-9}$$

为了方便，观察图 6-2 时，dS 的方向总是指向控制体外。因此，当 V 像图 6-2 所示也指向控制体外时，乘积 $\rho V \cdot \mathrm{d}S$ 为正。而 V 指向控制体外，表示质量流量在物理上是离开控制体的，也就是流出。因此，正的 $\rho V \cdot \mathrm{d}S$ 代表流出。相反，当 V 指向控制体内时，$\rho V \cdot \mathrm{d}S$ 为负。V 指向控制体内，表示质量流量在物理上是进入控制体的，也就是流入。因此，负的 $\rho V \cdot \mathrm{d}S$ 代表流入。通过控制面 S 流出整个控制体的质量净流量等于在 S 上对式（6-9）表示的所有质量流量微元

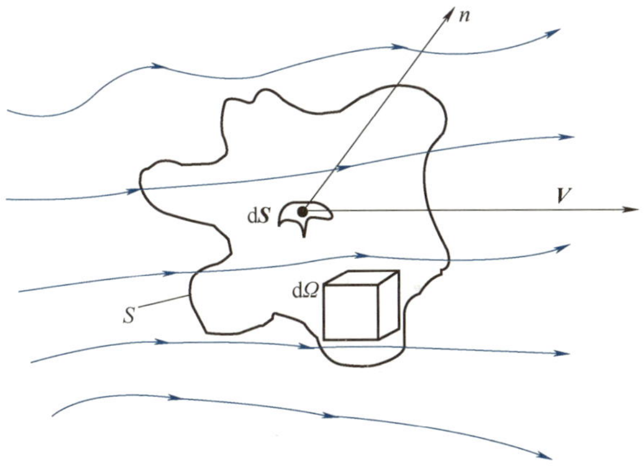

图 6-2　空间位置固定的有限控制体模型　　　　图 6-2（动图）

求和。取极限，这个求和运算成为一个面积分，即

$$B = \iint_S \rho V \cdot dS \tag{6-10}$$

因此，控制体内的总质量为

$$\iiint_\Omega \rho d\Omega \tag{6-11}$$

则体积 Ω 内质量的增加率为

$$\frac{\partial}{\partial t} \iiint_\Omega \rho d\Omega \tag{6-12}$$

相反的，体积 Ω 内质量的减少率是式（6-12）的负数，即

$$-\frac{\partial}{\partial t} \iiint_\Omega \rho d\Omega = C \tag{6-13}$$

因而，将式（6-10）和式（6-13）代入式（6-8）中，得

$$\iint_S \rho V \cdot dS = -\frac{\partial}{\partial t} \iiint_\Omega \rho d\Omega \tag{6-14}$$

式（6-14）是连续性方程的积分形式。它是基于空间位置固定的有限控制体推导出来的。控制体有限的体积就是方程具有积分形式的原因。而控制体空间位置固定则决定了方程具有式（6-14）给出的积分形式，这种形式称为守恒形式。由空间位置固定的流动模型直接导出的控制方程就定义为守恒型方程。

如图 6-3 所示，描述了与图 6-1a 和 b 中相同的四个流动模型。但是在图 6-3 中，由每一个流动模型直接导出的、特定形式的连续性方程写在了相应模型的下面。在本小节，我们刚刚利用空间位置固定的有限控制体模型完成了式（6-14）的推导。所以在图 6-3 中，式（6-14）被列在该流动模型示意图下面的方框（1）中。在下面的几个小节里，将推导图 6-3 中方框（2）~（4）所示的其余三个方程。然后通过演算，将证明这四个方框中的方程其实是同一个方程的不同形式。也就是说，将通过图 6-3 中所示的途径 A~D 将四个方框联系起来，此图意在强调控制方程的四种形式本质上是相同的，可以相互导出。就像前面所说的，希望这些推导以及图 6-3 中所示的逻辑关系，能够消除读者对控制方程不同形式的神秘感。

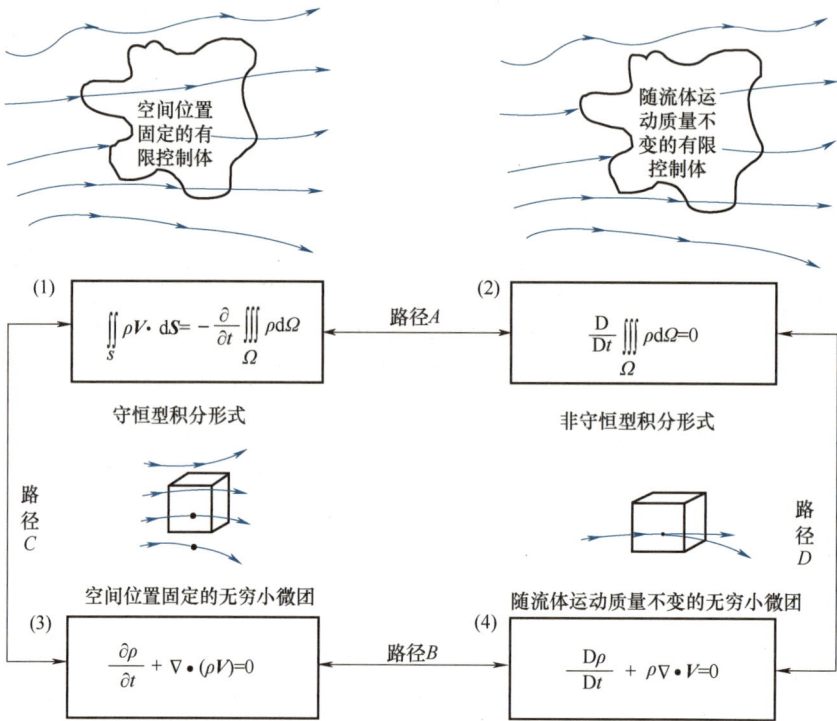

图 6-3　连续性方程的不同形式及其与不同流动模型之间的关系

6.2.3　动量方程

在本小节，将另一个基本的物理学原理应用于流动模型，即牛顿第二定律。

$$\boldsymbol{F} = m\boldsymbol{a} \tag{6-15}$$

由此导出的方程称为动量方程。与 6.2.2 小节中连续性方程的推导不同，这里要想说明四种流动模型的使用并得到不同形式的方程，必须花费很大的精力。因此在本小节仅选用其中的一种流动模型。

确切地说，将利用图 6-1b 右半边所示的运动流体微团模型，因为这种模型对于动量方程和能量方程（将在 6.2.4 小节考虑）的推导尤其方便。对这一模型更详细的描述如图 6-4 所示。从图 6-1a、b 中其他三种流动模型出发也可以推导出动量方程和能量方程，就像 6.2.2 小节连续性方程的推导和图 6-3 所示，每个不同的流动模型将直接导出不同形式的动量方程和能量方程。

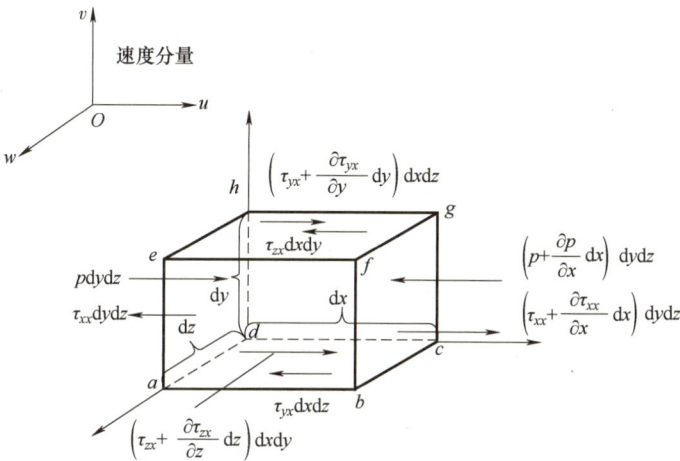

图 6-4　运动的无穷小微团模型　　图 6-4（动图）

将上述的牛顿第二定律应用在图 6-4 所示的运动流体微团，即作用于微团上的总和等于微团的质量乘以微团运动时的加速度。这是一个向量关系式，可以沿 x、y、z 轴分解成三个标量的关系式。让我们仅考虑其中的 x 方向分量：

$$F_x = ma_x \tag{6-16}$$

式中，F_x 和 a_x 分别是力和加速度的 x 方向分量。

首先考虑式（6-16）的左边，即运动的流体微团受到的 x 方向的力。这个力有以下两个来源：

1）体积力，直接作用在流体微团整个体积微元上的力，而且作用是超距离的，如重力、电场力、磁场力。

2）表面力，直接作用在流体微团的表面。

它们只能由两种原因引起：①由包在流体微团周围的流体所施加，作用于微团表面的压力分布；②由于外部流体推拉微团而产生，以摩擦的方式作用于表面的切应力和正应力分布。

将作用在单位质量流体微团上的体积力记作 **f**，其 x 方向分量为 f_x。流体微

团的体积为 dxdydz，所以

$$作用在流体微团上的体积力的 x 方向分量 = \rho f_x(dxdydz) \qquad (6-17)$$

流体微团的切应力和正应力与流体微团变形的时间变化率相关联，图 6-5 给出了 xOy 平面内的情形。

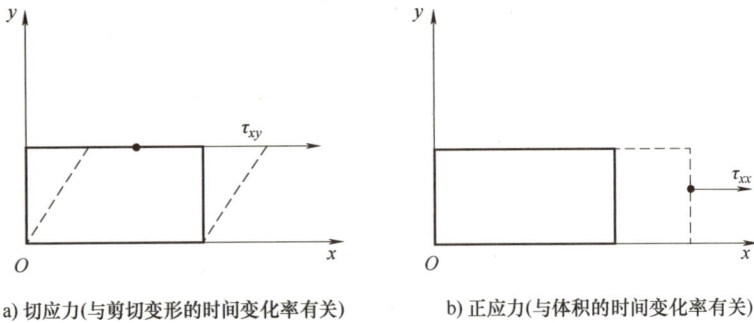

a) 切应力（与剪切变形的时间变化率有关）　　　　b) 正应力（与体积的时间变化率有关）

图 6-5　切应力与正应力示意图

切应力，在图 6-5a 中用 τ_{xy} 表示，与流体微团剪切变形的时间变化率有关；正应力，在图 6-5b 中用 τ_{xx} 表示，与流体微团体积的时间变化率有关。不论是切应力还是正应力，都依赖于流动的速度梯度，后面将对它们进行分析。在大多数黏性流动中，正应力（如 τ_{xx}）要比切应力小得多，很多情形下可以忽略。然而，当法向速度梯度很大时（如在激波内部），正应力（x 方向就是 τ_{xx}）就变得重要了。

施加在流体微团 x 方向的全部表面力如图 6-4 所示，我们约定用 τ_{ij} 表示 j 方向的应力作用在垂直于 i 轴的平面上。在平面 $abcd$ 上，仅存在由切应力引起的 x 方向分力 $\tau_{yx}dxdz$。平面 $efgh$ 与平面 $abcd$ 的距离为 dy，所以平面 $efgh$ 上 x 方向的切应力为 $[\tau_{yx}+(\partial\tau_{yx}/\partial y)dy]dxdz$。对于平面 $abcd$ 与平面 $efgh$ 上的切应力，要注意它们的方向。在底面，τ_{yx} 是向左的（与 x 轴方向相反）；在顶面，$\tau_{yx}+(\partial\tau_{yx}/\partial y)dy$ 是向右的（与 x 轴方向相同）。这与下述约定是一致的，即速度的三个分量 u、v、w 的正的增量与坐标轴的正向一致。例如，观察图 6-4 中的平面 $efgh$，因为 u 沿 y 轴正向是增加的，所以在稍稍高于平面 $efgh$ 的地方，速度 u 要比平面 $efgh$ 上的 u 大。于是就形成了"拉"的动作，试图将流体微团（向右）拉向 x 轴的正向，如图 6-4 所示。与此相反，若考虑平面 $abcd$，则在稍稍低于平面 $abcd$ 的地方，速度 u 要比平面 $abcd$ 上的 u 小。于是对流体微团形成了"推"或者阻滞的动作，作用（向左）在 x 轴的负向，如图 6-4 所示。图 6-4 中其他黏性力的方向，包括 τ_{xx}，都可以用相同的方式进行判断。特别是在平面 $dcgh$ 上，$\tau_{zx}dxdy$ 指

向 x 轴负方向；在平面 $abfe$ 上，$\tau_{zx}+(\partial\tau_{zx}/\partial z)\mathrm{d}z$ 指向 x 轴正向。在垂直于 x 轴的平面 $adhe$ 上，x 方向的力有压力 $p\mathrm{d}x\mathrm{d}z$，指向流体微团的内部；还有沿 x 轴负向的应力 $\tau_{xx}\mathrm{d}y\mathrm{d}z$。依据前面提到的速度增量方向的约定，我们可以解释为什么在图 6-4 中，平面 $adhe$ 上 τ_{xx} 的方向是指向左边的。根据规定，速度 u 的正增量与 x 轴的正向一致，所以稍微离开平面 $adhe$ 左面一点点，u 的值比平面 $adhe$ 上的 u 值要小。因此，正应力的黏性作用在平面 $adhe$ 上就好像是一个吸力，产生一个向左拉的作用，想要阻止流体微团的运动。与此相反，在平面 $bcgf$ 上，压力 $[p+(\partial p/\partial x)\mathrm{d}x]\mathrm{d}y\mathrm{d}z$ 指向流体微团内部（沿 x 轴负向）。而由于在稍微离开平面 $bcfg$ 右面一点点的地方，u 的值比平面 $bcfg$ 上的 u 值要大，就会产生一个由黏性正应力引起的吸力，将流体微团向右拉，这个力的大小为 $[\tau_{xx}+(\partial\tau_{xx}/\partial x)\mathrm{d}y]\mathrm{d}y\mathrm{d}z$，方向指向 x 轴正向。

综上所述，对运动的流体微团，有

$$x\text{ 方向总的表面力}=\left[p-\left(p+\frac{\partial p}{\partial x}\mathrm{d}x\right)\right]\mathrm{d}y\mathrm{d}z+\left[\left(\tau_{xx}+\frac{\partial\tau_{xx}}{\partial x}\mathrm{d}x\right)-\tau_{xx}\right]\mathrm{d}y\mathrm{d}z+$$
$$\left[\left(\tau_{yx}+\frac{\partial\tau_{yx}}{\partial y}\mathrm{d}y\right)-\tau_{yx}\right]\mathrm{d}x\mathrm{d}z+\left[\left(\tau_{zx}+\frac{\partial\tau_{zx}}{\partial z}\mathrm{d}z\right)-\tau_{zx}\right]\mathrm{d}x\mathrm{d}y \tag{6-18}$$

x 方向总的力 F_x，可以由式（6-17）和（6-18）相加得到，化简得

$$F_x=\left(-\frac{\partial p}{\partial x}+\frac{\partial\tau_{xx}}{\partial x}+\frac{\partial\tau_{yx}}{\partial y}+\frac{\partial\tau_{zx}}{\partial z}\right)\mathrm{d}x\mathrm{d}y\mathrm{d}z+\rho f_x\mathrm{d}x\mathrm{d}y\mathrm{d}z \tag{6-19}$$

式（6-19）给出了式（6-16）的左边。

为了汇总并强调运动流体微团所受到的力的物理意义，将牛顿第二定律表示如下：

下面考虑式（6-16）的右边。运动的流体微团，其质量是固定不变的，为

$$m=\rho\mathrm{d}x\mathrm{d}y\mathrm{d}z \tag{6-20}$$

另外，流体微团的加速度为速度的时间变化率。因此，加速度的 x 方向分量，记作 a_x，等于 u 的时间变化率，即

$$a_x=\frac{\mathrm{D}u}{\mathrm{D}t} \tag{6-21}$$

联立式（6-16）、式（6-19）与式（6-21）可得

$$\rho \frac{\mathrm{D}u}{\mathrm{D}t} = -\frac{\partial p}{\partial x} + \frac{\partial \tau_{xx}}{\partial x} + \frac{\partial \tau_{yx}}{\partial y} + \frac{\partial \tau_{zx}}{\partial z} + \rho f_x \qquad (6\text{-}22a)$$

这就是黏性流体 x 方向的动量方程。同理可求：

$$\rho \frac{\mathrm{D}v}{\mathrm{D}t} = -\frac{\partial p}{\partial y} + \frac{\partial \tau_{xy}}{\partial x} + \frac{\partial \tau_{yy}}{\partial y} + \frac{\partial \tau_{zy}}{\partial z} + \rho f_y \qquad (6\text{-}22b)$$

$$\rho \frac{\mathrm{D}w}{\mathrm{D}t} = -\frac{\partial p}{\partial z} + \frac{\partial \tau_{xz}}{\partial x} + \frac{\partial \tau_{yz}}{\partial y} + \frac{\partial \tau_{zz}}{\partial z} + \rho f_z \qquad (6\text{-}22c)$$

式（6-22a）~式（6-22c）分别是 x、y、z 方向的动量方程。请注意，它们都是偏微分方程，是通过将基本的物理学原理应用于无穷小流体微团直接得到的。同时，由于流体微团是运动的，所以式（6-22a）~式（6-22c）是非守恒形式的。它们都是标量方程，统称为纳维-斯托克斯方程，这是为了纪念法国人 M. Navier 和英国人 G. Stokes，他们在 19 世纪上半叶各自独立地得到了这些方程。

6.2.4 能量方程

根据流体运动的无穷小微团流动模型，能量守恒定律可表达为

流体微团内能量的变化率 A = 流入微团内的净热流量 B +
体积力和表面力对微团做功的功率 C $\qquad (6\text{-}23)$

作用在一个运动物体上的力，对物体做功的功率等于这个力乘以速度在此力作用方向上的分量，因此，作用于速度为 V 的流体微团上的体积力的功率为

$$C = \rho \boldsymbol{f} \cdot \boldsymbol{V}(\mathrm{d}x\mathrm{d}y\mathrm{d}z)$$

至于表面力（压力加上切应力和正应力），只考虑作用在 x 方向上的力，如图 6-4 所示。在图 6-4 中，x 方向上压力和切应力对流体微团做功的功率，就等于速度的 x 分量 u 乘以力（比如，在平面 $abcd$ 上为 $\tau_{xy}\mathrm{d}x\mathrm{d}y$），即 $u\tau_{xy}\mathrm{d}x\mathrm{d}y$。在其他平面上也有类似的表达式。为了强调这是在对能量进行分析，图 6-6 中重新画出了这个运动的流体微团，并清楚地标出了各平面上的表面力在 x 方向上做功的功率。要得到表面力对流体微团做功的总功率，我们约定作用在 x 正方向上的力做正功，在 x 负方向上的力做负功。

于是，对比图 6-6 中作用在平面 $adhe$ 和平面 $bcgf$ 上的压力，则压力在 x 方向上做功的功率为

$$\left[up - \left(up + \frac{\partial(up)}{\partial x}\mathrm{d}x \right) \right] \mathrm{d}y\mathrm{d}z = -\frac{\partial(up)}{\partial x}\mathrm{d}x\mathrm{d}y\mathrm{d}z$$

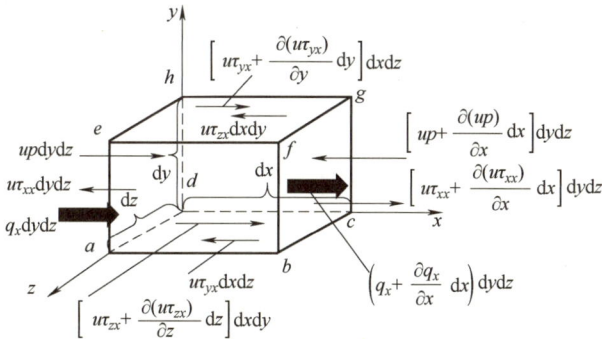

图 6-6　运动无穷小流体微团的能量通道　　　　图 6-6（动图）

类似地，在平面 abcd 和平面 efgh 上，切应力在 x 方向上做功的功率为

$$\left[\left(u\tau_{yx}+\frac{\partial(u\tau_{yx})}{\partial y}\mathrm{d}y\right)-u\tau_{yx}\right]\mathrm{d}x\mathrm{d}z=\frac{\partial(u\tau_{yx})}{\partial y}\mathrm{d}x\mathrm{d}y\mathrm{d}z$$

图 6-6 中所有表面力对运动流体微团做功的功率为

$$\left[-\frac{\partial(up)}{\partial x}+\frac{\partial(u\tau_{xx})}{\partial x}+\frac{\partial(u\tau_{yx})}{\partial y}+\frac{\partial(u\tau_{zx})}{\partial z}\right]\mathrm{d}x\mathrm{d}y\mathrm{d}z$$

这仅考虑了 x 方向上的表面力。再考虑 y 和 z 方向上的表面力，也能得到类似的表达式。加在一起，对流体微团做功的功率是 x、y 和 z 方向上表面力贡献的总和，在式（6-23）中记作 C，即

$$C=-\left[\left(\frac{\partial(up)}{\partial x}+\frac{\partial(vp)}{\partial y}+\frac{\partial(wp)}{\partial z}\right)\right]\mathrm{d}x\mathrm{d}y\mathrm{d}z+\left[\frac{\partial(u\tau_{xx})}{\partial x}+\frac{\partial(u\tau_{yx})}{\partial y}+\frac{\partial(u\tau_{zx})}{\partial z}+\frac{\partial(v\tau_{xy})}{\partial x}+\right.$$

$$\left.\frac{\partial(v\tau_{yy})}{\partial y}+\frac{\partial(v\tau_{zy})}{\partial z}+\frac{\partial(w\tau_{xz})}{\partial x}+\frac{\partial(w\tau_{yz})}{\partial y}+\frac{\partial(w\tau_{zz})}{\partial z}\right]\mathrm{d}x\mathrm{d}y\mathrm{d}z+\rho\boldsymbol{f}\cdot\boldsymbol{V}\mathrm{d}x\mathrm{d}y\mathrm{d}z$$

$$(6\text{-}24)$$

注意，式（6-24）右边的前三项就是 $\nabla\cdot(p\boldsymbol{V})$。

再考虑式（6-23）中的 B 项，即进入微团内的总热流量。这一热流来自于体积加热，如吸收或释放的辐射热；由温度梯度导致的跨过表面的热输运，即热传导。定义 $\dot{q}$ 为单位质量的体积加热率。在图 6-6 中，运动流体微团的质量为 $\rho\mathrm{d}x\mathrm{d}y\mathrm{d}z$，由此得到

$$微团的体积加热=\rho\dot{q}\mathrm{d}x\mathrm{d}y\mathrm{d}z \qquad (6\text{-}25)$$

在图 6-6 中，热传导从平面 adhe 输运给微团内的热量是 $\dot{q}_x\mathrm{d}y\mathrm{d}z$，其中 $\dot{q}_x$ 是热传导在单位时间内通过单位面积在 x 方向上输运的热量。给定方向上的热传

导，若以单位时间内通过垂直于该方向的单位面积的能量来表述，称为该方向上的热流。这里 $\dot{q}_x$ 就是 x 方向上的热流。经过平面 $bcgf$ 输运到微团外的热量是

$$\left[\dot{q}_x - \left(\dot{q}_x + \frac{\partial \dot{q}_x}{\partial x}dx\right)\right]dydz = -\frac{\partial \dot{q}_x}{\partial x}dxdydz$$

再加上图 6-6 中通过其他面在 y 和 z 方向上的热的输运量，可以得到

$$热传导对流体微团的加热 = -\left(\frac{\partial \dot{q}_x}{\partial x} + \frac{\partial \dot{q}_y}{\partial y} + \frac{\partial \dot{q}_z}{\partial z}\right)dxdydz \qquad (6\text{-}26)$$

式（6-23）中的 B 项是式（6-25）和式（6-26）之和，即

$$B = \left[\rho\dot{q} - \left(\frac{\partial \dot{q}_x}{\partial x} + \frac{\partial \dot{q}_y}{\partial y} + \frac{\partial \dot{q}_z}{\partial z}\right)\right]dxdydz \qquad (6\text{-}27)$$

根据傅里叶热传导定律，热传导产生的热流与当地的温度梯度成正比

$$\dot{q}_x = -k\frac{\partial T}{\partial x}, \dot{q}_y = -k\frac{\partial T}{\partial y}, \dot{q}_z = -k\frac{\partial T}{\partial z}$$

其中 k 为热导率。所以，式（6-27）可写成

$$B = \left[\rho\dot{q} + \frac{\partial}{\partial x}\left(k\frac{\partial T}{\partial x}\right) + \frac{\partial}{\partial y}\left(k\frac{\partial T}{\partial y}\right) + \frac{\partial}{\partial z}\left(k\frac{\partial T}{\partial z}\right)\right]dxdydz \qquad (6\text{-}28)$$

最后，式（6-23）中的 A 项代表流体微团能量的时间变化率。稍微停一下，问问你自己：是什么能量的变化率？在经典热力学中我们一般都是处理静态的系统。此时，热力学第一定律中出现的能量是内能，进一步再考虑内能的来源。如果系统为气体，气体的原子和分子以完全随机的方式在系统内平动。也就是说，每个原子或分子都具有平动动能，这个能量与粒子的随机运动相关。此外，分子（不是原子）在空间内平动的同时，还能转动和振动，从而也具有转动能和振动能。最后，电子围绕原子核或分子的运动又给微粒加上了电子能。一个特定分子的总能量就是它的平动能、转动能、振动能和电子能的总和，而每个原子的总能量就是它的平动能和电子能之和。气体系统的内能就是系统内每个分子和原子能量的总和。这就是热力学第一定律中内能的物理意义。

现在，让我们回到式（6-23），研究一下其中的 A 项。我们现在分析的是一个运动中的气体环境，记作 A 的能量项就对应着运动流体微团的能量。所以，运动流体微团的能量，有两个来源：

1）由于分子随机运动而产生的（单位质量）内能 e。

2）流体微团平动时具有的动能。单位质量的动能为 $V^2/2$。

因此，运动着的流体微团既有动能又有内能，两者之和就是总能量。在式（6-23）中，A 项表示的能量便是总能量，即内能与动能之和。这一总能量为

$e+V^2/2$。由于跟随着一个运动的流体微团，单位质量的总能量的时间变化率由物质导数给出。流体微团的质量为 $\rho\,\mathrm{d}x\mathrm{d}y\mathrm{d}z$，所以有

$$A=\rho\frac{\mathrm{D}}{\mathrm{D}t}\left(e+\frac{V^2}{2}\right)\mathrm{d}x\mathrm{d}y\mathrm{d}z \tag{6-29}$$

将式（6-24）、式（6-28）、式（6-29）代入式（6-23），得到能量方程的最终形式为

$$\rho\frac{\mathrm{D}}{\mathrm{D}t}\left(e+\frac{V^2}{2}\right)=\rho\dot{q}+\frac{\partial}{\partial x}\left(k\frac{\partial T}{\partial x}\right)+\frac{\partial}{\partial y}\left(k\frac{\partial T}{\partial y}\right)+\frac{\partial}{\partial z}\left(k\frac{\partial T}{\partial z}\right)-$$

$$\frac{\partial(up)}{\partial x}-\frac{\partial(vp)}{\partial y}-\frac{\partial(wp)}{\partial z}+\frac{\partial(u\tau_{xx})}{\partial x}+\frac{\partial(u\tau_{yx})}{\partial y}+\frac{\partial(u\tau_{zx})}{\partial z}+$$

$$\frac{\partial(v\tau_{xy})}{\partial x}+\frac{\partial(v\tau_{yy})}{\partial y}+\frac{\partial(v\tau_{zy})}{\partial z}+\frac{\partial(w\tau_{xz})}{\partial x}+\frac{\partial(w\tau_{yz})}{\partial y}+\frac{\partial(w\tau_{zz})}{\partial z}+\rho\boldsymbol{f}\cdot\boldsymbol{V}$$

$$\tag{6-30}$$

这是非守恒形式的能量方程，并且是用总能量 $e+V^2/2$ 表示的。再次强调，对一个运动的流体微团运用基本的物理学原理，得到的方程是非守恒形式的。

式（6-30）左侧包含了总能量的物质导数 $\mathrm{D}(e+V^2/2)/\mathrm{D}t$，这只是能量方程许多不同形式的一种，它是对运动流体微团直接运用能量守恒原理得到的形式。这个方程很容易从以下两个方面进行改动：

1）方程左边可以只用内能 e 或只用焓 h 或者总焓 $h_0=h+V^2/2$ 来表示，方程的右边也随之变动。例如，我们在后面会将式（6-30）转化为关于 $\mathrm{D}e/\mathrm{D}t$ 的方程，并给出所需的演算。

2）能量方程，对上述每一种不同形式，都有守恒形式和非守恒形式。这两种形式之间转换的演算也将在下面讨论。

我们从式（6-30）出发，先将它改写成只用 e 的形式。为了达到这个目的，将式（6-22a）~式（6-22c）分别乘以 u、v、w，得

$$\rho\frac{\mathrm{D}}{\mathrm{D}t}\left(\frac{u^2}{2}\right)=-u\frac{\partial p}{\partial x}+u\frac{\partial\tau_{xx}}{\partial x}+u\frac{\partial\tau_{yx}}{\partial y}+u\frac{\partial\tau_{zx}}{\partial z}+\rho u f_x \tag{6-31}$$

$$\rho\frac{\mathrm{D}}{\mathrm{D}t}\left(\frac{v^2}{2}\right)=-v\frac{\partial p}{\partial y}+v\frac{\partial\tau_{xx}}{\partial x}+v\frac{\partial\tau_{yx}}{\partial y}+v\frac{\partial\tau_{zx}}{\partial z}+\rho v f_y \tag{6-32}$$

$$\rho\frac{\mathrm{D}}{\mathrm{D}t}\left(\frac{w^2}{2}\right)=-w\frac{\partial p}{\partial z}+w\frac{\partial\tau_{xx}}{\partial x}+w\frac{\partial\tau_{yx}}{\partial y}+w\frac{\partial\tau_{zx}}{\partial z}+\rho w f_z \tag{6-33}$$

将式（6-31）~式（6-33）各式加在一起，并注意 $u^2+v^2+w^2=V^2$，可得

$$\rho \frac{D}{Dt}\left(\frac{V^2}{2}\right) = -u\frac{\partial p}{\partial x} - v\frac{\partial p}{\partial y} - w\frac{\partial p}{\partial z} + u\left(\frac{\partial \tau_{xx}}{\partial x} + \frac{\partial \tau_{yx}}{\partial y} + \frac{\partial \tau_{zx}}{\partial z}\right) + v\left(\frac{\partial \tau_{xy}}{\partial x} + \frac{\partial \tau_{yy}}{\partial y} + \frac{\partial \tau_{zy}}{\partial z}\right) +$$

$$w\left(\frac{\partial \tau_{xz}}{\partial x} + \frac{\partial \tau_{yz}}{\partial y} + \frac{\partial \tau_{zz}}{\partial z}\right) + \rho(uf_x + vf_y + wf_z) \tag{6-34}$$

从式（6-30）中减去式（6-34），注意 $\rho \boldsymbol{f} \cdot \boldsymbol{V} = \rho(uf_x + vf_y + wf_z)$，有

$$\rho\frac{De}{Dt} = \rho\dot{q} + \frac{\partial}{\partial x}\left(k\frac{\partial T}{\partial x}\right) + \frac{\partial}{\partial y}\left(k\frac{\partial T}{\partial y}\right) + \frac{\partial}{\partial z}\left(k\frac{\partial T}{\partial z}\right) - p\left(\frac{\partial u}{\partial x} + \frac{\partial v}{\partial y} + \frac{\partial w}{\partial z}\right) +$$

$$\tau_{xx}\frac{\partial u}{\partial x} + \tau_{yx}\frac{\partial u}{\partial y} + \tau_{zx}\frac{\partial u}{\partial z} + \tau_{xy}\frac{\partial v}{\partial x} + \tau_{yy}\frac{\partial v}{\partial y} + \tau_{zy}\frac{\partial v}{\partial z} + \tau_{xz}\frac{\partial w}{\partial x} + \tau_{yz}\frac{\partial w}{\partial y} + \tau_{zz}\frac{\partial w}{\partial z} \tag{6-35}$$

式（6-35）这种形式的能量方程，其左边只包含了内能的物质导数，动能的物质导数和右边的体积力已经去掉。只用内能 e 表示的能量方程中不包含体积力项，这一点很重要。还要注意，式（6-30）中正应力和切应力是与速度相乘，一起出现在 x、y、z 的导数内。与之相比，式（6-35）中黏性应力单独出现，直接与速度梯度相乘。最后，再次指出，式（6-35）仍旧是非守恒形式的，由式（6-30）推导式（6-35）的过程中并没有改变这种非守恒形式。用类似的方法，能量方程也能够用 h 和 $h+V^2/2$ 表示，其推导过程留给读者。

让我们再深入探讨一下式（6-35）。在式（6-22a）~式（6-22c）、式（6-31）~式（6-33）中有 $\tau_{xy} = \tau_{yx}$，$\tau_{xz} = \tau_{zx}$，$\tau_{yz} = \tau_{zy}$（当流体微团的体积缩成一点时，切应力的这种对称性可以避免流体微团的角速度，这一角速度与作用在流体微团上的力矩有关，趋于无穷大），因此可以合并式（6-35）中的一些项得到

$$\rho\frac{De}{Dt} = \rho\dot{q} + \frac{\partial}{\partial x}\left(k\frac{\partial T}{\partial x}\right) + \frac{\partial}{\partial y}\left(k\frac{\partial T}{\partial y}\right) + \frac{\partial}{\partial z}\left(k\frac{\partial T}{\partial z}\right) -$$

$$p\left(\frac{\partial u}{\partial x} + \frac{\partial v}{\partial y} + \frac{\partial w}{\partial z}\right) + \tau_{xx}\frac{\partial u}{\partial x} + \tau_{yy}\frac{\partial v}{\partial y} + \tau_{zz}\frac{\partial w}{\partial z} + \tag{6-36}$$

$$\tau_{yx}\left(\frac{\partial u}{\partial y} + \frac{\partial v}{\partial x}\right) + \tau_{zx}\left(\frac{\partial u}{\partial z} + \frac{\partial w}{\partial x}\right) + \tau_{zy}\left(\frac{\partial v}{\partial z} + \frac{\partial w}{\partial y}\right)$$

为了用速度梯度表示黏性应力，再次利用式（6-22a）~式（6-22c）、式（6-31）~式（6-33），式（6-36）又可以写成

$$\rho\frac{De}{Dt} = \rho\dot{q} + \frac{\partial}{\partial x}\left(k\frac{\partial T}{\partial x}\right) + \frac{\partial}{\partial y}\left(k\frac{\partial T}{\partial y}\right) + \frac{\partial}{\partial z}\left(k\frac{\partial T}{\partial z}\right) - p\left(\frac{\partial u}{\partial x} + \frac{\partial v}{\partial y} + \frac{\partial w}{\partial z}\right) +$$

$$\lambda\left(\frac{\partial u}{\partial x} + \frac{\partial v}{\partial y} + \frac{\partial w}{\partial z}\right)^2 + \mu\left[2\left(\frac{\partial u}{\partial x}\right)^2 + 2\left(\frac{\partial v}{\partial y}\right)^2 + 2\left(\frac{\partial w}{\partial z}\right)^2 + \left(\frac{\partial u}{\partial y} + \frac{\partial v}{\partial x}\right)^2 + \tag{6-37}$$

$$\left(\frac{\partial u}{\partial z} + \frac{\partial w}{\partial x}\right)^2 + \left(\frac{\partial v}{\partial z} + \frac{\partial w}{\partial y}\right)^2\right]$$

式（6-37）是完全用流场变量表示的能量方程。利用式（6-22a）~式（6-22c）、式（6-31）~式（6-33），对式（6-30）也可以进行类似的变换，得到关于流场变量的能量方程。推导出的表达式很长，为了节省时间和篇幅，这里就不列出来了。

再次强调，在式（6-37）左边只出现了内能。能量方程的左边可以用不同的能量形式表示。例如，式（6-30）用总能量，式（6-37）用内能。用焓 h 或总焓 $h+V^2/2$ 表示的形式也可以通过类似的变换得到。

能量方程的左边可以用能量的不同形式表示，而能量方程的右边也有相应的不同形式，这只是能量方程的一个方面。现在描述能量方程的另一个方面，也就是与连续性方程和动量方程相同的方面：能量方程也可以表达为守恒形式。式（6-30）、式（6-35）、式（6-37）所给出的能量方程，左边都出现物质导数，因而都是非守恒形式。它们直接出自于运动流体微团模型。但借助于一些演算，所有这些方程都能写成守恒形式。以式（6-37）为例，考虑式（6-37）的左边。由物质导数的定义

$$\rho \frac{\mathrm{D}e}{\mathrm{D}t} = \rho \frac{\partial e}{\partial t} + \rho \boldsymbol{V} \cdot \nabla e \tag{6-38}$$

但

$$\frac{\partial(\rho e)}{\partial t} = \rho \frac{\partial e}{\partial t} + e \frac{\partial \rho}{\partial t} \tag{6-39}$$

或

$$\rho \frac{\partial e}{\partial t} = \frac{\partial(\rho e)}{\partial t} - e \frac{\partial \rho}{\partial t} \tag{6-40}$$

对于标量与向量乘积的散度，有向量恒等式

$$\nabla \cdot (\rho e \boldsymbol{V}) = e \nabla \cdot (\rho \boldsymbol{V}) + \rho \boldsymbol{V} \cdot \nabla e$$

或写成

$$\rho \boldsymbol{V} \cdot \nabla e = \nabla \cdot (\rho e \boldsymbol{V}) - e \nabla \cdot (\rho \boldsymbol{V}) \tag{6-41}$$

将式（6-40）和式（6-41）代入式（6-38），得

$$\rho \frac{\mathrm{D}e}{\mathrm{D}t} = \frac{\partial(\rho e)}{\partial t} - e \left[\frac{\partial \rho}{\partial t} + \nabla \cdot (\rho \boldsymbol{V}) \right] + \nabla \cdot (\rho e \boldsymbol{V}) \tag{6-42}$$

由式（6-37）可知，式（6-42）右边方括号内的式子等于零，于是式（6-42）就变成

$$\rho \frac{\mathrm{D}e}{\mathrm{D}t} = \frac{\partial(\rho e)}{\partial t} + \nabla \cdot (\rho e \boldsymbol{V}) \tag{6-43}$$

将式（6-43）代入式（6-37），有

$$\frac{\partial(\rho e)}{\partial t}+\nabla\cdot(\rho e\boldsymbol{V})=\rho\dot{q}+\frac{\partial}{\partial x}\left(k\frac{\partial T}{\partial x}\right)+\frac{\partial}{\partial y}\left(k\frac{\partial T}{\partial y}\right)+\frac{\partial}{\partial z}\left(k\frac{\partial T}{\partial z}\right)-$$

$$p\left(\frac{\partial u}{\partial x}+\frac{\partial v}{\partial y}+\frac{\partial w}{\partial z}\right)+\lambda\left(\frac{\partial u}{\partial x}+\frac{\partial v}{\partial y}+\frac{\partial w}{\partial z}\right)^{2}+$$

$$\mu\left[2\left(\frac{\partial u}{\partial x}\right)^{2}+2\left(\frac{\partial v}{\partial y}\right)^{2}+2\left(\frac{\partial w}{\partial z}\right)^{2}+\left(\frac{\partial u}{\partial y}+\frac{\partial v}{\partial x}\right)^{2}+\left(\frac{\partial u}{\partial z}+\frac{\partial w}{\partial x}\right)^{2}+\left(\frac{\partial v}{\partial z}+\frac{\partial w}{\partial y}\right)^{2}\right]$$

$$(6-44)$$

这是用内能表示的守恒形式的能量方程。

将内能 e 改为总能量 $e+V^2/2$，重复由式（6-38）到式（6-43）的推导过程，可以得到

$$\rho\frac{\mathrm{D}}{\mathrm{D}t}\left(e+\frac{V^{2}}{2}\right)=\frac{\partial}{\partial t}\left[\rho\left(e+\frac{V^{2}}{2}\right)\right]+\nabla\cdot\left[\rho\left(e+\frac{V^{2}}{2}\right)\boldsymbol{V}\right] \qquad (6-45)$$

将式（6-45）代入式（6-30）的左边，得

$$\frac{\partial}{\partial t}\left[\rho\left(e+\frac{V^{2}}{2}\right)\right]+\nabla\cdot\left[\rho\left(e+\frac{V^{2}}{2}\right)\boldsymbol{V}\right]$$

$$=\rho\dot{q}+\frac{\partial}{\partial x}\left(k\frac{\partial T}{\partial x}\right)+\frac{\partial}{\partial y}\left(k\frac{\partial T}{\partial y}\right)+\frac{\partial}{\partial z}\left(k\frac{\partial T}{\partial z}\right)-\frac{\partial(up)}{\partial x}-\frac{\partial(vp)}{\partial y}-\frac{\partial(wp)}{\partial z}+$$

$$\frac{\partial(u\tau_{xx})}{\partial x}+\frac{\partial(u\tau_{yx})}{\partial y}+\frac{\partial(u\tau_{zx})}{\partial z}+\frac{\partial(v\tau_{xy})}{\partial x}+\frac{\partial(v\tau_{yy})}{\partial y}+\frac{\partial(v\tau_{zy})}{\partial z}+$$

$$\frac{\partial(u\tau_{xz})}{\partial x}+\frac{\partial(u\tau_{yz})}{\partial y}+\frac{\partial(u\tau_{zz})}{\partial z}+\rho\boldsymbol{f}\cdot\boldsymbol{V}$$

$$(6-46)$$

式（6-46）是用总能量 $e+V^2/2$ 表示的守恒形式的能量方程。

要将方程的非守恒形式转化为守恒形式，只需要改变方程的左边就可以了，方程的右边保持不变。例如，对比式（6-37）与式（6-44），两者都是用内能表示的，式（6-37）是非守恒形式的，而式（6-44）是守恒形式的。它们只是左边不同，右边则是相同的。对比式（6-30）和式（6-46），也是如此。

6.3　有限差分法

6.3.1　概念

有限差分法是用一组离散点上的数值来逼近微分方程连续函数精确解在该

点的值。在这组离散值之间用差商来近似和代替表示，由此将微分方程近似地由一组代数方程表示，该代数方程称为差分方程，求解这组差分方程得到离散值，这些值被认为是微分方程的近似解。因此，有限差分法的第一步是对求解区域进行离散，如求解热传导方程

$$\frac{\partial u}{\partial t} = \alpha \frac{\partial^2 u}{\partial x^2}, \alpha > 0, u(0,x) = \varphi(x), t \geqslant 0, 0 \leqslant x \leqslant L \qquad (6\text{-}47)$$

要将求解区域划分为图 6-7 所示的离散网格。

又如求解拉普拉斯方程

$$\frac{\partial^2 u}{\partial x^2} + \frac{\partial^2 u}{\partial y^2} = 0 \quad 0 \leqslant x \leqslant 1, 0 \leqslant y \leqslant 1$$
$$u(0,y) = \varphi_1(y), u(1,y) = \varphi_3(y) \qquad\qquad (6\text{-}48)$$
$$u(x,0) = \varphi_2(y), u(x,1) = \varphi_4(y)$$

要在求解区域建立图 6-8 所示的离散网格。

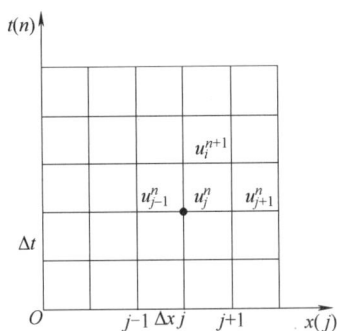

图 6-7　xOt 平面离散网格

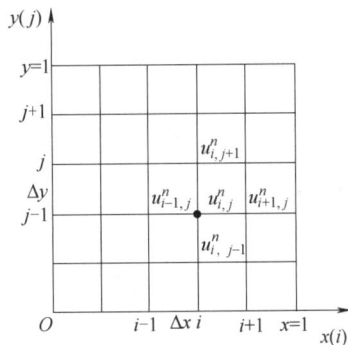

图 6-8　xOy 平面离散网格

求解热传导方程［式 (6-47)］时，将离散值标记为 u_j^n，如图 6-7 所示；求解拉普拉斯方程［式 (6-48)］时，将离散值标记为 $u_{i,j}$，如图 6-8 所示。然后利用泰勒展开式建立差商和微分之间的近似关系，最终建立起差分方程。按理来说，u_j^n 或 $u_{i,j}$ 是离散值，不是连续函数，不能进行泰勒展开，但在建立差分方程时，对 u_j^n 与连续函数 $u(n\Delta t, j\Delta x)$ 先不加区别，以后将指出它们的差别。于是有

$$u_j^{n+1} = u_j^n + \Delta t \left(\frac{\partial u}{\partial t}\right)_j^n + \frac{1}{2}\Delta t^2 \left(\frac{\partial^2 u}{\partial t^2}\right)_j^n + \frac{1}{6}\Delta t^3 \left(\frac{\partial^3 u}{\partial t^3}\right)_j^n + O(\Delta t^4) \qquad (6\text{-}49)$$

这是 u_j^{n+1} 对 u_j^n 展开。

$$u_j^n = u_j^{n+1} - \Delta t \left(\frac{\partial u}{\partial t}\right)_j^{n+1} + \frac{1}{2}\Delta t^2 \left(\frac{\partial^2 u}{\partial t^2}\right)_j^{n+1} - \frac{1}{6}\Delta t^3 \left(\frac{\partial^3 u}{\partial t^3}\right)_j^{n+1} + O(\Delta t^4) \qquad (6\text{-}50)$$

这是 u_j^n 对 u_j^{n+1} 展开。同样有

$$u_{j\pm1}^n = u_j^n \pm \Delta x \left(\frac{\partial u}{\partial t}\right)_j^n + \frac{1}{2}(\pm\Delta x)^2 \left(\frac{\partial^2 u}{\partial t^2}\right)_j^n + \frac{1}{6}(\pm\Delta t)^3 \left(\frac{\partial^3 u}{\partial t^3}\right)_j^n + O(\Delta t^4) \quad (6\text{-}51)$$

$$u_{j+1}^{n+1} = u_j^n + \left(\Delta t \frac{\partial}{\partial t} \pm \Delta x \frac{\partial}{\partial x}\right) u_j^n + \frac{1}{2}\left(\Delta t \frac{\partial}{\partial t} \pm \Delta x \frac{\partial}{\partial x}\right)^2 u_j^n +$$
$$\frac{1}{6}\left(\Delta t \frac{\partial}{\partial t} \pm \Delta x \frac{\partial}{\partial x}\right)^3 u_j^n + O\left[(\Delta t + \Delta x)^4\right] \quad (6\text{-}52)$$

这里

$$\frac{1}{2}\left(\Delta t \frac{\partial}{\partial t} \pm \Delta x \frac{\partial}{\partial x}\right)^2 u_j^n = \frac{1}{2}\left(\Delta t^2 \frac{\partial^2 u}{\partial t^2} \pm 2\Delta t \Delta x \frac{\partial^2 u}{\partial t \partial x} + \Delta x^2 \frac{\partial^2 u}{\partial x^2}\right)_j^n$$

$$u_{i\pm1,j} = u_{i,j} \pm \Delta x \left(\frac{\partial u}{\partial x}\right)_{i,j} + \frac{1}{2}(\pm\Delta x)^2 \left(\frac{\partial^2 u}{\partial x^2}\right)_{i,j} + \frac{1}{6}(\pm\Delta x)^3 \left(\frac{\partial^3 u}{\partial x^3}\right)_{i,j} + O(\Delta x^4)$$

$$(6\text{-}53)$$

$$u_{i,j\pm1} = u_{i,j} \pm \Delta y \left(\frac{\partial u}{\partial y}\right)_{i,j} + \frac{1}{2}(\pm\Delta y)^2 \left(\frac{\partial^2 u}{\partial y^2}\right)_{i,j} + \frac{1}{6}(\pm\Delta y)^3 \left(\frac{\partial^3 u}{\partial y^3}\right)_{i,j} + O(\Delta y^4) \quad (6\text{-}54)$$

$$u_{i\pm1,j+1} = u_{i,j} + \left(\pm\Delta x \frac{\partial}{\partial x} \pm \Delta y \frac{\partial}{\partial y}\right) u_{i,j} + \frac{1}{2}\left(\pm\Delta x \frac{\partial}{\partial x} \pm \Delta y \frac{\partial}{\partial y}\right)^2 u_{i,j} +$$
$$\frac{1}{6}\left(\pm\Delta x \frac{\partial}{\partial x} \pm \Delta y \frac{\partial}{\partial y}\right)^3 u_{i,j} + O\left[(\pm\Delta x \pm \Delta y)^4\right] \quad (6\text{-}55)$$

这里 O 表示函数截断误差量级。

这样可建立起在某一点导数和差分之间的逼近关系：

前差：

$$\left(\frac{\partial u}{\partial t}\right)_j^n = \frac{u_j^{n+1} - u_j^n}{\Delta t} + O(\Delta t) \quad (6\text{-}56)$$

后差：

$$\left(\frac{\partial u}{\partial t}\right)_j^{n+1} = \frac{u_j^{n+1} - u_j^n}{\Delta t} + O(\Delta t) \quad (6\text{-}57)$$

前差：

$$\left(\frac{\partial u}{\partial x}\right)_{i,j} = \frac{u_{i+1,j} - u_{i,j}}{\Delta x} + O(\Delta x) \quad (6\text{-}58)$$

后差：

$$\left(\frac{\partial u}{\partial x}\right)_{i,j} = \frac{u_{i,j} - u_{i-1,j}}{\Delta x} + O(\Delta x) \quad (6\text{-}59)$$

中心差：

$$\left(\frac{\partial u}{\partial x}\right)_{i,j} = \frac{u_{i+1,j}-u_{i-1,j}}{2\Delta x} + O\left(\Delta x^2\right) \tag{6-60}$$

中心差：

$$\left(\frac{\partial^2 u}{\partial x^2}\right)_{i,j} = \frac{u_{i+1,j}-2u_{i,j}+u_{i-1,j}}{\Delta x^2} + O\left(\Delta x^2\right) \tag{6-61}$$

根据泰勒展开式和导数与差商的关系，可将热传导方程表示为

$$\frac{\partial u}{\partial t} - \alpha\frac{\partial^2 u}{\partial x^2} = \frac{u_j^{n+1}-u_j^n}{\Delta t} - \alpha\frac{u_{j+1}^n-2u_j^n+u_{j-1}^n}{\Delta x^2} + \left[-\frac{\Delta t}{2}\left(\frac{\partial^2 u}{\partial t^2}\right)_j^n + \frac{\Delta x^2}{12}\alpha\left(\frac{\partial^4 u}{\partial x^4}\right)_j^n + \cdots\right] = 0 \tag{6-62}$$

或写作

$$\frac{\partial u}{\partial t} - \alpha\frac{\partial^2 u}{\partial x^2} = \frac{u_j^{n+1}-u_j^n}{\Delta t} - \alpha\frac{u_{j+1}^n-2u_j^n+u_{j-1}^n}{\Delta x^2} + O\left(\Delta t, \Delta x^2\right) \tag{6-63}$$

式（6-63）是将 u_j^n 等看作连续函数在该点值的情况下，微分方程与函数离散值之间的关系式，这里仍认为

$$u_j^n = u(n\Delta t, j\Delta x),\ u_j^{n+1} = u\left[(n+1)\Delta t, j\Delta x\right],\ u_{j+1}^n = u\left[n\Delta t, (j+1)\Delta x\right]$$

如取

$$\frac{u_j^{n+1}-u_j^n}{\Delta t} - \alpha\frac{u_{j+1}^n-2u_j^n+u_{j-1}^n}{\Delta x^2} = 0 \tag{6-64}$$

则式（6-64）就是热传导方程［式（6-47）］的差分方程。这是在点 (j, u_j^n) 建立的差分方程，从差分方程可看出：

1）对比式（6-64）和式（6-63）可知，差分方程和微分方程之间有截断误差。

2）差分方程［式（6-64）］的解 u_j^n 并不满足式（6-62）的连续函数 $u(n\Delta t, j\Delta x)$，由此可知一组离散值 u_j^n 和连续函数在该点值之间的差别。

6.3.2　性质

差分方程可以由许多方法构成，但最重要的是泰勒展开法，泰勒展开法常用来验证差分方程的精度。要注意的是需将差分方程中的所有离散值对同一点展开，因为微分方程或差分方程都是对某一点建立的。

建立差分方程后，微分方程和差分方程之间以及差分方程本身要满足三个条件才有可能使从差分方程得到的解可作为微分方程的近似解，这三个条件就是差分方程要与微分方程相容、差分方程的解要收敛于微分方程的精度解、差分方程的计算要稳定。

1. 相容性

记 $L(u) = \dfrac{\partial u}{\partial t} - \alpha \dfrac{\partial^2 u}{\partial x^2}$ 为微分算子，$L_h(u_j^n) = \dfrac{u_j^{n+1} - u_j^n}{\Delta t} - \alpha \dfrac{u_{j+1}^n - 2u_j^n + u_{j-1}^n}{\Delta x^2}$ 为差分算子，于是

$$L(u) = L_h(u_j^n) + \text{T. E} \tag{6-65}$$

式中，T. E 表示截断误差。式（6-65）或式（6-63）、式（6-62）说明差分方程与微分方程之间是有误差的，这个误差是方程之间的误差。若

$$\lim_{\Delta t \to 0, \Delta x \to 0} \left[L(u) - L_h(u_j^n) \right] = \lim_{\Delta t \to 0, \Delta x \to 0} \text{T. E} = 0 \tag{6-66}$$

则称差分方程与微分方程相容，即差分方程是微分方程的近似方程。

2. 收敛性

设微分方程［式（6-47）］的精确解为 $A = u(n\Delta t, j\Delta z)$，差分方程［式（6-64）］无限长的精确解为 $D = u_j^n$，有限位字长的数值解为 N，则离散误差 $= A - D$，舍入误差 $= D - N$。

差分方程的收敛性是指差分方程的精确解要收敛逼近于微分方程的精确解，即离散误差要趋向于零。解差分方程的目的是使差分解收敛于精确解，但由于微分方程定解问题的精确解一般是不知道的，同时无限字长的计算设备是不存在的，这样收敛性问题就变得不够明确了。

3. 稳定性

实际的问题是有限字长的计算机求得的差分数值解要收敛于精确解。有限字长的计算设备求得的差分解与无限字长计算设备求得的差分解是有差别的，但它们的解都应是逼近于精确解的。差分方程具有与设备无关的性质，对它的求解应该是稳定的。所谓稳定性问题，是指差分方程计算中对舍入误差干扰的稳定程度。而舍入误差总是存在的，主要由存储单元的字长引起。

从字面上看，稳定性问题与收敛性问题是两类不同的问题，但实际上它们具有内在的联系，Lax（拉克斯）等价定理指出，一个线性的初值问题，若满足相容性条件的差分方程，则稳定性是收敛性的充要条件。对大部分方程的计算问题，在收敛性问题不明确的情况下，人们往往从稳定性证明方面想办法，将具有稳定性的差分格式用于一个定解问题的计算，而跳过了对收敛性的研究（或实际上是难于进行研究）。获得的计算结果就认为是定解问题的解，当然这样做有时成功，有时并不成功而产生非物理解。

6.3.3 模型方程的差分格式

模型方程是流体力学方程的细胞和基因，计算流体力学的研究都是从这些模

型方程的格式研究开始的。满足相容性条件的模型方程的差分格式有以下几种：

1. 波动方程

（1）迎风格式（Upwind）

$$\frac{u_j^{n+1}-u_j^n}{\Delta t}+c\frac{u_j^n-u_{j-1}^n}{\Delta x}=O(\Delta t,\Delta x),c>0 \tag{6-67}$$

稳定性条件为 $0\leqslant\nu=\frac{c\Delta t}{\Delta x}\leqslant1$，$\nu$ 为柯朗（Courant Friedrichs Lewy）数，要小于 1。

（2）拉克斯（Lax）格式

$$\frac{u_j^{n+1}-\dfrac{u_{j+1}^n+u_{j-1}^n}{2}}{\Delta t}+c\frac{u_{j+1}^n-u_{j-1}^n}{2\Delta x}=O(\Delta t,\Delta x^2),c>0 \tag{6-68}$$

稳定性条件也是柯朗数小于 1，或 $|\nu|=\left|\dfrac{c\Delta t}{\Delta x}\right|\leqslant1$。若把式（6-67）、式（6-68）写成求解计算格式，则为

Upwind：

$$u_j^{n+1}=u_j^n-\nu(u_j^n-u_{j-1}^n)=u_{j-1}^n+(1-\nu)u_j^n \tag{6-69}$$

Lax：

$$u_j^{n+1}=\frac{1}{2}(u_{j+1}^n+u_{j-1}^n)-\frac{1}{2}\nu(u_{j+1}^n-u_{j-1}^n)=\frac{1}{2}(1+\nu)u_{j-1}^n+\frac{1}{2}(1-\nu)u_j^n \tag{6-70}$$

从式（6-69）、式（6-70）可以看出，下一时间层的值 u_j^{n+1} 是从上一时间层的值 u_j^n 显式算出的，因而称为显式格式。又因为从式（6-67）、式（6-68）或式（6-69）、式（6-70）可看出，这些差分方程只涉及两个时间层，所以又称为两层格式。另外 u_j^{n+1} 是一次就算出来的，又称为单步格式，总称为两层显式单步格式。

（3）隐式格式

$$\frac{u_j^{n+1}-u_j^n}{\Delta t}+c\frac{u_{j+1}^{n+1}-u_{j-1}^{n+1}}{2\Delta x}=O(\Delta t,\Delta x^2),c>0 \tag{6-71}$$

把式（6-71）写成计算式可得

$$-\frac{1}{2}\nu u_{j-1}^{n+1}+u_j^{n+1}+\frac{1}{2}\nu u_{j+1}^{n+1}=u_j^n \tag{6-72}$$

显然式（6-72）需求解三对角线方程组，是隐式的解法，故称为两层隐式单步格式。

（4）拉克斯-文多夫（Lax-Wendroff）格式　该格式直接用计算格式给出

$$u_j^{n+1}=u_j^n-\frac{\nu}{2}(u_{j+1}^n-u_{j-1}^n)+\frac{\nu^2}{2}(u_{j+1}^n-2u_j^m+u_{j-1}^n) \tag{6-73}$$

这个差分格式对差分方程而言，截断误差是 $O(\Delta t^2, \Delta x^2)$，即有二阶精度。

2. 热传导方程

简单显式

$$\frac{u_j^{n+1}-u_j^n}{\Delta t}=\alpha\frac{u_{j+1}^n-2u_j^n+u_{j-1}^n}{\Delta x^2}+O(\Delta t,\Delta x^2) \tag{6-74}$$

或计算式

$$u_j^{n+1}=u_j^n-\gamma(u_{j+1}^n-2u_j^n+u_{j-1}^n),\gamma=\frac{\alpha\Delta t}{\Delta x^2} \tag{6-75}$$

简单隐式

$$\frac{u_j^{n+1}-u_j^n}{\Delta t}=\alpha\frac{u_{j+1}^{n+1}-2u_j^{n+1}+u_{j-1}^{n+1}}{\Delta x^2}+O(\Delta t,\Delta x^2) \tag{6-76}$$

它的隐式求解式为

$$-\gamma u_{j-1}^{n+1}+(1+2\gamma)u_j^{n+1}-\gamma u_{j+1}^{n+1}=u_j^n \tag{6-77}$$

克朗科-尼克松（Crank-Nicolson）格式

$$\frac{u_j^{n+1}-u_j^n}{\Delta t}=\frac{\alpha}{2}\left(\frac{u_{j-1}^{n+1}-2u_j^{n+1}+u_{j-1}^{n+1}}{\Delta x^2}+\frac{u_{j+1}^n-2u_j^n+u_{j-1}^n}{\Delta x^2}\right)+O(\Delta t^2,\Delta x^2) \tag{6-78}$$

或

$$-\frac{\gamma}{2}u_{j-1}^{n+1}+(1+\gamma)u_j^{n+1}-\frac{\gamma}{2}u_{j+1}^{n+1}=\frac{\gamma}{2}u_{j-1}^n+(1-\gamma)u_j^n+\frac{\gamma}{2}u_{j+1}^n \tag{6-79}$$

3. 无黏性伯格斯方程

无黏性伯格斯（Burgers）方程的差分格式通常用守恒型（通量型）方程给出，而它的稳定性分析用非守恒型方程进行。迎风格式：

$$\frac{u_j^{n+1}-u_j^n}{\Delta t}+\frac{f_j^n-f_{j-1}^n}{\Delta x}=0+O(\Delta t,\Delta x) \tag{6-80}$$

Lax 格式：

$$u_j^{n+1}=\frac{u_{j+1}^n+u_{j-1}^n}{2}-\frac{\Delta t}{\Delta x}\frac{f_{j+1}^n-f_{j-1}^n}{2}=0+O(\Delta t,\Delta x^2) \tag{6-81}$$

拉克斯-文多夫格式根据泰勒展开式

$$u(t+\Delta t,x)=u(t,x)+\Delta t\left(\frac{\partial u}{\partial t}\right)_j^n+\frac{\Delta t^2}{2}\left(\frac{\partial^2 u}{\partial t^2}\right)_j^n+O(\Delta t^3) \tag{6-82}$$

考虑到

$$\frac{\partial u}{\partial t}=-\frac{\partial f}{\partial x}$$

$$\frac{\partial^2 u}{\partial t^2} = -\frac{\partial}{\partial t}\frac{\partial f}{\partial x} = -\frac{\partial}{\partial x}\frac{\partial f}{\partial t} = -\frac{\partial}{\partial x}\left(\frac{\partial f}{\partial u}\frac{\partial u}{\partial t}\right) = -\frac{\partial}{\partial x}\left(-A\frac{\partial f}{\partial x}\right) = \frac{\partial}{\partial x}\left(A\frac{\partial f}{\partial x}\right)$$

又因为拉克斯-文多夫格式是二阶精度的差分格式，函数的展开式截断误差应要求三阶精度，故可取拉克斯-文多夫格式为

$$u_j^{n+1} = u_j^n - \frac{\Delta t}{\Delta x}\frac{f_{j+1}^n - f_{j-1}^n}{2} + \frac{1}{2}\left(\frac{\Delta t}{\Delta x}\right)^2\left[A_{j+\frac{1}{2}}^n(f_{j+1}^n - f_j^n) - A_{j-\frac{1}{2}}^n(f_j^n - f_{j-1}^n)\right] \qquad (6\text{-}83)$$

显见在线性情况下，式（6-83）即式（6-73）。

6.3.4　有限差分法的模拟应用

本模拟应用选自论文《基于有限差分法的采场底板破坏数值分析》[27]。

1. 模型建立

某岩溶水窖矿井的 1303 综采工作面开采的是 13# 煤层，上限标高为 1390m，下限标高为 1310m，工作面埋深为 560～640m，工作面平均走向长度为 715m，平均倾向长度为 150m，平均倾角为 27°，平均煤厚为 2.3m。沿南北走向开采，分别以切眼和停采线为界，对应的地面位置为顺向薄堆积表土层，1303 工作面布置示意图如图 6-9 所示。

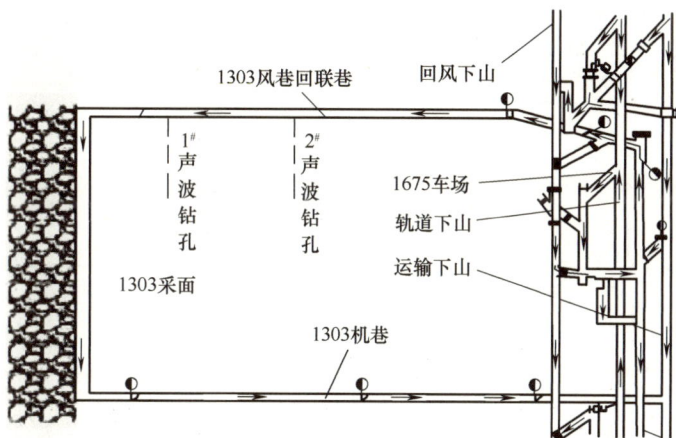

图 6-9　1303 工作面布置示意图

为研究工作面底板在采动过程中的破坏特征，采用 FLAC3D 软件（有限差分法）进行数值模拟。首先建立模型，根据 1303 工作面实际条件，设计数值模型的走向长 240m，倾向长 152m，高 60m，模型底部部分属于重点研究范围，所以进行加密设置，对于顶部部分网格划分较粗。模型共 96000 个单元，103275 个节点。模型的上部边界施加均匀的荷载，模拟上覆岩层产生的重力，模型四

周采用固定边界。首先对模型施加重力进行自动平衡运算，模型取得平衡后再模拟整个工作面的开采进行分步开挖，最终通过 FLAC3D 的输出结果，并经过 Tecplot 数据处理获得 z 方向应力走向切片图（图 6-10）、z 方向位移走向切片图（图 6-11）。

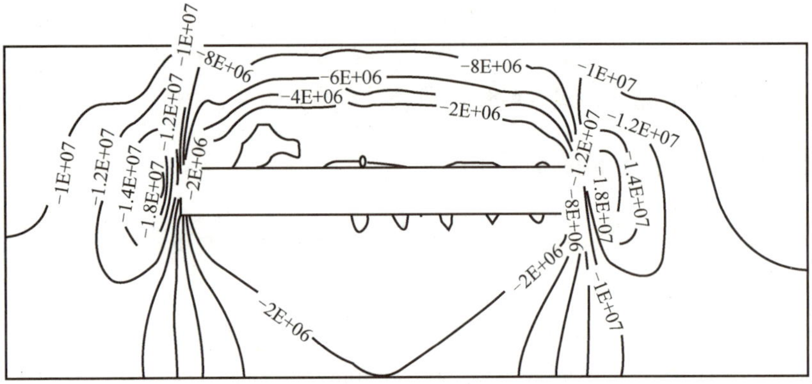

图 6-10　z 方向应力走向切片图

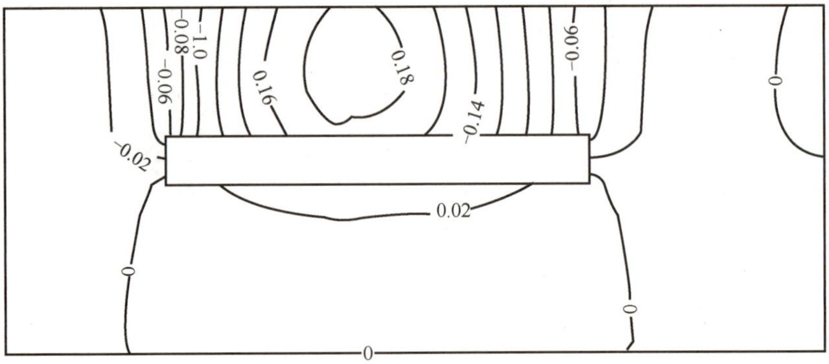

图 6-11　z 方向位移走向切片图

2. 计算结果

通过 Tecplot 数据处理软件获得的 z 方向应力走向切片图、z 方向位移走向切片图发现，1303 工作面底板破坏的最大深度位置分别在工作面两端的端头位置下方，破坏深度为 12.5m，破坏沿工作面倾向方向延伸，延伸的范围达 16m。1303 工作面底板破坏的最小深度位置位于采空区的中央位置，距离底板深度为 8.75m。整个底板的破坏特征为倒喇叭状，呈下大上小的特点，沿采空区的四周环状分布。根据数值模拟的结果分析，采动底板破坏是由于综采工作面沿走向推进时，采场底板岩层交替受到应力集中与释放作用而引起的破坏。工作面在推进过程中首先对底板岩层进行压缩，采过后底板压力释放，采空区往往形成膨胀区，底部的岩层膨胀而导致破坏。由于综采工作面在不断地移动，整个压缩膨胀过程循环进行，所以在底板形成连续的破坏带。根据该工作面钻孔声波法探测资料分析，1303 工作面最大破坏深度为 12.1m，通过 FLAC3D 数值模拟结果显示最大破坏深度为 12.5m，由于声波钻孔位置固定不变，所以不能全方位地反映底板破坏情况。应用 FLAC3D 数值模拟计算，可以模拟出完整的底板破坏形态。两种方法相互验证，相互补充。最终确定 1303 工作面的最大破坏深度为 12.5m。

6.4 有限元法

6.4.1 伽辽金法

伽辽金（Galerkin）法是一种逼近微分方程解的数值方法，在流动有限元法数值计算中应用最广泛。设所求解的问题为寻求函数 u，满足下列方程和边界条件

$$L(u) = f, 在 D 中$$
$$G(u) = g, 在 \Gamma 中 \qquad (6\text{-}84)$$

式中，L、G 分别为区域 D 中及边界 Γ 上的微分算子；f、g 为已知函数。

设近似解 u_n 由一组函数 $\varphi_i(i=1,2,\cdots,n)$ 线性组合得到，即

$$u_n = \sum_{i=1}^{n} \varphi_i \alpha_i \qquad (6\text{-}85)$$

式中，α_i 为待定参数；$\varphi_i(i=1,2,\cdots,n)$ 为选定的一组线性无关的完备序列，称为基函数。

基函数满足问题中的所有边界条件，并且有足够程度的连续性。

由于 u_n 是近似解，代入微分方程使等式两边不完全相等，产生误差（余量）

$$\varepsilon = L(u_n) - f \qquad (6\text{-}86)$$

为了使近似解 u_n 逼近真解，必须对误差做一定的限制，Galerkin 法对误差所做的限制：在整个定义域 D 中使误差（余量）以基函数为权函数加权求和为零，或者说是在一种平均意义上迫使误差为零。其数学表达式为

$$\int_D \varepsilon \varphi_i \mathrm{d}D = 0, i = 1, 2, \cdots, n \qquad (6\text{-}87)$$

或者

$$\int_D \left[L(u_n) - f \right] \varphi_i \mathrm{d}D = 0, i = 1, 2, \cdots, n \qquad (6\text{-}88)$$

即得到 n 个关于 α_1，α_2，$\cdots$，α_n 的代数方程组。求解该代数方程组获得系数 α_i，就得到了近似解 u_n。

引入 u_n 的增量为

$$\delta u = \varphi_1\delta\alpha_1 + \varphi_2\delta\alpha_2 + \cdots + \varphi_n\delta\alpha_n \tag{6-89}$$

式中，$\delta\alpha_i(i=1,2,\cdots,n)$ 为待定参数 α_i 的任意增量，若将式（6-87）n 个方程中的每个方程分别乘以系数 $\delta\alpha_i$，再相加即得

$$\int_D \varepsilon\delta u\mathrm{d}D = 0 \tag{6-90}$$

或者

$$\int_D \left[L(u_n) - f \right]\delta u\mathrm{d}D = 0 \tag{6-91}$$

式（6-87）、式（6-88）、式（6-90）、式（6-91）均为 Galerkin 表达式。由 Galerkin 法可见，它将微分方程的求解问题转化为积分方程的求解问题，要求近似解从整体上逼近微分方程的真解。

为加深对 Galerkin 法的理解，下面来看一个简单的例子。考虑常微分方程边值问题

$$\begin{cases} L(u) = \dfrac{\mathrm{d}^2 u}{\mathrm{d}x^2} + u = -x\,,0<x<1 \\ u(0) = u(1) = 0 \end{cases} \tag{6-92}$$

针对本问题边界条件，选取如下满足边界条件的线性无关的基函数序列，即

$$\varphi_1 = x(1-x)\,,\varphi_2 = x^2(1-x)\,,\varphi_3 = x^3(1-x)\,,\cdots,\varphi_n = x^n(1-x)$$

显然 φ_i 满足边界条件 $\varphi_i(0) = \varphi_i(1) = 0$。

构造二级近似解

$$u_2 = \alpha_1\varphi_1 + \alpha_2\varphi_2 = \alpha_1 x(1-x) + \alpha_2 x^2(1-x) \tag{6-93}$$

将近似解代入微分方程中，求得方程余量

$$\varepsilon = L(u_2) - f = \frac{\mathrm{d}^2 u_2}{\mathrm{d}x^2} + u_2 + x = x + (-2+x-x^2)\alpha_1 + (2-6x+x^2-x^3)\alpha_2$$

将余量 ε 代入 Galerkin 表达式 [式（6-87）]，积分后得到代数方程组

$$\begin{cases} \dfrac{3}{10}\alpha_1 + \dfrac{3}{20}\alpha_2 = \dfrac{1}{12} \\ \dfrac{3}{20}\alpha_1 + \dfrac{13}{105}\alpha_2 = \dfrac{1}{20} \end{cases}$$

解出 α_1、α_2 后代入式（6-93），则得近似解为

$$u_2 = x(1-x)\left(\frac{71}{369} + \frac{7}{41}x\right)$$

微分问题式（6-92）的精确解为

$$u = \frac{\sin x}{\sin 1} - x$$

现把近似解和精确解列表，见表 6-1。

表 6-1　求解结果

x	0.2	0.4	0.6	0.8
近似解	0.03625	0.06257	0.07076	0.05264
精确解	0.03610	0.06278	0.07102	0.05250

从表 6-1 可以看出，通过 Galerkin 法得到的近似解与精确解很接近。

6.4.2　有限单元法

有限单元法以 Galerkin 法等微分方程近似解法为基础，但它与经典 Galerkin 法等解法有很大差别。经典 Galerkin 法中构成近似解的基函数定义在整个求解区域，并准确满足一定的边界条件，所以只适用于具有比较规则几何形状的区域。而有限单元法在选用基函数时，不再选用整体函数，而是选用分块多项式。它把整个区域分成若干子区域，在子区域上用线性无关的规格化的基函数来分块逼近，这些子区域称为单元或元素。

如对一维问题，有限单元法首先将求解区域分成 $n-1$ 个单元 $[x_i, x_{i+1}]$（$i=1$，$2, \cdots, n-1$），在每个单元内进行逼近，即

$$u_n = u_i \frac{x-x_{i+1}}{x_i - x_{i+1}} + u_{i+1} \frac{x-x_i}{x_{i+1} - x_i}, x_i \leqslant x \leqslant x_{i+1} \tag{6-94}$$

其中，$u_i = u(x_i)$。从整体上讲，近似解为分段函数

$$u_n = \begin{cases} u_1 \dfrac{x-x_2}{x_1 - x_2} + u_2 \dfrac{x-x_1}{x_2 - x_1} & x_1 \leqslant x \leqslant x_2 \\[2ex] u_2 \dfrac{x-x_3}{x_2 - x_3} + u_3 \dfrac{x-x_2}{x_3 - x_2} & x_2 \leqslant x \leqslant x_3 \\[1ex] \quad\quad\quad \vdots \\[1ex] u_{n-1} \dfrac{x-x_n}{x_{n-1} - x_n} + u_n \dfrac{x-x_{n-1}}{x_n - x_{n-1}} & x_{n-1} \leqslant x \leqslant x_n \end{cases} \tag{6-95}$$

若将式（6-95）写成经典 Galerkin 法所采用的近似解形式

$$u_n = \sum_{i=1}^{n} \alpha_i \varphi_i$$

则有 $\alpha_i = u_i$ 及

$$\varphi_i = \begin{cases} \dfrac{x-x_{i-1}}{x_i-x_{i-1}} & x_{i-1} \leqslant x \leqslant x_i \\[2mm] 1 - \dfrac{x-x_i}{x_{i+1}-x_i} & x_i \leqslant x \leqslant x_{i+1} \\[2mm] 0 & 其他区域 \end{cases}$$

即整体基函数是分块多项式。由此可见，有限单元法所采取的单元分块逼近做法实际上与经典近似解法中选取整体基函数组合整体近似解等价，只是将整个求解区域上的基函数取成分块多项式。然而，正是将经典 Galerkin 法等近似解法中的基函数由整体函数改为分块多项式后，经典近似解法得到了根本革新，而演变成为现今广为应用的有限元法。

有限元法的解题步骤如下：

1）区域剖分。

2）选取单元插值函数。

3）写出 Galerkin 积分表达式。

4）单元分析。

5）总体合成。

6）边界条件的处理。

7）解总体有限元方程。

下面以一个简单的常微分方程为例进行分析。考虑平面泊肃叶（Poiseuille）流动，流动的微分方程和边界条件为

$$\begin{cases} \mu \dfrac{\mathrm{d}^2 u}{\mathrm{d}y^2} = -C, 0 < y < h \\[2mm] u(0) = u(h) = 0 \end{cases} \quad (6\text{-}96)$$

式中，$C = \mathrm{d}p/\mathrm{d}x$ 为一常数。

（1）区域剖分　对此二维问题，将求解的线段区域均匀划分成 4 个子区域，即 4 个单元，$\Delta h = h/4$，如图 6-12 所示。

然后布置节点，进行编号。序号有三种：

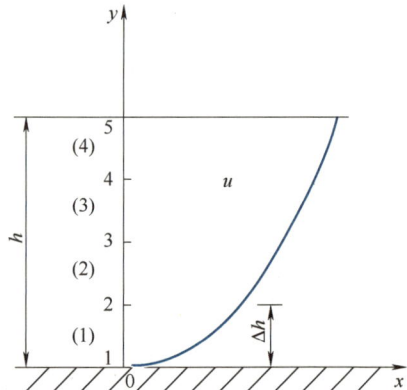

图 6-12　二维区域划分

1）单元节点号。全区域的单元统一编号，记为 $e=1$，2，3，4，总单元数 $E=4$。

2）总体节点号。全区域的节点按一定顺序统一编号，记为 $i=1$，2，3，4，5，总节点数 $I=5$。

3）边界节点号。对每一个边界的节点，按统一顺序进行编号，记为 $n=1$，2，边界节点数 $N=2$。

这样，区域中任一节点有两个序号，在分析元素时用单元节点号，在总体合成时用总体节点号。两套节点编号之间的对应关系在图 6-12 上用图示法表示出来，同时也可以用编号关系表来表示，见表 6-2。

表 6-2　编号关系表（一）

局部编号 n	整体编号 i			
	有限元 e			
	1	2	3	4
1	1	2	3	4
2	2	3	4	5

区域中所有节点的位置用表格表示，它是计算中用到的输入数据，见表 6-3。

表 6-3　节点坐标值（一）

总体节点号 i	1	2	3	4	5
y	0	$0.25h$	$0.5h$	$0.75h$	h

最后，分别列出边界条件的节点号与相应的边界值，数据列在表 6-4 中。

表 6-4　边界节点与边界值（一）

边界节点号 i	1	5
边界函数值 u	0	0

总之，区域剖分是编程计算前的准备工作，它包括单元划分；编写单元序号，总体节点号和元素节点号；建立编号关系表；表示出节点的位置坐标；给出边界上的总体节点号及相应边界值。

（2）选取单元插值函数　取单元 e 作为选取插值函数的典型单元。相应于总体坐标系建立元素 e 的局部坐标系 ε，令

$$\xi = \frac{y - y_1^e}{\Delta h} \tag{6-97}$$

显然在单元 e 中，ε 的取值为 $0 \sim 1$，即 $y = y_1^e$ 时，$\xi = 0$；$y = y_2^e$ 时，$\xi = 1$。y_1^e 是单元 e 上 $n = 1$ 的节点的 y 坐标，y_2^e 是该单元上 $n = 2$ 的节点的 y 坐标。两套坐标系的微元关系是

$$dy = \Delta h d\xi$$

元素 e 中，逼近函数用节点上待求的函数值和插值函数来表示。

$$u = u_1^e \varphi_1 + u_2^e \varphi_2 \tag{6-98}$$

式中，u_1^e、u_2^e 分别为单元 e 中第一、第二节点上的 u 值；φ_1、φ_2 为插值函数，$\varphi_1 = 1 - \xi$，$\varphi_2 = \xi$，且插值函数满足条件 $\sum_{n=1}^{N} \varphi_n = \varphi_1 + \varphi_2 = 1$。

（3）写出 Galerkin 积分表达式　Galerkin 积分表达式为

$$\int_0^h \left(\mu \frac{d^2 u}{dy^2} + C \right) \delta u dy = 0$$

分部积分得到弱解积分表达式

$$\int_0^h \mu \frac{du}{dy} \frac{d(\delta u)}{dy} dy = \int_0^h C \delta u dy \tag{6-99}$$

（4）单元分析　单元分析的任务是建立单元的有限元方程，即在一个典型的单元 e 中，把逼近函数表达式代入积分表达式进行积分，推导出元素有限元方程的系数矩阵 $\boldsymbol{A}^e$ 和自由项矢量 $\boldsymbol{F}^e$ 的计算公式。

式（6-98）得逼近函数的导数为

$$\frac{du}{d\xi} = -u_1^e + u_2^e$$

$$\frac{du}{dy} = \frac{du}{d\xi} \frac{d\xi}{dy} = \frac{1}{\Delta h} \frac{du}{d\xi} = \frac{1}{\Delta h}(-u_1^e + u_2^e) \tag{6-100}$$

逼近函数 u 的变分 δu 可看作由节点未知量 u_1^e 和 u_2^e 的增量 δu_1^e 和 δu_2^e 所产生，即

$$\delta u = \delta u_1^e \varphi_1 + \delta u_2^e \varphi_2 \tag{6-101}$$

那么

$$\frac{d(\delta u)}{d\xi} = -\delta u_1^e + \delta u_2^e$$

$$\frac{d(\delta u)}{dy} = \frac{1}{\Delta h}(-\delta u_1^e + \delta u_2^e) \tag{6-102}$$

将式（6-100）~式（6-102）代入式（6-99），得到

$$\frac{\mu}{C \Delta h^2} \int_0^1 (-u_1^e + u_2^e)(-\delta u_1^e + \delta u_2^e) d\xi = \int_0^1 (\delta u_1^e \varphi_1 + \delta u_2^e \varphi_2) d\xi$$

整理得

$$\left[\frac{\mu}{C\Delta h^2}(u_1^e - u_2^e) - \frac{1}{2}\right]\delta u_1^e + \left[\frac{\mu}{C\Delta h^2}(-u_1^e + u_2^e) - \frac{1}{2}\right]\delta u_2^e = 0$$

因为 δu_1^e、δu_2^e 是任意选取的，则有局部有限元方程

$$\begin{cases} \dfrac{\mu}{C\Delta h^2}(u_1^e - u_2^e) = \dfrac{1}{2} \\ \dfrac{\mu}{C\Delta h^2}(-u_1^e + u_2^e) = \dfrac{1}{2} \end{cases} \tag{6-103}$$

系数（刚度）矩阵为

$$\boldsymbol{A}^e = \begin{pmatrix} 1 & -1 \\ -1 & 1 \end{pmatrix}\frac{\mu}{C\Delta h^2}$$

自由项矢量为

$$\boldsymbol{F}^e = \begin{pmatrix} \dfrac{1}{2} \\ \dfrac{1}{2} \end{pmatrix}$$

则局部有限元方程［式（6-103）］可写成

$$\boldsymbol{A}^e \boldsymbol{U}^e = \boldsymbol{F}^e \tag{6-104}$$

其中

$$\boldsymbol{U}^e = \begin{pmatrix} u_1^e \\ u_2^e \end{pmatrix}$$

（5）总体合成　总体合成就是将单元的有限元方程逐个累加，合成为总体有限元方程。单元合成的方法如下（省略零元素）：

$$\begin{pmatrix} a_{11}^1 & a_{12}^1 & & & \\ a_{21}^1 & a_{22}^1 + a_{11}^2 & a_{12}^2 & & \\ & a_{21}^2 & a_{22}^2 + a_{11}^3 & a_{12}^3 & \\ & & a_{21}^3 & a_{22}^3 + a_{11}^4 & a_{12}^4 \\ & & & a_{21}^4 & a_{22}^4 \end{pmatrix} \begin{pmatrix} u_1^1 \\ u_2^1(u_1^2) \\ u_2^2(u_1^3) \\ u_2^3(u_1^4) \\ u_2^4 \end{pmatrix} = \begin{pmatrix} F_1^1 \\ F_2^1 + F_1^2 \\ F_2^2 + F_1^3 \\ F_2^3 + F_1^4 \\ F_2^4 \end{pmatrix}$$

由于 $u_1 = u_1^1$，$u_2 = u_2^1 = u_1^2$，$u_3 = u_2^2 = u_1^3$，$u_4 = u_2^3 = u_1^4$，$u_5 = u_2^4$，则对于本例可得到以下方程

$$\frac{\mu}{C\Delta h^2}\begin{pmatrix} 1 & -1 & & & \\ -1 & 1+1 & -1 & & \\ & -1 & 1+1 & -1 & \\ & & -1 & 1+1 & -1 \\ & & & -1 & 1 \end{pmatrix}\begin{pmatrix} u_1 \\ u_2 \\ u_3 \\ u_4 \\ u_5 \end{pmatrix} = \begin{pmatrix} \frac{1}{2} \\ \frac{1}{2}+\frac{1}{2} \\ \frac{1}{2}+\frac{1}{2} \\ \frac{1}{2}+\frac{1}{2} \\ \frac{1}{2} \end{pmatrix} \tag{6-105}$$

（6）边界条件的处理　如果不引进边界条件，总体有限元方程［式（6-105）］的解是完全没有意义的，所以必须根据表 6-4 给出的边界条件，修正总体有限元方程。

由边界条件 $u_1=0$，$u_5=0$，将已给出边界值的未知元素全部去掉，同时将其所在行、列的元素全部去掉，得到一个缩减的方程

$$\frac{\mu}{C\Delta h^2}\begin{pmatrix} 2 & -1 & 0 \\ -1 & 2 & -1 \\ 0 & -1 & 2 \end{pmatrix}\begin{pmatrix} u_2 \\ u_3 \\ u_4 \end{pmatrix} = \begin{pmatrix} 1 \\ 1 \\ 1 \end{pmatrix} \tag{6-106}$$

（7）解总体有限元方程　解式（6-106）得

$$u_2=u_4=\frac{3}{2}\frac{C\Delta h^2}{\mu}, \quad u_3=\frac{2C\Delta h^2}{\mu}, \quad u_1=u_5=0$$

微分问题方程［式（6-106）］有准确解

$$u=\frac{C}{2\mu}x(h-x)$$

可以验证，在节点处，即 $x=0$，$0.25h$，$0.5h$，$0.75h$ 和 h 等处，有限元近似解与准确解正好重合，但在单元中两种解并不重合，有限元解是线性变化的，而准确解是二次函数。

6.4.3　圆柱绕流的有限元解法

下面以两平行平板之间的圆柱绕流问题为例来说明流动的有限元解法。

考虑绕圆柱平面势流，如图 6-13 所示。由于此流动具有对称性，只取 1/4 的区域来进行研究。

（1）控制方程与边界条件　设 Ψ 为流函数，则此流动的控制方程为

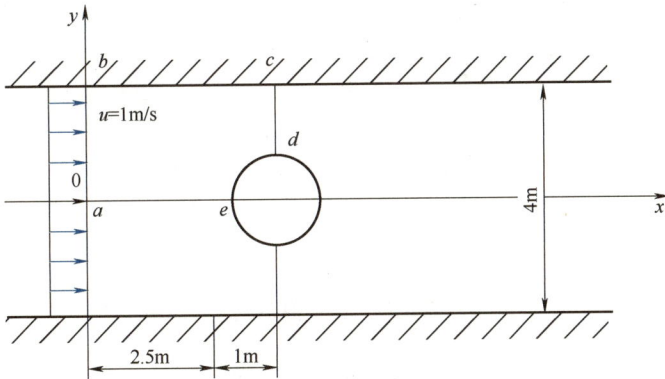

图 6-13　圆柱绕流

$$\frac{\partial^2 \Psi}{\partial x^2} + \frac{\partial^2 \Psi}{\partial y^2} = 0$$

在流场 A 中边界条件为

$$\begin{cases} aed: \Psi = 0 \\ ab: \Psi = y \\ bc: \Psi = 2 \end{cases} l_1 \\ dc: \frac{\alpha \Psi}{\alpha n} = 0 \ l_2 \end{cases} \tag{6-107}$$

（2）区域剖分　将定解域剖分为四边形四节点等参单元，如图 6-14 所示，共 50 个单元，按求解域窄的方向依次对单元编号，单元上四个节点按逆时针方向编号，与插值函数取值点的编号一致，如图 6-15 所示，第一点可以任取。整体节点数为 $I=66$。

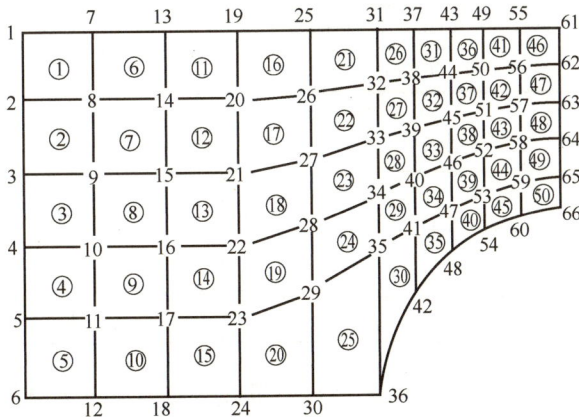

图 6-14　划分单元

147

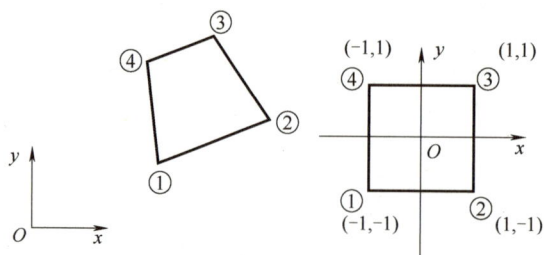

图 6-15　四边形单元

若 e 代表单元编号，n 为单元节点编号，i 为整体节点编号，则需建立三个数据文件。一是单元节点数组，建立局部编号系统与整体编号系统的关系，见表 6-5；二是各节点的坐标（x_i, y_i）数组，见表 6-6；三是边界节点号与相应的边界值，见表 6-7。

表 6-5　编号关系表（二）

局部编号 n	整体编号 i						
	有限元 e						
	1	2	3	…	48	49	50
1	2	3	4	…	58	59	60
2	8	9	10	…	64	65	66
3	7	8	9	…	63	64	65
4	1	2	3	…	57	58	59

表 6-6　节点坐标值（二）

节点总体编号 i	1	2	3	…	64	65	66
$x(i)$	0.00	0.00	0.00	…	3.50	3.50	3.50
$y(i)$	2.00	1.60	1.20	…	1.27	1.16	1.00

表 6-7　边界节点与边界值（二）

序号	1	2	3	4	5	6	7	8	…	21	22	23	24	25	26
边界节点编号	1	2	3	4	5	6	7	12	…	49	54	55	60	61	66
边界值	2.0	1.6	1.2	0.8	0.4	0.0	2.0	0.0	…	2.0	0.0	2.0	0.0	2.0	0.0

（3）插值　将实际曲线四边形单元经图形变换为正方形单元，如图 6-15 所示。因是等参单元，即图形映像点数与插值点数相同，图形变换的函数与逼近

解的插值函数 φ 相同，即逼近解为

$$\Psi^{(e)} = \sum_{m=1}^{4} \varphi_m \Psi_m^{(e)} \qquad (6\text{-}108)$$

坐标变换函数为

$$\begin{cases} x^{(e)} = \displaystyle\sum_{m=1}^{4} \varphi_m x_m^{(e)} \\ y^{(e)} = \displaystyle\sum_{m=1}^{4} \varphi_m y_m^{(e)} \end{cases}$$

其中插值函数为

$$\varphi_m = \frac{1}{4}(1+\xi_m\xi)(1+\eta_m\eta)$$

$$m = 1,2,3,4; \xi_m = -1,1,1,-1; \eta_m = -1,-1,1,1$$

（4）Galerkin 积分表达式　对本问题，Galerkin 积分表达式为

$$\iint_A \left(\frac{\partial^2 \Psi}{\partial x^2} + \frac{\partial^2 \Psi}{\partial y^2} \right) \delta \Psi \mathrm{d}A = 0$$

由格林公式，上式化为

$$\iint_A \left(\frac{\partial \Psi}{\partial x}\frac{\partial \delta \Psi}{\partial x} + \frac{\partial \Psi}{\partial y}\frac{\partial \delta \Psi}{\partial y} \right) \mathrm{d}x\mathrm{d}y = \oint_l \frac{\partial \Psi}{\partial n}\delta \Psi \mathrm{d}l$$

式中，l 为 A 的边界。将边界条件即 l_1 上 $\delta\Psi = 0$，l_2 上 $\partial\Psi/\partial n = 0$ 代入得

$$\iint_A \left(\frac{\partial \Psi}{\partial x}\frac{\partial \delta \Psi}{\partial x} + \frac{\partial \Psi}{\partial y}\frac{\partial \delta \Psi}{\partial y} \right) \mathrm{d}x\mathrm{d}y = 0 \qquad (6\text{-}109)$$

（5）单元分析　由式（6-108），得变分

$$\delta \Psi = \sum_{m=1}^{4} \varphi_m \delta \Psi_m^{(e)} \qquad (6\text{-}110)$$

将式（6-108）、式（6-110）代入式（6-109）中，可得到单元有限元方程

$$\sum_{m=1}^{4} A_{nm}^{(e)} \Psi_m^{(e)} = F_n^{(e)}, n = 1,2,3,4 \qquad (6\text{-}111)$$

其中系数矩阵

$$A_{nm}^{(e)} = \iint_{A^+} \left(\frac{\partial \varphi_m}{\partial x}\frac{\partial \varphi_n}{\partial x} + \frac{\partial \varphi_m}{\partial y}\frac{\partial \varphi_n}{\partial y} \right) \mathrm{d}x\mathrm{d}y$$

自由项矢量

$$F_n^{(e)} = \mathbf{0}$$

而

$$\begin{cases} \dfrac{\partial \varphi_k}{\partial x} = \dfrac{1}{|J|}\left(\dfrac{\partial y^{(e)}}{\partial \eta}\dfrac{\partial \varphi_k}{\partial \xi} - \dfrac{\partial y^{(e)}}{\partial \xi}\dfrac{\partial \varphi_k}{\partial \eta} \right) \\[3mm] \dfrac{\partial \varphi_k}{\partial y} = \dfrac{1}{|J|}\left(-\dfrac{\partial x^{(e)}}{\partial \eta}\dfrac{\partial \varphi_k}{\partial \xi} + \dfrac{\partial x^{(e)}}{\partial \xi}\dfrac{\partial \varphi_k}{\partial \eta} \right) \end{cases}$$

其中雅可比变换行列式为

$$\begin{cases} |J| = \dfrac{\partial x^{(e)}}{\partial \xi}\dfrac{\partial y^{(e)}}{\partial \eta} - \dfrac{\partial x^{(e)}}{\partial \eta} \\[3mm] \dfrac{\partial x^{(e)}}{\partial \xi} = \sum_{n=1}^{4} \dfrac{\partial \varphi_n}{\partial \xi}x_n^{(e)} \\[3mm] \dfrac{\partial x^{(e)}}{\partial \eta} = \sum_{n=1}^{4} \dfrac{\partial \varphi_n}{\partial \eta}x_n^{(e)} \\[3mm] \dfrac{\partial y^{(e)}}{\partial \xi} = \sum_{n=1}^{4} \dfrac{\partial \varphi_n}{\partial \xi}y_n^{(e)} \\[3mm] \dfrac{\partial y^{(e)}}{\partial \eta} = \sum_{n=1}^{4} \dfrac{\partial \varphi_n}{\partial \eta}y_n^{(e)} \end{cases}$$

将 $\partial \varphi_k / \partial x$、$\partial \varphi_k / \partial y$ 表达为 ε、η 的函数。由于 $\iint_{A^*} \mathrm{d}x\mathrm{d}y = \int_{-1}^{1}\int_{-1}^{1} |J| \mathrm{d}\xi\mathrm{d}\eta$，则 $A_{nm}^{(e)}$ 可表达为

$$A_{nm}^{(e)} = \int_{-1}^{1}\int_{-1}^{1} f(\xi,\eta)|J| \mathrm{d}\xi\mathrm{d}\eta$$

（6）总体合成　利用局部编号系统和整体编号系统的关系，即表 6-5，将局部有限元方程中的系数矩阵置于整体系数矩阵中去叠加而得到 A_{ij}，即由 e 和 n 确定 i，由 e 和 m 确定 j，则 $A_{nm}^{(e)}$ 转换为 A_{ij} 的一部分 $(A_{ij})_k$，而 $A_{ij} = \sum_{k}(A_{ij})_k$。同时，$\Psi_m^{(e)}$ 转换为 Ψ_j，$F_n^{(e)}$ 转换为 $(F_i)_k$，$F_i = \sum_{k}(F_i)_k$。最后，形成整体有限元方程

$$\sum_{j=1}^{I} A_{ij}\Psi_j = F_i \quad i = 1,2,\cdots,I \tag{6-112}$$

（7）代入边界条件　边界条件分为本质边界条件和自然边界条件。在本问题中，l_1 上为本质边界条件，l_2 上为自然边界条件。由于自然边界条件已经代入 Galerkin 积分表达式［式（6-109）］，现在只需要代入本质边界条件，因此表 6-7 只列出了本质边界条件。

代入本质边界条件，使系数矩阵与自由项向量降阶。对本问题，具有本质

边界条件的节点有 26 个，代入本质边界值，则使原 66×66 系数矩阵降为 40×40 系数矩阵。因此，式（6-112）简化为具有 40 个未知量的线性方程组。

（8）求解线性方程组 由计算机求解上述线性方程组，所得计算结果见表 6-8。

表 6-8 计算结果

序号	$x_{(m)}$	$y_{(m)}$	$\Psi/(\text{m/s})$	序号	$x_{(m)}$	$y_{(m)}$	$\Psi/(\text{m/s})$	序号	$x_{(m)}$	$y_{(m)}$	$\Psi/(\text{m/s})$
1	0.0	2.00	2.0000	23	1.5	0.40	0.3550	45	2.9	1.50	1.1732
2	0.0	1.60	1.6000	24	1.5	0.00	0.0000	46	2.9	1.25	0.7482
3	0.0	1.20	1.2000	25	2.0	2.00	2.0000	47	2.9	1.05	0.4027
4	0.0	0.80	0.8000	26	2.0	1.65	1.5623	48	2.9	0.80	0.0000
5	0.0	0.40	0.4000	27	2.0	1.30	1.1406	49	3.1	2.00	2.0000
6	0.0	0.00	0.0000	28	2.0	0.95	0.7531	50	3.1	1.75	1.5696
7	0.5	2.00	2.0000	29	2.0	0.60	0.4538	51	3.1	1.50	1.1290
8	0.5	1.60	1.5924	30	2.0	0.00	0.0000	52	3.1	1.25	0.6681
9	0.5	1.20	1.1878	31	2.5	2.00	2.0000	53	3.1	1.10	0.3754
10	0.5	0.80	0.7878	32	2.5	1.70	1.5631	54	3.1	0.92	0.0000
11	0.5	0.40	0.3925	33	2.5	1.40	1.1301	55	3.3	2.00	2.0000
12	0.5	0.00	0.0000	34	2.5	1.20	0.8447	56	3.3	1.75	1.5566
13	1.0	2.00	2.0000	35	2.5	0.80	0.3221	57	3.3	1.50	1.0983
14	1.0	1.60	1.5792	36	2.5	0.00	0.0000	58	3.3	1.25	0.6067
15	1.0	1.20	1.1667	37	2.7	2.00	2.0000	59	3.3	1.15	0.3937
16	1.0	0.80	0.7670	38	2.7	1.70	1.5341	60	3.3	0.98	0.0000
17	1.0	0.40	0.3797	39	2.7	1.50	1.2223	61	3.5	2.00	2.0000
18	1.0	0.00	0.0000	40	2.7	1.20	0.7588	62	3.5	1.77	1.5875
19	1.5	2.00	2.0000	41	2.7	0.90	0.3024	63	3.5	1.55	1.1825
20	1.5	1.60	1.5519	42	2.7	0.60	0.0000	64	3.5	1.27	0.6269
21	1.5	1.20	1.1201	43	2.9	2.00	2.0000	65	3.5	1.16	0.3867
22	1.5	0.80	0.7226	44	2.9	1.75	1.5887	66	3.5	1.00	0.0000

（9）由求得的 Ψ 值求流场中各点的流速

$$v_x = -\frac{\partial \Psi^{(e)}}{\partial x} = -\frac{\partial}{\partial x_m} \sum_{m=1}^{4} \varphi_m \Psi_m^{(e)}$$

$$v_y = \frac{\partial \Psi^{(e)}}{\partial y} = \frac{\partial}{\partial y_m} \sum_m^4 \varphi_m \Psi_m^{(e)}$$

式中，v_x、v_y 分别为流速的 x、y 分量。

6.4.4　有限元法的模拟应用

本模拟应用选自论文《有限元法在岩质边坡稳定性分析中的应用示例》[28]。

1. 模型建立

以门头沟南雁路某处岩质边坡隐患点为研究对象，建立模型。根据现场实际勘查，该边坡现状为岩质斜坡，现状边坡坡面为 261°∠39°~58°，总长约为 33.6m，最大坡高约为 23.0m，坡顶表层为植被覆盖。边坡岩性为闪长玢岩，临空面岩体完整性表现为较破碎—破碎，岩体内节理裂隙和劈理等各级结构面发育—较发育，裂隙宽度为 1.0~3.0cm，最大裂隙宽度达 6.0cm 左右，岩体呈强风化—中等风化状。边坡岩体结构以碎裂结构为主，局部表现为块体结构。边坡现状如图 6-16 所示。

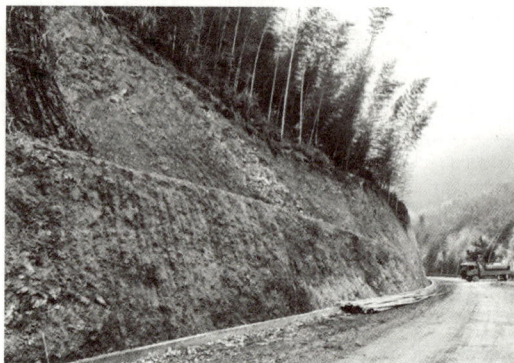

图 6-16　边坡现状

经现场勘查，该边坡坡面岩体受卸荷节理切割及风化作用使结构面和岩体抗剪强度降低，岩体裂隙发育，软硬岩体相间，硬质岩体为强风化—中风化玢岩，软弱岩层为全风化—强风化玢岩，现状边坡坡面产状为 261°∠39°~58°，软弱岩体为顺坡，主要产状为 243°∠11°~17°，该边坡有发生滑移式崩塌的潜在危险，破坏机理为软硬交界面（潜在滑面）剪切破坏。数值模型几何尺寸同实际一致，边坡宽度为 33.6m，坡面水平投影长度为 23.1m，坡高为 23.0m，坡度为 1:0.9~1:1.2，倾角约为 39°~58°。模型几何尺寸、坡面角度、软弱结构层分布位置与实际测绘数据基本一致，由于边坡两侧缺少测绘数据且不影响边坡整体稳定性，为便于计算收敛，将边坡两侧概化为直斜面，将实际坡面、软弱结构层面拟合为曲面。同时忽略风化作用造成的岩体强度不均性及其他结构面对岩体分割的影响，仅考虑主要软弱结构层（软弱夹层）存在对应力场变化的影响。

　　模型计算荷载仅考虑重力，边界约束条件将坡背、坡底按固定约束考虑，限制位移及转动；坡侧按铰约束考虑，限制位移。实体模型如图 6-17 所示，单元划分采用高阶单元划分，数值模型如图 6-18 所示（单元体尺寸 0.6～1.1m³，共划分单元 7637 个，节点 1637 个）。

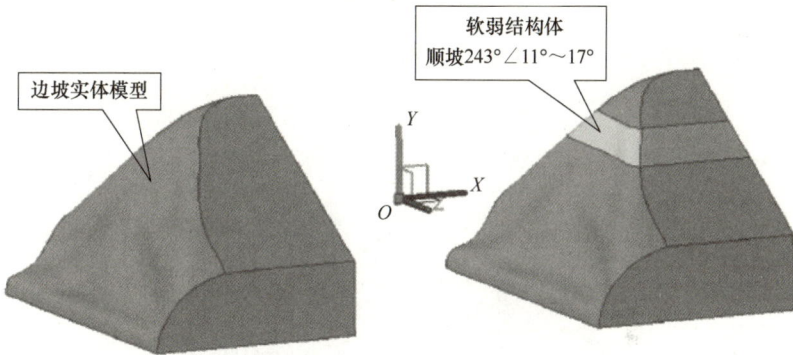

图 6-17　边坡实体模型示意图

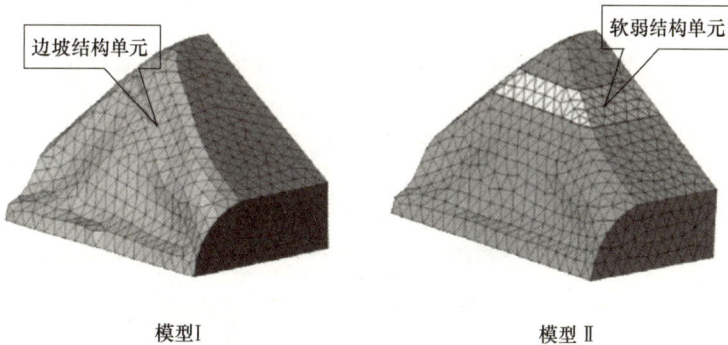

图 6-18　单元网格划分示意图

2. 计算结果

　　模型 I 位移变形结果表明位移变形最大区域为坡脚红色区域，计算最大变形为 0.00698m。位移等值线图如图 6-19 所示，实际位移量较小，为便于观察位移方向及位移量，将图 6-19 位移量按 2.5 倍进行趋势放大后如图 6-20 所示（仅视觉效果，无数值变化），位移矢量图如图 6-21 所示。

图 6-19 模型 I 位移等值线图

图 6-20 模型 I 位移等值线图（2.5 倍趋势放大）

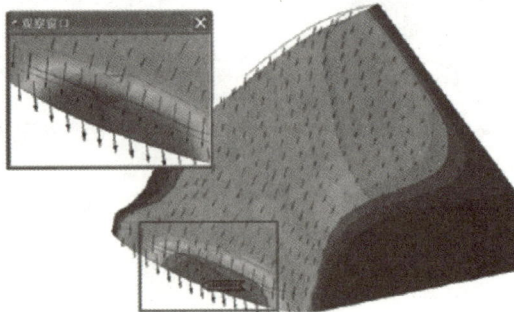

图 6-21 模型 I 位移矢量图

图 6-19~图 6-21 表明，无软弱结构体的均质岩体边坡的变形最大位置位于坡脚位置附近，变形方向近垂直于底面，具有向下位移的趋势，主要变形为压

缩变形。次要变形为坡面位移，根据图 6-21 箭头所示方向，变形方向为顺坡向下，位移方向水平夹角为 50°~60°，较边坡倾角（39°~58°）倾斜 8°~11°。当边坡岩体按均质考虑时，变形特征类似于具有较高抗剪强度（黏聚力、摩擦角）的均质土边坡。

模型Ⅱ位移变形结果位移等值线图如图 6-22 所示，位移量按 2.5 倍进行趋势放大后如图 6-23 所示，位移矢量图如图 6-24 所示。根据图 6-22~图 6-24 显示，位移变形最大区域为软弱夹层上缘部位，计算最大变形为 0.00628m。

图 6-22~图 6-24 表明，含软弱结构的边坡的最大变形位移位于软弱结构层上缘坡面处，最大位移方向与软弱结构层位置顺坡方向基本一致，滑移方向顺坡向外，滑移角度为 37°~43°，介于软弱结构层倾角与该处坡面倾角之间，边坡由软弱结构层分割成上、下两部分，上部位移量较大，具有明显向顺坡面滑移的趋势。

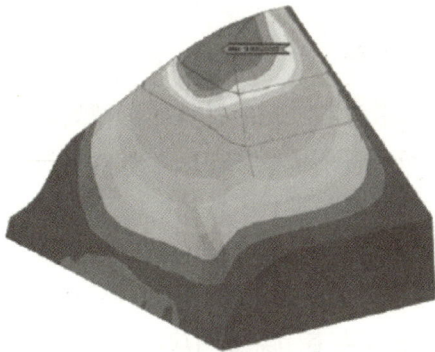

图 6-22　模型Ⅱ位移等值线图

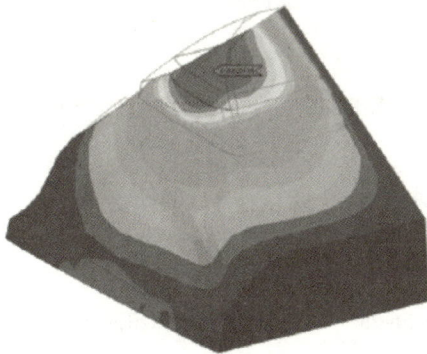

图 6-23　模型Ⅱ位移等值线图（2.5 倍趋势放大）

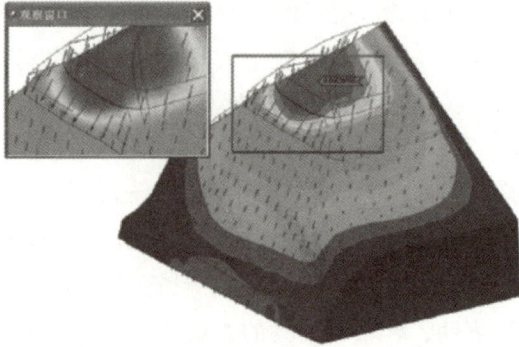

图 6-24　模型 II 位移矢量图

6.5　有限体积法

6.5.1　有限体积法的网格

有限体积法的区域离散过程：把所计算的区域划分成多个互不重叠的子区域，即计算网格，然后确定每个子区域中的节点位置及该节点所代表的控制体积。有限体积法的四个几何要素如下：

1）节点，是指需要求解的未知物理量的几何位置。

2）控制体积，是指应用控制方程或守恒定律的最小几何单位。

3）控制边界，它规定了与各节点相对应的控制体积的分界面位置。

4）网格线，是指连接相邻两节点而形成的曲线族。

图 6-25 所示为一维问题的有限体积法计算网格，图中标出了节点、控制体积、控制边界、网格线。

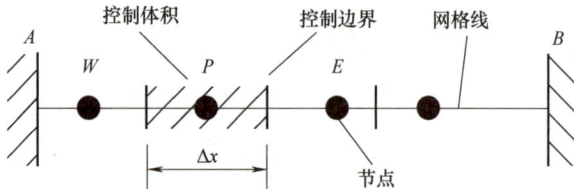

图 6-25　一维问题的有限体积法计算网格

在图 6-25 中，节点排列有序，即当给出了一个节点编号后，立即可以得出其相邻节点的编号，这种网格称为结构网格。

而近年来，还出现了非结构网格。非结构网格的节点以一种不规则的方式布置在流场中，这种网格虽然生成过程比较复杂，但却有极大的适应性，尤其对具有复杂边界的流场计算问题特别有效。图 6-26 所示为一个二维非结构网格示意图，使用的是三角形控制体积，三角形的质心是计算节点，如 C_0 点。

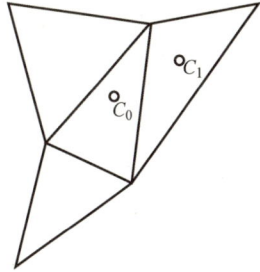

图 6-26　二维非结构网格

6.5.2　一维稳态问题

以一维稳态问题为例，对其控制微分方程，说明采用有限体积法生成离散方程的方法和过程，并对离散方程的求解做简要介绍。

1. 问题的描述

对于流体流动的控制方程，连续性方程、动量方程、能量方程都可以写成通用微分方程的形式。在此，只考虑稳态问题，可写出一维问题的控制方程为

$$\frac{\mathrm{d}(\rho u \varphi)}{\mathrm{d}x} = \frac{\mathrm{d}}{\mathrm{d}x}\left(\Gamma \frac{\mathrm{d}\varphi}{\mathrm{d}x}\right) + S \tag{6-113}$$

将式（6-113）作为一维模型方程，方程中包含对流项、扩散项及源项。方程中的 φ 是广义变量，可以是速度、浓度或温度等一些待求的物理量，Γ 是相应于 φ 的广义扩散系数，S 为广义源项。变量 φ 在端点 A、B 的边界值为已知。

2. 生成计算网格

如图 6-27 所示，在空间域上放置一系列节点，将控制体积的边界取在两个节点中间的位置，这样，每个节点由一个控制体积所包围。

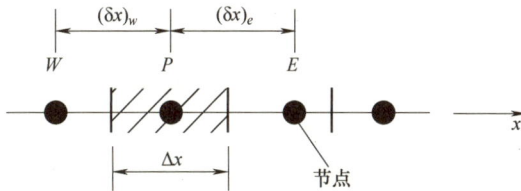

图 6-27　一维问题的计算网格

用 P 来标识一个广义节点，其东西两侧的相邻节点分别用 E、W 标识。同时，与各节点对应的控制体积也用同一字符标识。控制体积 P 的两个界面分别用 e、w 标识，两个界面的距离用 Δx 表示。节点 E 至 P 的距离用 $(\delta x)_e$ 表示，节点 W 至 P 的距离用 $(\delta x)_w$ 表示。

3. 建立离散方程

有限体积法的关键是在控制体积上对控制离散方程积分，以在控制体积节点上产生离散的方程。对一维模型方程［式（6-113）］在图 6-27 所示的控制体积 P 上积分，得

$$\int_{\Delta V} \frac{\mathrm{d}(\rho u \varphi)}{\mathrm{d}x} \mathrm{d}V = \int_{\Delta V} \frac{\mathrm{d}}{\mathrm{d}x}\left(\Gamma \frac{\mathrm{d}\varphi}{\mathrm{d}x}\right) \mathrm{d}V + \int_{\Delta V} S \mathrm{d}V \tag{6-114}$$

式中，ΔV 是控制体积的体积值。当控制体很微小时，ΔV 可表示为 $A\Delta x$，这里 A 是控制体积界面的面积（对一维问题 $A=1$）。对式（6-114）进行积分，得

$$(\rho u \varphi A)_e - (\rho u \varphi A)_w = \left(\Gamma A \frac{\mathrm{d}\varphi}{\mathrm{d}x}\right)_e - \left(\Gamma A \frac{\mathrm{d}\varphi}{\mathrm{d}x}\right)_w + S\Delta V \tag{6-115}$$

式（6-115）中的对流项和扩散项均已转化为控制体积界面上的值。有限体积法的显著特点之一是离散方程中具有明确的物理插值，即界面的物理量要通过插值的方式由节点的物理量来表示。

在有限体积法中规定，ρ、u、Γ、φ、$\mathrm{d}\varphi/\mathrm{d}x$ 等物理量均是在节点处定义和计算的。因此，为了计算界面上的这些物理参数（包括其导数），需要有一个物理参数在节点间的近似分布。可以想象，线性近似是最直接、最简单的方式，这种分布称为中心差分。

如果网格是均匀的，则离散系统 Γ 的线性插值为

$$\Gamma_e = \frac{\Gamma_P + \Gamma_E}{2}, \Gamma_w = \frac{\Gamma_W + \Gamma_P}{2}$$

$(\rho u \varphi A)$ 的线性插值为

$$(\rho u \varphi A)_e = (\rho u)_e A_e \frac{\varphi_P + \varphi_E}{2}$$

$$(\rho u \varphi A)_w = (\rho u)_w A_w \frac{\varphi_W + \varphi_P}{2}$$

扩散项的线性插值为

$$\left(\Gamma A \frac{\mathrm{d}\varphi}{\mathrm{d}x}\right)_e = \Gamma_e A_e \left[\frac{\varphi_E - \varphi_P}{(\delta x)_e}\right]$$

$$\left(\Gamma A \frac{\mathrm{d}\varphi}{\mathrm{d}x}\right)_w = \Gamma_w A_w \left[\frac{\varphi_P - \varphi_W}{(\delta x)_w}\right]$$

对于源项 S，它通常是时间和物理量 φ 的函数，为简化处理，经常将 S 做如下线性处理，即

$$S = S_C + S_P \varphi_P$$

式中，S_C 是常数；S_P 是随时间和物理量 φ 变化的项。

将以上各式代入式（6-115）中，得

$$(\rho u)_e A_e \frac{\varphi_P + \varphi_E}{2} - (\rho u)_w A_w \frac{\varphi_W + \varphi_P}{2}$$

$$= \Gamma_e A_e \left[\frac{\varphi_E - \varphi_P}{(\delta x)_e} \right] - \Gamma_w A_w \left[\frac{\varphi_P - \varphi_W}{(\delta x)_w} \right] + (S_C + S_P \varphi_P) \Delta V$$

整理后得

$$\left[\frac{\Gamma_e}{(\delta x)_e} A_e + \frac{\Gamma_w}{(\delta x)_w} A_w - S_P \Delta V \right] \varphi_P$$

$$= \left[\frac{\Gamma_w}{(\delta x)_w} A_w + \frac{(\rho u)_w}{2} A_w \right] \varphi_W + \left[\frac{\Gamma_e}{(\delta x)_e} A_e - \frac{(\rho u)_e}{2} A_e \right] \varphi_E + S_C \Delta V$$

记为

$$a_P \varphi_P = a_W \varphi_W + a_E \varphi_E + b \tag{6-116a}$$

式中

$$a_W = \frac{\Gamma_w}{(\delta x)_w} A_w + \frac{(\rho u)_w}{2} A_w, \quad a_E = \frac{\Gamma_e}{(\delta x)_e} A_e - \frac{(\rho u)_e}{2} A_e$$

$$a_P = \frac{\Gamma_e}{(\delta x)_e} A_e + \frac{\Gamma_w}{(\delta x)_w} A_w - S_P \Delta V = a_E + a_w + \frac{(\rho u)_e}{2} A_e - \frac{(\rho u)_w}{2} A_w - S_P \Delta V$$

$$b = S_C \Delta V$$

对于一维问题，控制体积界面 e 和 w 处的面积 A_e 和 A_w 均为 1，即单位面积，于是 $\Delta V = \Delta x$，上面的系数可简化为

$$a_W = \frac{\Gamma_w}{(\delta x)_w} + \frac{(\rho u)_w}{2}, \quad a_E = \frac{\Gamma_e}{(\delta x)_e} - \frac{(\rho u)_e}{2}$$

$$a_P = a_E + a_W + \frac{(\rho u)_e}{2} - \frac{(\rho u)_w}{2} - S_P \Delta x, \quad b = S_C \Delta x$$

在二维和三维的情况下，相邻节点的数目会增加，但离散方程仍保持式（6-116a）的形式，可将该式缩写为

$$a_P \varphi_P = \sum a_{nb} \varphi_{nb} + b \tag{6-116b}$$

式中，下标 nb 为相邻节点；$\sum$ 表示对所有相邻点求和。

4. 离散方程的求解

为了求解给定的流动问题，必须在整个计算域的每一个节点上建立式（6-116b）所示的离散方程，从而每个节点上都有一个相应的方程。这些方程组成了一个含有节点未知量的线性代数方程组。求解这个方程组，就可以得到物理量 φ 在

各节点处的值。

6.5.3 常用的离散格式

在使用有限体积法建立离散方程时，很重要的一步是将控制体积界面上的物理量及其导数通过节点物理量插值求出。不同的离散方式对应于不同的离散结果，因此，插值方式常称为离散格式。

1. 术语与约定

选取一维、稳态、无源项的对流-扩散问题为讨论对象，已知速度场为 u。

$$\frac{\mathrm{d}(\rho u\varphi)}{\mathrm{d}x} = \frac{\mathrm{d}}{\mathrm{d}x}\left(\Gamma\frac{\mathrm{d}\varphi}{\mathrm{d}x}\right) \tag{6-117}$$

流动必须满足连续性方程，有

$$\frac{\mathrm{d}(\rho u)}{\mathrm{d}x} = 0 \tag{6-118}$$

在图 6-28 所示控制体积 P 上对式（6-117）进行积分，得

$$(\rho uA\varphi)_e - (\rho uA\varphi)_w = \left(\Gamma A\frac{\mathrm{d}\varphi}{\mathrm{d}x}\right)_e - \left(\Gamma A\frac{\mathrm{d}\varphi}{\mathrm{d}x}\right)_w \tag{6-119}$$

对式（6-119）进行积分，得

$$(\rho uA)_e - (\rho uA)_w = 0 \tag{6-120}$$

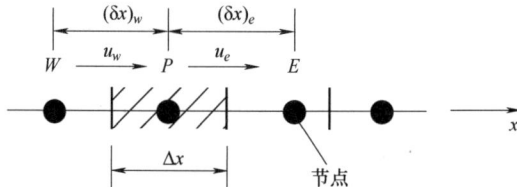

图 6-28　控制体积 P 及界面上的流速

为了得到对流-扩散方程的离散方程，必须对界面上的物理量做某种近似处理。为了后面讨论方便，定义两个新的物理量 F 及 D，其中 F 表示通过界面上单位面积的对流质量通量，D 表示界面的扩散传导性。

$$F = \rho u, D = \frac{\Gamma}{\delta x}$$

这样，F、D 在控制体积界面上的值分别为

$$F_w = (\rho u)_w, F_e = (\rho u)_e$$

$$D_w = \frac{\Gamma_w}{(\delta x)_w}, D_e = \frac{\Gamma_e}{(\delta x)_e}$$

在此基础上，定义一维单元的佩克莱（Peclet）数 Pe 为

$$Pe = \frac{F}{D} = \frac{\rho u}{\Gamma / \delta x}$$

式中，Pe 为对流与扩散的强度之比。

可以想象，当 $Pe = 0$ 时，对流-扩散问题演变为纯扩散问题，即流场中没有流动，只有扩散；当 $Pe > 0$ 时，流体沿正 x 方向流动，当 Pe 很大时，对流-扩散问题演变为纯对流问题，扩散作用可以忽略；当 $Pe < 0$ 时，情况正好相反。

此外，假定：

1）在控制体积 P 的界面 e、w 处，$A_w = A_e = A$。

2）方程右端的扩散项，总是用中心差分格式来表示。

于是，式（6-119）可写为

$$F_e \varphi_e - F_w \varphi_w = D_e (\varphi_E - \varphi_P) - D_w (\varphi_P - \varphi_W) \qquad (6\text{-}121)$$

同时，式（6-120）的积分结果为

$$F_e - F_w = 0 \qquad (6\text{-}122)$$

为了简化问题的讨论，假定速度场已通过某种方式变为已知，则 F_e、F_w 便已知。为了求解式（6-121），需要计算广义未知量 φ 在界面 e、w 处的值，必须确定界面物理量如何通过节点物理量来插值表示。

2. 中心差分格式

中心差分格式是指界面上的物理量采用线性插值公式来计算。对于一给定的均匀网格，写出控制体积界面上物理量 φ 的值。

$$\varphi_e = \frac{\varphi_P + \varphi_E}{2}, \varphi_w = \frac{\varphi_P + \varphi_W}{2}$$

将上式代入式（6-121）中的对流项，而扩散项通常总是采用中心差分格式进行离散。

$$\frac{F_e}{2}(\varphi_P + \varphi_E) - \frac{F_w}{2}(\varphi_W + \varphi_P) = D_e(\varphi_E - \varphi_P) - D_w(\varphi_P - \varphi_W)$$

上式改写为

$$\left[\left(D_w - \frac{F_w}{2} \right) + \left(D_e + \frac{F_e}{2} \right) \right] \varphi_P = \left(D_w + \frac{F_w}{2} \right) \varphi_W + \left(D_e - \frac{F_e}{2} \right) \varphi_E$$

引入连续性方程的离散形式［式（6-122）］，上式变为

$$\left[\left(D_w - \frac{F_w}{2} \right) + \left(D_e + \frac{F_e}{2} \right) + (F_e - F_w) \right] \varphi_P = \left(D_w + \frac{F_w}{2} \right) \varphi_W + \left(D_e - \frac{F_e}{2} \right) \varphi_E$$

将上式中的 φ_P、φ_W、φ_E 前的系数分别用 a_P、a_W、a_E 表示，得到中心差分

格式的对流-扩散方程的离散方程，即

$$a_P\varphi_P=a_W\varphi_W+a_E\varphi_E \qquad (6\text{-}123)$$

式中，$a_W=D_w+F_w/2$，$a_E=D_e-F_e/2$，$a_P=a_W+a_E+(F_e-F_w)$。

依此可以写出所有网格节点（控制体积中心点）上具有式（6-123）形式的离散方程，从而组成一个线性代数方程组，求解这一方程，可得未知量 φ 在空间的分布。

可以证明，当 $Pe<2$ 时，中心差分格式的计算结果与精确解基本吻合；但当 $Pe>2$ 时，中心差分格式所得的解就完全失去了物理意义。

3. 一阶迎风格式

在中心差分格式中，界面 w 处的物理量 φ 的值总是同时受到 φ_P、φ_W 的共同影响。在一个对流占据主导地位的由西向东的流动中，上述处理方式明显是不合理的。这是由于界面 w 应该受到来自于节点 W 比来自于节点 P 更强烈的影响。迎风格式在确定界面的物理量时，则考虑了流动方向，如图6-29所示。

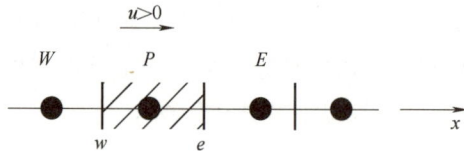

图 6-29　一阶迎风格式示意图

一阶迎风格式规定，因对流造成的界面上的 φ 值被认为等于上游节点（迎风侧节点）的 φ 值。于是，当流动沿着正方向，即 $u_w>0$、$u_e>0(F_w>0$、$F_e>0)$ 时，存在

$$\varphi_w=\varphi_W,\ \varphi_e=\varphi_P$$

此时，离散方程［式（6-121）］变为

$$F_e\varphi_P-F_w\varphi_W=D_e(\varphi_E-\varphi_P)-D_w(\varphi_P-\varphi_W)$$

同样，引入连续性方程的离散形式［式（6-122）］，上式变为

$$[(D_w+F_w)+D_e+(F_e-F_w)]\varphi_P=(D_w+F_w)\varphi_W+D_e\varphi_E$$

当流动沿着负方向，即 $u_w<0$、$u_e<0(F_w<0$、$F_e<0)$ 时，一阶迎风格式规定

$$\varphi_w=\varphi_P,\ \varphi_e=\varphi_E$$

此时，离散方程［式（6-121）］变为

$$F_e\varphi_E-F_w\varphi_P=D_e(\varphi_E-\varphi_P)-D_w(\varphi_P-\varphi_W)$$

即

$$\left[D_w+(D_e-F_e)+(F_e-F_w)\right]\varphi_P=D_w\varphi_W+(D_e-F_e)\varphi_E$$

综合以上的方程，将上式中的 φ_P、φ_W、φ_E 前的系数分别用 a_P、a_W、a_E 表示，得到一阶迎风格式的对流-扩散方程的离散方程。

$$a_P\varphi_P=a_W\varphi_W+a_E\varphi_E \tag{6-124}$$

式中，

$$a_P=a_W+a_E+(F_e-F_w)$$

$$a_W=D_w+\max(F_w,0)$$

$$a_E=D_e+\max(0,-F_e)$$

这里，界面上未知量恒取上游节点的值，而中心差分则取上、下游节点的算术平均值，这是两种格式间的根本区别。由于这种迎风格式具有一阶精度，因而称为一阶迎风格式。

4. 二阶迎风格式

二阶迎风格式（图 6-30）与一阶迎风格式的相同点在于，两者都通过上游单元节点的物理量来确定控制体积界面的物理量。但二阶迎风格式不仅要用到上游最近一个节点的值，还要用到另一个上游节点的值。

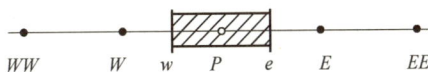

图 6-30　二阶迎风格式示意图

二阶迎风格式规定，当流动沿着正方向，即 $u_w>0$、$u_e>0$（$F_w>0$、$F_e>0$）时，有

$$\varphi_w=\frac{3}{2}\varphi_W-\frac{1}{2}\varphi_{WW},\varphi_e=\frac{3}{2}\varphi_P-\frac{1}{2}\varphi_W$$

此时离散方程 [式（6-121）] 变为

$$F_e\left(\frac{3}{2}\varphi_P-\frac{1}{2}\varphi_W\right)-F_w\left(\frac{3}{2}\varphi_W-\frac{1}{2}\varphi_{WW}\right)=D_e(\varphi_E-\varphi_P)-D_w(\varphi_P-\varphi_W)$$

整理得

$$\left(\frac{3}{2}F_e+D_e+D_w\right)\varphi_P=\left(\frac{3}{2}F_w+\frac{1}{2}F_e+D_w\right)\varphi_W+D_e\varphi_E-\frac{1}{2}F_w\varphi_{WW}$$

当流动方向沿着负方向，即 $u_w<0$、$u_e<0$（$F_w<0$、$F_e<0$）时，二阶迎风格式规定

$$\varphi_w=\frac{3}{2}\varphi_P-\frac{1}{2}\varphi_E,\varphi_e=\frac{3}{2}\varphi_E-\frac{1}{2}\varphi_{EE}$$

此时，离散方程为

$$F_e\left(\frac{3}{2}\varphi_E-\frac{1}{2}\varphi_{EE}\right)-F_w\left(\frac{3}{2}\varphi_P-\frac{1}{2}\varphi_E\right)=D_e(\varphi_E-\varphi_P)-D_w(\varphi_P-\varphi_W)$$

整理得

$$\left(D_e-\frac{3}{2}F_w+D_w\right)\varphi_P=D_w\varphi_W+\left(D_e-\frac{3}{2}F_e-\frac{1}{2}F_w\right)\varphi_E+\frac{1}{2}F_e\varphi_{EE}$$

综合以上各式，将式中 φ_P、φ_W、φ_{WW}、φ_E、φ_{EE} 前的系数分别用 a_P、a_W、a_{WW}、a_E、a_{EE} 表示，得到二阶迎风格式的对流-扩散方程的离散方程。

$$a_P\varphi_P=a_W\varphi_W+a_{WW}\varphi_{WW}+a_E\varphi_E+a_{EE}\varphi_{EE} \tag{6-125}$$

式中，

$$a_P=a_E+a_W+a_{EE}+a_{WW}+(F_e-F_w)$$

$$a_W=\left(D_w+\frac{3}{2}\alpha F_w+\frac{1}{2}\alpha F_e\right)$$

$$a_E=\left[D_e-\frac{3}{2}(1-\alpha)F_e-\frac{1}{2}(1-\alpha)F_{we}\right]$$

$$a_{WW}=-\frac{1}{2}\alpha F_w$$

$$a_{EE}=\frac{1}{2}(1-\alpha)F_e$$

其中，当流动沿着正方向，即 $F_w>0$ 及 $F_e>0$ 时，$\alpha=1$；当流动沿着负方向，即 $F_w<0$ 及 $F_e<0$ 时，$\alpha=0$。

二阶迎风格式可以看作在一阶迎风格式的基础上，考虑了物理量在节点间分布曲线的曲率影响。其离散方程具有二阶精度。这一格式的显著特点是，单个方程不仅包括了相邻节点的未知量，还包括了相邻节点旁边的其他节点的物理量。

6.5.4　有限体积法的基本法则

1. 控制体积交界面上的连续性原则

当一个表面为相邻的两个控制体积所共有时，在这两个控制体积的离散方程中，通过该界面的通量（包括热通量、质量流量、动量流量）的表达式必须相同。显然，对于某特定界面，从一个控制体积所流出的热通量，必须等于进入相邻控制体积的热通量，否则，总体平衡就得不到满足。

2. 正系数原则

在任何输运过程中，物理量总是在连续变化。计算域内任意一物理量升高时，必然引起邻近节点相应物理量的升高，而绝不能降低，否则连续性将被破坏。

这一性质反映在标准形式的离散方程中，所有变量的系数的正负号必须相同。不妨规定：离散方程的系数全为正值，称为正系数原则。

3. 源项线性化负斜率原则

在大多数物理过程中，源项及应变量之间存在负斜率关系。如果 S_P 为正值，物理过程可能不稳定。如在热传导问题中，S_P 为正，意味着 T_P 增加时，源项热源也增加，如果没有有效的散热机构，可能会反过来导致 T_P 增加，如此反复下去，会造成温度飞升的不稳定现象。从数值计算角度来看，保持 S_P 负值，可避免出现计算不稳定和结果不合理的现象。

4. 系数 a_P 等于相邻节点系数的原则

控制方程一般是微分方程，除源项外，变量都以微分形式出现。若 φ 是控制方程的解，则 $\varphi+C$ 也一定是这个方程的解。微分方程的这一性质也必须反映在相应的离散代数方程中。因此，中心节点的系数 a_P 必须等于所有相邻节点系数之和，即 $a_P = \sum a_{nb}$。

6.5.5　有限体积法的模拟应用

1. 数值模拟

图 6-31 所示为运用有限元前处理软件建立的三维局部溃坝的几何模型。模型总长为 250.0m，高度为 25.0m，流体区域宽为 100.0m，溃坝坝体位于上游 100.0m 距离处。研究的工况上游水深为 20.0m，下游有水，水深为 6.0m。坝体的溃决口位于河道中间，溃决宽度为 30.0m，高度方向上瞬时全溃。三维局部溃坝物理模型的网格划分结果如图 6-32 所示，网格采用 mesh 模块进行划分，划分的方法为全结构化网格，网格划分的单元尺寸为 0.5m，划分完成后，共有 623530 个单元，659126 个节点。

大坝的溃决形式可分为局部溃坝和瞬时全溃，在实际的溃坝过程中国内 90% 以上的土石坝的破坏形式呈现局部溃坝，瞬时全溃的情况较少，因而研究局部溃坝的情况具有很强的现实指导意义。局部溃坝的计算一般有两种方法：一种是基于局部溃口等关键参数设定的模型；另一种是通过建立水位、库容、坝高等参数的回归方程来进行计算研究。这类方法一般计算简单，可用于粗略计算中，但精度和稳定度上得不到很好的保障。

利用流体计算软件 FLUENT 进行数值模拟计算，该方法基于 N-S 方程进行求解，采用 RNG k-ε 湍流模型对方程组进行封闭，通过有限体积法对方程进行离散，对溃坝水流进行分析。求解计算的边界包括固壁边界和压力出口边界，其中，四

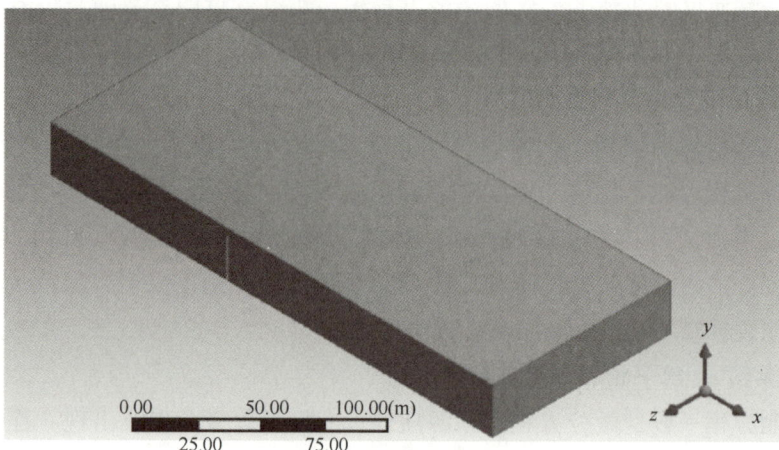

图 6-31 三维局部溃坝物理模型

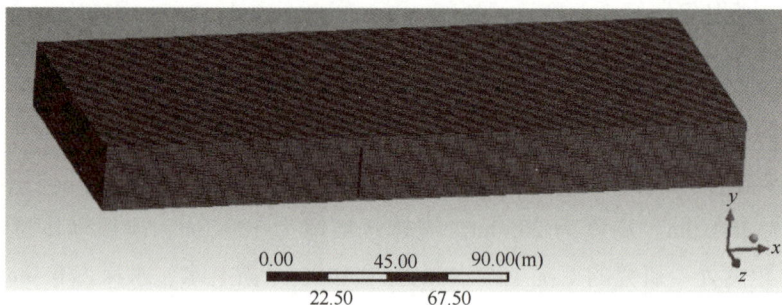

图 6-32 三维局部溃坝物理模型网格划分示意图

周边界及坝体固壁边界，水面上方为压力出口。溃坝中坝体的破坏简化为刚体运动，故不考虑坝体材质的影响，设置初始时刻水池中的水体长度为 100.0m，宽度为 100.0m，高度为 20.0m。计算的时间步长为 0.01s，总计算时长为 16.0s。

2. 计算结果

数值计算完成后，自由液面不同时刻的波动变化情况如图 6-33 所示。记录了 0.0s、2.0s、4.0s、6.0s、8.0s、10.0s、12.0s 和 14.0s 共 8 个时间点的波面发展变化情况，从图 6-33 中可知，局部溃坝发生后，流体将势能转化为动能，上游溃决水流推动下游水流形成溃坝波，初始时刻 2.0~4.0s 溃坝波最高，随着波的传递，波高逐渐减小。从 2.0s 到 6.0s，溃坝波传播时呈扇形向四周发散，6.0s 以后，溃坝波逐步形成全河道的传播形式，两岸的水面壅高情况要大于中间位置。

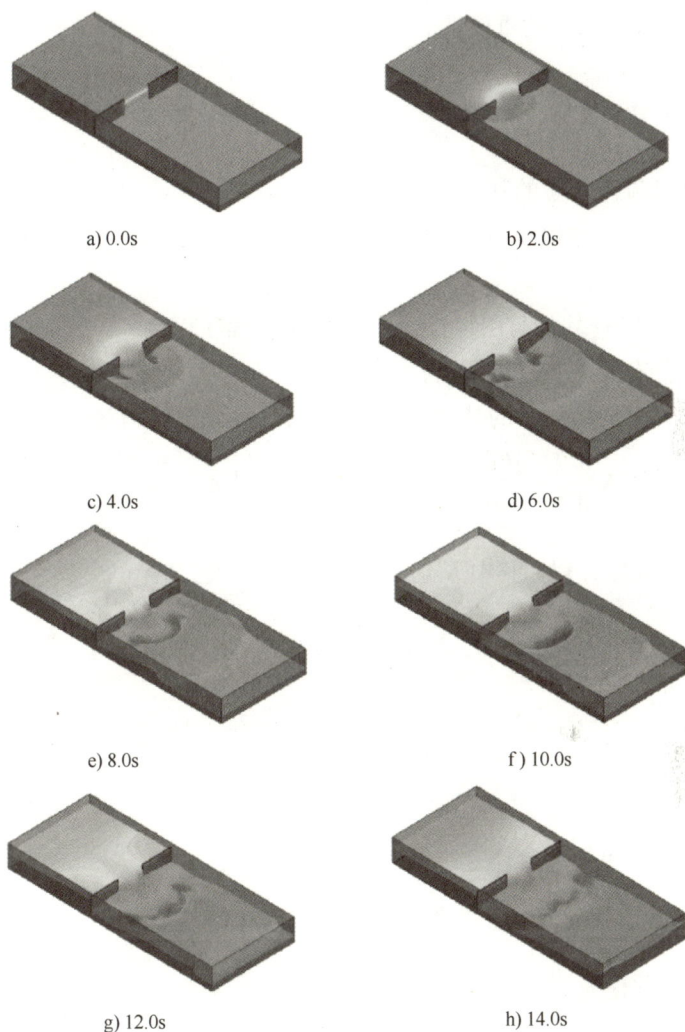

a) 0.0s

b) 2.0s

c) 4.0s

d) 6.0s

e) 8.0s

f) 10.0s

g) 12.0s

h) 14.0s

图 6-33　各时刻水面变化情况

思 考 题

6-1　简述计算流体力学的特点及其应用领域。

6-2　什么是差分方程的相容性？

6-3　什么是差分解的收敛性、稳定性？

6-4　描述收敛性与稳定性关系的 Lax 定理，并指出其适用范围。

6-5　网格在 CFD 计算中有怎样的作用？目前比较常用的网格类型都有哪些？

6-6　从差分方程所对应的修正方程出发，论述计算网格以及高精度差分格式对 N-S 方程数值求解的重要性。

📝 习 题

6-1 计算流体力学的基本任务是什么？

6-2 研究微分方程通用形式的意义何在？请分析微分方程通用形式中各项的意义。

6-3 商用 CFD 软件与用户自行设计的 CFD 程序相比，各有何优势？常用的商用 CFD 软件有哪些？特点如何？

6-4 简述有限体积法的基本思想，说明其使用的网格有何特点。

6-5 对方程 $K\dfrac{\mathrm{d}^2T}{\mathrm{d}x^2}+\dfrac{\mathrm{d}K\mathrm{d}T}{\mathrm{d}x\mathrm{d}x}+S=0$，必用均匀网格 $\left[\Delta x=(\delta x)_e=(\delta x)_x\right]$ 推导

有限体积法的离散方程。其中 K 是 x 的函数，$\dfrac{\mathrm{d}K}{\mathrm{d}x}$ 为已知。可令 $\dfrac{\mathrm{d}T}{\mathrm{d}x}=\dfrac{T_E-T_W}{2\Delta x}$。

6-6 讨论扩散方程 $\dfrac{\partial u}{\partial t}=\beta\dfrac{\partial^2 u}{\partial x^2}$ 的差分格式

$$\frac{3u_i^{n+1}-u_i^n}{2t}-\frac{u_i^n-u_i^{n-1}}{2t}=\beta\frac{u_{i+1}^{n+1}-2u_i^{n+1}+u_{i-1}^{n+1}}{\Delta x^2}$$

的精度（$\beta>0$）。

6-7 理想不可压缩流体一维流动的欧拉方程为

$$\frac{\partial u}{\partial t}+u\frac{\partial u}{\partial x}=-\frac{1}{\rho}\frac{\partial p}{\partial x}$$

其守恒型方程为

$$\frac{\partial u}{\partial t}+\frac{\partial}{\partial x}\left(\frac{u^2}{2}\right)=-\frac{1}{\rho}\frac{\partial p}{\partial x}$$

在流动数值计算中，一般用守恒型方程进行数值计算。试按上述守恒型方程分别构造显式、隐式格式。

6-8 用有限元法求解下列问题

$$\frac{\mathrm{d}^2 u}{\mathrm{d}x^2}-u=0,0<x<2$$

边界条件为 $u(0)=1$，$u(2)=e^2=7.389$。剖分为四段，共 5 个节点的近似值，并与精确解 $u=e^x$ 比较，其最大误差为多少？

第7章

量纲分析与相似理论

7.1 量纲分析

实验研究是科学研究中的主要方法之一。流体力学实验研究是指用人为控制的方法对所要研究的流动现象或过程进行观察和测量，其目的如下：①重复实现和观察某流动现象或过程，以便获得充分的感性认识和掌握其物理本质；②测量有关的物理量，从中找出这些物理量之间带规律性的关系；③验证理论分析或数值计算的结果，检验设计和施工方案的可行性。实验方法分为原型实验和模型实验两种，前者可直接得出反映实际流动的规律性结果，但往往受到原型尺寸过大、过小或流动过于复杂难于控制和测量的限制；实验室中的流体力学实验通常以后者为主[29]。本章主要讨论进行流体力学模型实验时应遵循的相似原理和准则，以及推导相似准则的理论基础和方法。

在相似原理和准则的指导下，模型实验将尺寸过大的原型缩小，将尺寸过小的原型放大，将过于复杂的原型简化，以便于在实验室内进行有效控制下的实验观察和测量。这种研究方法至少有如下优点：

1）减少原型实验的费用。如果直接对飞机、船舶、桥梁、建筑物、流体机械等原型进行实验，不仅需耗费巨大的资金、人力和物力，而且这些原型往往是设计中的对象，因此无法进行原型实验。

2）简化实验过程。模型实验根据相似原理中的相似准则数来设计和组织实验，相似准则数是多个相关物理量的组合量，在模型实验中按相似准则数实现过程控制和测量，可大大减少实验次数，显著提高工作效率。

3）科学地表达实验结果。按无量纲的相似准则数整理和表达实验数据，可使实验曲线更具有代表性和适用性，有利于将模型实验结果推广应用到原型中去[30]。

量纲分析是确定相似准则的一种主要方法。它通过揭示物理量量纲之间存在的内在联系，对物理现象进行定性或半定量分析。量纲分析法不仅用于指导模型实验，而且为理论分析提供重要信息，是研究新现象、开发新领域中行之有效的分析手段，广泛应用于包括流体力学在内的许多学科领域中[31]。

1. 物理量的量纲

量纲（Dimension）是指物理量的基本属性。物理学的研究可定量地描述各种物理现象，描述中所采用的各类物理量之间有着密切的关系，即它们之间具有确定的函数关系。为了准确地描述这些关系，物理量可分为基本量和导出量。基本量是具有独立量纲的物理量，导出量是指其量纲可以表示为基本量量纲组合的物理量；一切导出量均可从基本量中导出，由此建立了整个物理量之间的函数关系。这种函数关系通常称为量制。对于基本量而言，其量纲为其自身。在物理学发展的历史上，先后曾建立过各种不同的量制：CGS 量制、静电量制、高斯量制等。1971 年后，国际上普遍采用了国际单位制（简称 SI），选定了由 7 个基本量构成的量制，导出量均可用这 7 个基本量导出。7 个基本量的量纲分别用长度 L、质量 M、时间 T、电流强度 I、温度 Θ、物质的量 n 和光强度 J 表示，则任意一个导出量的量纲可表示为

$$\dim A = L^{\alpha} M^{\beta} T^{\gamma} I^{\delta} \Theta^{\varepsilon} n^{\zeta} J^{\eta} \tag{7-1}$$

表 7-1 中列举了国际单位制中的导出量的量纲。

表 7-1　导出量量纲（SI）

常用量	导出量量纲
速度	$\dim V = LT^{-1}$
加速度	$\dim g = LT^{-2}$
体积流量	$\dim Q = L^3 T^{-1}$
质量流量	$\dim m = MT^{-1}$
密度	$\dim \rho = ML^{-3}$
重度	$\dim \rho g = ML^{-2} T^{-2}$
力	$\dim F = MLT^{-2}$
力矩	$\dim L = ML^2 T^{-2}$
压强、应力、弹性模量	$\dim p = \dim \tau = \dim K = ML^{-1} T^{-2}$
黏度	$\dim \mu = ML^{-1} T^{-1}$
运动黏度	$\dim \nu = L^2 T^{-1}$

（续）

常用量	导出量量纲
角速度	$\dim\omega = T^{-1}$
角加速度	$\dim\dot{\omega} = T^{-2}$
应变率	$\dim\varepsilon_{xx} = \dim\gamma = T^{-1}$
惯性矩、惯性积	$\dim I_x = \dim I_{xy} = L^4$
动量	$\dim p = MLT^{-1}$
动量矩	$\dim L = ML^2T^{-1}$
能量、功、热能	$\dim E = \dim W = \dim Q = ML^2T^{-2}$
功率	$\dim\dot{W} = ML^2T^{-3}$
表面张力系数	$\dim\sigma = MT^{-2}$
比定压（容）热容	$\dim c_p = \dim c_V = L^2T^{-2}\Theta^{-1}$
导热系数	$\dim k = MLT^{-3}\Theta^{-1}$
比熵	$\dim s = ML^2T^{-2}\Theta^{-1}$
比焓、内能	$\dim h = \dim e = L^2T\Theta^{-1}$

导数和积分的量纲为

$$\dim\frac{dy}{dx} = \dim\frac{y}{x}$$

$$\dim\frac{d^2y}{dx^2} = \dim\frac{y}{x^2} \tag{7-2}$$

$$\dim\int_a^b y\,dx = \dim yx$$

2. 量纲齐次性原理

只有同类的物理量才可以相互比较其大小，这是科学研究中的共识。若用量纲表示物理量的类别，则被比较的物理量必须量纲相同，被称为量纲一致性原则。物理方程描述同类物理量（如力、动量、功、能量等）之间的定量关系，若将物理方程中的各项均用基本量纲的量纲幂次式表示，则各项的基本量纲必须齐次，称为物理方程的量纲齐次性原理。以单位体积流体沿流线运动的伯努利方程为例：

$$\frac{1}{2}\rho v^2 + \rho gz + p = 常数（沿流线） \tag{7-3}$$

式（7-3）左边各项分别表示单位体积流体的动能、位置势能和压强势能，右边的常数为总机械能值。用量纲幂次式表示：

$$\text{dim}\frac{1}{2}\rho v^2 = (\text{ML}^{-3})(\text{LT}^{-1})^2 = \text{ML}^{-1}\text{T}^{-2}$$

$$\text{dim}(\rho gz) = (\text{ML}^{-3})(\text{LT}^{-2})\text{L} = \text{ML}^{-1}\text{T}^{-2}$$

$$\text{dim}p = \text{ML}^{-1}\text{T}^{-2} \tag{7-4}$$

可以断定，方程右边的常数是有量纲的常数，而且其量纲幂次式为

$$\text{dim}(\text{常数}) = \text{ML}^{-1}\text{T}^{-2} \tag{7-5}$$

量纲齐次性原理表明，在一流动过程中各相关物理量可组成若干个量纲齐次的组合量，这些组合量之间的关系反映了该流动过程中各物理量在量纲上的相互制约关系，这是可以对任意流动过程中相关物理量进行量纲分析的物理基础。既然物理方程是量纲齐次的，那么必可以将其化为无量纲形式，避开物理量大小和单位的牵制，使其更具一般性[32]。例如，在重力影响可以忽略的不可压缩无黏性流体的定常流动中，可得

$$\frac{1}{2}\rho v^2 + p = \frac{1}{2}\rho v_0^2 + p_0 \text{（沿流线）} \tag{7-6}$$

式（7-6）左边就是无量纲的压强系数 C_p，在流场中它仅取决于各点的无量纲速度 $v^* = v/v_0$。将式（7-6）用于不可压缩无黏性流体绕圆柱的定常流动时，可得到在任何大小的圆柱表面上均相同的压强系数分布式。

将式（7-6）用于直圆管流动时，式中的速度可用平均速度 V 表示。由连续性方程

$$\frac{V}{V_0} = \frac{A_0}{A} = \frac{d_0^2}{d^2} \tag{7-7}$$

下标 0 表示特征量，式（7-6）可化为

$$\frac{p - p_0}{\frac{1}{2}\rho V_0^2} = 1 - \frac{d^4}{d_0^2} \tag{7-8}$$

式（7-8）表明不可压缩无黏性流体沿直径改变的直圆管中做定常流动时，任意截面上的压强系数仅由该截面的无量纲管径决定。

7.2　量纲分析与 Π 定理

量纲分析法主要用于分析物理现象中的未知规律，通过对有关的物理量进行量纲幂次分析，将它们组合成无量纲形式的组合量，用无量纲参数之间的关

系代替有量纲的物理量之间的关系，揭示物理量之间在量纲上的内在联系，降低变量数目，用于指导理论分析和实验研究。量纲分析的概念最早可追溯到欧拉（1765 年）和傅里叶（J. Fourier，1822 年），明确提议将量纲分析作为一种分析方法的是瑞利（1877 年），而奠定量纲分析理论基础的是白金汉（E. Buckingham，1914 年），他提出了 Π 定理，又称为白金汉 Π 定理[33]。

7.2.1　Π 定理

Π 定理描述了在任意物理过程或物理方程中所有相关的有量纲物理量与相应的无量纲参数之间在数量上和量纲上的关系。定理可分为两部分：第一部分说明可组成多少个独立的无量纲参数；第二部分说明如何确定每一个无量纲参数。

1）若一个方程包含了 n 个物理量，每个物理量的量纲均由 r 个独立的基本量纲组成，则这些物理量可以并只可以组合成 $n-r$ 个独立的无量纲参数，称为 Π 数。例如，在流体力学中独立的基本量有 4 个：M、L、T、Θ，若不考虑温度效应则一般指前三个，即 $r=3$。设某流动过程可用 n 个物理量描述，如 x_1，x_2，$\cdots$，x_n；按 Π 定理这 n 个物理量可以并只可以合成 $n-3$ 个独立的 Π 数。

2）选择 r 个独立的物理量为基本量，将其余 $n-r$ 个物理量作为导出量，依次同基本量做组合量纲分析，可求得相互独立的 $n-r$ 个 Π 数。设原来的方程为

$$x_1 = \phi(x_2, x_3, \cdots, x_n) \tag{7-9}$$

经过量纲分析后，由相互独立的 $n-r$ 个 Π 数组成新的方程：

$$\Pi_1 = f(\Pi_2, \Pi_3, \cdots, \Pi_{n-r}) \tag{7-10}$$

7.2.2　量纲分析法

1. 量纲分析法的一般步骤

分析圆球在静止黏性流体中运动时所受到的阻力是一个具有理论和实际意义的经典问题，但至今为止还没有获得完整的解析解（虽然有不同近似程度的数值解），因为在不同的运动速度阶段阻力规律是不同的，特别是尾部分离区对阻力的影响是一个尚不能完全用解析方法分析的复杂问题。前人对此做过大量实验，积累了完整的实验曲线。这里以光滑圆球在黏性流体中的运动阻力为例说明量纲分析法的一般步骤。

第 1 步，列举所有相关的物理量。在本例中相关的物理量包括 F_D（阻力）、ρ（流体密度）、V（圆球速度）、d（圆球直径）和 μ（流体黏度），共 5 个量，

组成关系式:

$$F_D = \phi(\rho, V, d, \mu) \tag{7-11}$$

第 2 步，选择包含不同基本量纲的物理量为基本量（或称为重复量，取 3 个）。在本例中 ρ 包含质量量纲，V 包含时间量纲，d 包含长度量纲，它们相互独立，可选择为基本量。

第 3 步，将其余物理量作为导出量，分别与基本量的幂次式组成 Π 表达式。

在本例中导出量有 $5-3=2$ 个，即 F_D 和 μ，它们的 Π 表达式分别为

$$\Pi_1 = \rho^{a_1} V^{b_1} d_1^{c_1} F_D$$
$$\Pi_2 = \rho^{a_2} V^{b_2} d^{c_2} \mu \tag{7-12}$$

第 4 步，用量纲幂次式求解每个 Π 表达式中的指数，组成 Π 数。

在本例中 Π_1 的量纲幂次式为

$$M^0 L^0 T^0 = (ML^{-3})^{a_1} (LT^{-1})^{b_1} L^{c_1} (MLT^{-2}) \tag{7-13}$$

指数相等的方程为

$$M: a_1 + 1 = 0$$
$$L: -3a_1 + b_1 + c_1 + 1 = 0$$
$$T: -b_1 - 2 = 0$$

解得

$$a_1 = -1, \ b_1 = -2, \ c_1 = -2$$

Π_1 数为

$$\Pi_1 = \frac{F_D}{\rho V^2 d^2} = C_D \ (C_D \text{ 称为阻力系数}) \tag{7-14}$$

Π_2 的量纲幂次式为

$$M^0 L^0 T^0 = (ML^{-3})^{a_2} (LT^{-1})^{b_2} L^{c_2} (ML^{-1}T^{-1}) \tag{7-15}$$

指数相等的方程为

$$M: a_2 + 1 = 0$$
$$L: -3a_2 + b_2 + c_2 - 1 = 0$$
$$T: -b_2 - 1 = 0$$

解得

$$a_2 = -1, \ b_2 = -1, \ c_2 = -1$$

Π_2 数为

$$\Pi_2 = \frac{\mu}{\rho V d} = \frac{1}{Re} \ (Re \text{ 为雷诺数}) \tag{7-16}$$

第 5 步，用 Π 数组成新的方程。

$$\Pi_1 = f(\Pi_2) \tag{7-17}$$

即

$$\begin{cases} C_D = \dfrac{F_D}{\rho V^2 d^2} = f(Re) \\[2mm] F_D = \rho V^2 d^2 f(Re) \end{cases} \tag{7-18}$$

2. 简要说明

在上例中有 5 个物理量，若通过实验确定阻力 F_D 与另外 4 个物理量之间的函数关系中，按每个物理量改变 10 次获得一条实验曲线计算共需 10^4 次实验，并且其中要分别改变 10 次 ρ 和 μ 实际上很难实现。现在经过量纲分析后减少为 2 个无量纲参数 C_D 和 Re，为确定其函数关系 f，只要做 10 次实验即可，而且可以让 ρ、d、μ 均不变，仅改变速度 V 便可实现，大大减少了实验的次数和费用，简化了过程。实验结果可用 C_D-Re 曲线表示，即反映阻力系数与雷诺数的关系，具有普适性。

量纲分析看起来简洁明了，要正确应用却并不容易，关键在于第 1 步，即正确选择有关的物理量。若遗漏了必需的物理量将导致错误的结果，而若引入无关的物理量将使分析复杂化。要正确选择物理量，需掌握必要的流体力学知识和对流动有丰富的感性认识，并具有一定的量纲分析经验。

7.2.3　三角堰流量计

不可压缩流体在重力作用下，从三角堰中定常泄流（图 7-1）。试用量纲分析法求泄流量的表达式。

1）列举物理量。忽略黏性影响，有关物理量分别为 Q（流量），ρ（流体密度），g（重力加速度），h（水位高），α（孔口角），共 5 个，组成关系式为 $Q = \phi(\rho, g, h, \alpha)$。

2）选择基本量（3 个）：ρ，g，h。

3）列 Π 表达式（2 个），并求解 Π 数。

$$\Pi_1 = \rho^a g^b h^c Q$$

$$M^0 L^0 T^0 = (ML^{-3})^a (LT^{-2})^b L^c (L^3 T^{-1}) \tag{7-19}$$

$$M：a = 0$$

$$T：-2b - 1 = 0$$

$$L：-3a + b + c + 3 = 0$$

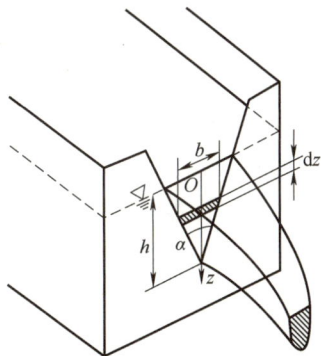

图 7-1　三角堰定常泄流示意图

解得

$$a=0,\ b=-1/2,\ c=-5/2$$

4）列 Π 数方程。

$$\Pi_1 = f(\Pi_2)$$

$$\frac{Q}{h^{5/2}g^{1/2}} = f(\alpha) \tag{7-20}$$

讨论：量纲分析结果表明 Q 与 ρ 无关（尽管 ρ 列入有关物理量序列中），与 h 成 5/2 次方关系。解析式为

$$Q = \frac{8}{15}\sqrt{2g}f(\alpha)h^{5/2} \tag{7-21}$$

在未得到解析解的情况下，只要根据式（7-21）在保证 h 不变的条件下改变 α 若干次，分别测量 Q 值，可得 $f(\alpha)$ 的经验式。事实上对一孔口角已确定的三角堰，式（7-21）已明确地表达了 Q 与 h 的理论关系，需要做的仅仅是通过实验对该理论结果做黏性校正和流量标定，在这里量纲分析结果与解析解起同样的作用。

7.3　流动相似与相似准则

7.3.1　流动相似

"相似"概念来源于几何学。例如，平面上由 4 条首尾相接、互相垂直的直线段构成的封闭图形，虽形状各异但都属于同一种类型——矩形。若两个矩形的对应边成比例，如图 7-2 所示。

$$\frac{l}{l'} = \frac{h}{h'} = k_1 \tag{7-22}$$

则称它们的几何形状相似，简称几何相似，k_1 称为几何比数。

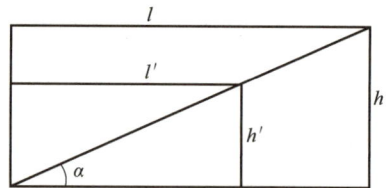
图 7-2　相似模型

物理学（包括流体力学）中的相似概念是几何相似的引申，由于影响物理现象的因素众多，其相似内容比几何学要丰富得多。我们把遵循同一物理方程的物理现象称为同类型现象，把其中相应物理量成比例的一组现象称为相似现象。在流体力学中相似现象除了几何相似外，还有时间相似、运动相似和动力相似等。例如在图 7-3 所示的原型机翼绕流流场和模型机翼绕流流场中（模型中的量用撇表示），要使这两个流场相似必须

保证：

图 7-3　原型机翼绕流流场和模型机翼绕流流场

1）几何相似，即所有对应尺度（包括流动空间内和边界上）成比例

$$\frac{r}{r'}=\frac{c}{c'}=k_1(\text{几何比数}) \qquad (7-23)$$

并且所有对应的方向相同，对应线段的夹角和方位相同。

2）时间相似，即所有对应的时间间隔成比例

$$\frac{t_i}{t_i'}=k_t(\text{时间比数}) \qquad (7-24)$$

3）运动相似，即所有对应点上的速度（加速度）方向一致，大小成比例

$$\frac{v}{v'}=\frac{U}{U'}=k_v(\text{速度比数}) \qquad (7-25)$$

4）动力相似，即所有对应点上的对应力方向一致，大小成比例。在流场中有惯性力 F_i、黏性力 F_v、重力 F_g、压力 F_p、阻力 F_D 等，对应力成比例：

$$\frac{F_i}{F_i'}=k_F(\text{动力比数}) \qquad (7-26)$$

由于流场中影响不同类型的力的因素很多，要使所有对应力成同一比例往往难以达到，通常只要求起主要作用的力成比例。以上 4 个相似条件并不是独立的，满足几何相似和时间相似后必满足运动相似，反之亦然；满足几何相似和动力相似后，按牛顿运动定律也应满足运动相似。

7.3.2　相似准则

相似的矩形具有共同的性质，如对角线与边的夹角均为 $\alpha=\arctan h/l$，只要分析其中一个矩形的性质，就可推广到其他相似的矩形上去。即

$$\frac{l}{h}=\frac{l'}{h'}=l^* \qquad (7-27)$$

式（7-27）表明所有相似矩形的长宽比均相等，长宽比代表了矩形的基本特征，可作为矩形相似的判据，或称为矩形的相似准则。长宽比值 l^* 是一个无量纲量，称为矩形的相似准则数。相似的矩形必具有相同的相似准则数。若将

宽度 h 或 h' 作为特征长度，l^* 也称为矩形的无量纲边长。

类似地，对流场也可引入相似准则。在流场几何相似中，以弦翼长 c 或 c' 为特征尺度，即

$$\frac{r}{c}=\frac{r'}{c'}=r^*\ ,\frac{s}{c}=\frac{s'}{c'}=s^*$$ (7-28)

式中，r^* 和 s^* 称为几何相似准则数或无量纲尺度。

在流场运动相似中，若取来流速度 U 为特征速度，可得

$$\frac{v}{U}=\frac{v'}{U'}=v^*$$ (7-29)

式中，v^* 称为运动相似准则数或无量纲速度。

由于惯性力代表了保持原有流动状态的力，而黏性力、重力、压力、阻力等代表了试图改变原有流动状态的外力，因此在流场的动力相似中通常选惯性力为特征力，将其他力与惯性力相比，可得

$$\frac{F_{\mathrm{v}}}{F_{\mathrm{i}}}=\frac{F_{\mathrm{v}}'}{F_{\mathrm{i}}'}=F_{\mathrm{v}}^*\quad\frac{F_{\mathrm{g}}}{F_{\mathrm{i}}}=\frac{F_{\mathrm{g}}'}{F_{\mathrm{i}}'}=F_{\mathrm{g}}^*\ ,\cdots$$ (7-30)

式中，F_{v}^*，F_{g}^* 等称为动力相似准则数或无量纲力。

7.4 常用的相似准则数

1. *Re* 数（雷诺数）

Re 数为纪念英国工程师雷诺而命名，定义为

$$Re=\frac{\rho Vl}{\mu}$$ (7-31)

式中，l 为特征长度，对圆管内的流动取为管直径，对钝体绕流取为绕流截面宽度，对平板边界层取为离前缘的距离等；V 为特征速度，对圆管流动取为管截面上平均速度，对钝体绕流取为来流速度，对平板边界层取为外流速度等；ρ 和 μ 为流体的属性。

Re 数表示惯性力与黏性力的量级比，是描述黏性流体运动的最重要的无量纲参数；根据雷诺数的大小可判别黏性流体运动的性质。例如，当 $Re\ll1$ 时，称为蠕流，流动中黏性力占主导地位而惯性力可以忽略不计，物体在蠕流中运动时阻力与流体密度无关；当 $Re\gg1$ 时，称为大雷诺数流动，除了边界层外整个外流可按无黏性流体处理。在圆管流动中，$Re=2300$ 为层流与湍流两种流态的分界，而在平板边界层内大约 $Re=5\times10^5$ 为层流边界层和湍流边界层的分界。

2. Fr 数（弗劳德数）

Fr 数为纪念英国船舶工程师弗劳德而命名，定义为

$$Fr = \frac{V}{\sqrt{gl}} \tag{7-32}$$

式中，l 为特征长度，对水面船舶取为船长，对明渠流取为水深；V 为特征速度，对水面船舶取为船舶速度，对明渠流取为截面上平均流速；g 为重力加速度。

Fr 数表示惯性力与重力的量级比，是描述具有自由液面的液体流动时最重要的无量纲参数。当模拟水面船舶的运动和明渠流中的水流时，Fr 数是必须考虑的相似准则数。

3. Eu 数（欧拉数）

Eu 数为纪念瑞士数学家欧拉而命名，定义为

$$Eu = \frac{p}{\rho V^2} \tag{7-33}$$

式中，p 可以是某一点的压强，也可以是两点的压强差；V 为特征速度；ρ 为流体密度。

Eu 数表示压强（或压强差）与惯性力的量级比。在描述压强差时，Eu 数常称为压强系数，习惯上表示为

$$C_p = \frac{\Delta p}{\frac{1}{2}\rho V^2} \tag{7-34}$$

当在液体流动中局部压强低于当地蒸汽压强 p_v 时，将发生空化效应或空蚀现象，Eu 数又称为空泡数或空蚀系数，表示为

$$\sigma = \frac{p - p_v}{\frac{1}{2}\rho V^2} \tag{7-35}$$

4. Sr 数（斯特劳哈尔数）

Sr 数为纪念捷克物理学家斯特劳哈尔（V. Strouhal）而命名，他在研究风吹过电线发出鸣叫声时发现此数。Sr 数定义为

$$Sr = \frac{l\omega}{V} \tag{7-36}$$

式中，l 为特征长度，如电线或圆柱的直径；V 为特征速度；ω 为脉动角频率。

Sr 数表示不定常惯性力与迁移惯性力的量级比，在研究不定常流动或脉动流时 Sr 数成为重要的相似准则数。例如，圆柱绕流后部的卡门涡街从圆柱上交

替释放的频率可用 Sr 数描述。另一个描述黏性流体脉动流的无量纲参数是沃默斯利数 Wo，为纪念英国数学家沃默斯利（J. Womersley）而命名，定义为

$$Wo = l\sqrt{\frac{\omega}{\nu}} \tag{7-37}$$

式中，l 为特征长度，在圆管流动中取管直径或半径；ω 为脉动角频率；ν 为流体的黏度。

Wo 数表示不定常惯性力与黏性力的量级比，因此 Wo 数反映了脉动流中黏性的影响，Wo 数有时也称为频率参数。

5. Ma 数（马赫数）

Ma 数为纪念奥地利物理学家马赫而命名，定义为

$$Ma = \frac{V}{c} \tag{7-38}$$

式中，V 为流体速度；c 为当地声速。

Ma 数表示了惯性力与压缩力的量级比，主要用于以压缩性为重要因素的气体流动（$Ma>0.3$）。$0.3<Ma<1$，表示气体速度小于声速（亚声速）；$Ma=1$，表示气体速度等于声速（跨声速）；$Ma>1$，表示气体速度大于声速（超声速）。三种流动的气动力学性质有很大差别。

6. We 数（韦伯数）

We 数为纪念德国机械专家韦伯（M. Weber）而命名，定义为

$$We = \frac{\rho V^2 l}{\sigma} \tag{7-39}$$

式中，σ 为液体的表面张力系数；l 为与表面张力有关的特征长度；V 为特征速度；ρ 为液体密度。

We 数表示惯性力与表面张力的量级比。当研究气液、液液及液固交界面上的表面张力作用时要考虑 We 数的影响，但只有在其他各种力相对比较小时，如液体薄膜流动、毛细管中的液面、小液滴和小气泡表面及微重力环境中 We 数才显得重要。

7. Ne 数（牛顿数）

Ne 数为纪念伟大的英国物理学家牛顿而命名。Ne 数含义广泛，主要用于描述运动流体产生的阻力、升力、力矩和（动力机械的）功率等影响，一般可定义为

$$Ne = \frac{F}{\rho V^2 l^2} \tag{7-40}$$

式中，F 为外力；其他量与 Re 数中含义相同。

Ne 数表示外力与流体惯性力的量级比。当 F 为阻力 F_D 时，Ne 数称为阻力系数，表示为

$$C_D = \frac{F_D}{\frac{1}{2}\rho V^2 l^2} \tag{7-41}$$

当 F 为升力 F_L 时，Ne 数称为升力系数

$$C_L = \frac{F_L}{\frac{1}{2}\rho V^2 l^2} \tag{7-42}$$

当描述力矩作用 M 时，Ne 数称为力矩系数

$$C_M = \frac{M}{\frac{1}{2}\rho V^2 l^3} \tag{7-43}$$

当描述动力机械的功率 $\dot{W}$ 时，Ne 数称为动力系数

$$C_{\dot{W}} = \frac{\dot{W}}{\rho V^3 l^2} = \frac{\dot{W}}{\rho D^5 n^3} \tag{7-44}$$

式中，D 为动力机械旋转部件的直径；n 为转速。

思考题

7-1　何谓量纲？量纲和单位有什么不同？

7-2　何谓动力相似？何谓运动相似？

7-3　如何用 Π 定理建立无量纲方程？应该如何选择基本量？若基本量选择得不同，其结果是否也不同？为什么？

7-4　一般情况下能否做到雷诺准则与弗劳德准则同时满足？能否做到欧拉准则与弗劳德准则同时满足？

7-5　两个管径不同的管道，通过不同黏性的流体，它们的临界流速是否相同？临界雷诺数是否相同？

习题

7-1　运动黏度的量纲是（　　）。

A. L/T^2 　　　　　B. L/T^3 　　　　　C. L^2/T 　　　　　D. L^3/T

7-2 速度 v，长度 l，重力加速度 g 的无量纲集合是（ ）。

A. lv/g B. v/gl C. l/gv D. v^2/gl

7-3 速度 v，密度 ρ，压强 p 的无量纲集合是（ ）。

A. $\rho p/v$ B. $\rho v/p$ C. pv^2/ρ D. $p/\rho v^2$

7-4 一桥墩长 $l_p = 24m$，墩宽 $b_p = 4.3m$，水深 $h_p = 8.2m$，河中水流平均流速 $v_p = 2.3m/s$，两桥台的距离 $B_p = 90m$，如图 7-4 所示。取 $\lambda_1 = 50$ 来设计水工模型试验，试求模型各几何尺寸和模型中的平均流速和流量。

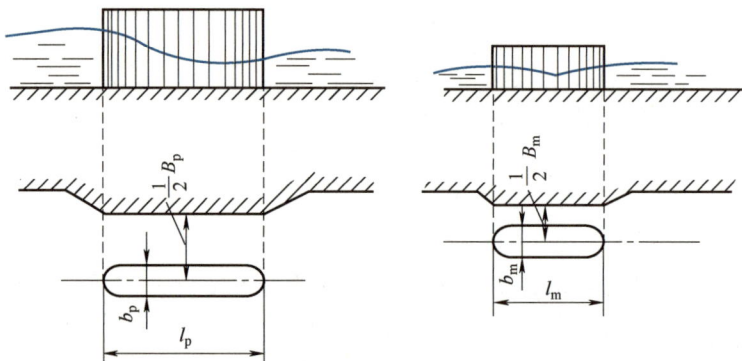

图 7-4　习题 7-4 图

7-5 汽车高 $h_p = 1.5m$，最大行速为 108km/h，拟在风洞中测定其阻力。风洞的最大风速为 45m/s，模型的最小高度为多少？若模型中测得阻力为 1.50kN，求原型汽车所受的阻力。

第 **8** 章

安全工程领域的流体力学问题

8.1 消防安全

消防安全主要是针对火灾现场的人员救援、火灾扑灭与重要设备设施、财产的安全保护等。常见的火灾场景主要有建筑火灾、列车火灾、船舱火灾、矿井火灾等，虽然它们都属于消防火灾，但在不同的火灾场景下，涉及的可燃物以及环境温度、湿度等条件均存在显著差异，目前依据可燃物的类型和燃烧特性可将火灾划分为 6 类，详见表 8-1。

表 8-1 火灾分类

火灾分类	定义
A 类火灾	固体物质火灾（如木材、纸张）
B 类火灾	液体或可融化的固体物质火灾（如煤油、石蜡）
C 类火灾	气体火灾（如甲烷、氢气）
D 类火灾	金属火灾（如钠、镁）
E 类火灾	电器火灾（如发电机房、电子计算机房）
F 类火灾	烹饪器具内的烹饪物火灾（如动植物油脂）

火灾是一种灾害性的燃烧现象，它的发展过程（图 8-1）通常会经过四个阶段，分别为火灾初期阶段、成长发展阶段、猛烈燃烧阶段与衰减熄灭阶段，并且在此过程中，也会发生包含流体流动、传热性质和多种化学反应及其相互作用的复杂的物理化学过程[34]。

火灾发生时必将伴随着发光、发热以及 CO_2、CO 等气体的产生，其中温度分布、烟气运移是判定火灾发展程度的重要标志，并且依据这些标志以及可燃物的性质等选择合理的消防管路、灭火剂有利于控制火情。

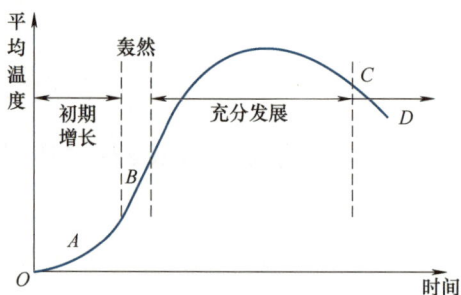

图 8-1　火灾发展过程

1. 温度运移规律

依据图 8-2b，根据质量守恒定律可得

$$C_p m_1 T_1 + C_p m_\infty T_\infty - q_e = C_p m_2 T_2 \qquad (8-1)$$

式中，T_∞、T_1 及 T_2 分别为环境温度、火源点上方温度及室内距火源点距离 R 处的温度；m_∞、m_1 及 m_2 分别为空气卷吸流量、火源点上方烟气流量及室内距火源点距离 R 处烟气流量，其中，$m_2 = m_1 + m_\infty$；C_p 为空气比热容 [kJ/(kg·K)]；q_e 为热烟气层的散热量，包括对流散热量和辐射散热量（MJ/s）。

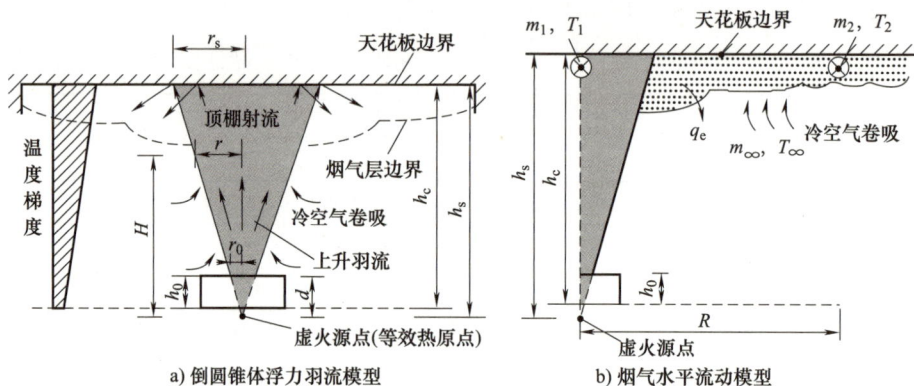

a) 倒圆锥体浮力羽流模型　　　b) 烟气水平流动模型

图 8-2　烟气羽流模型

令 $\Delta T_1 = T_1 - T_\infty$，$\Delta T_2 = T_2 - T_\infty$，则

$$\frac{m_1}{m_1 + m_2} - \frac{\Delta T_2}{\Delta T_1} = \frac{q_e}{C_p(m_1 + m_2)\Delta T_1} \qquad (8-2)$$

其中，ΔT_1 为不受墙壁影响的烟气温度与高度关系模型：

图 8-2a（动图）

图 8-2b（动图）

$$\Delta T_1 = 9.1 (F^{\frac{2}{3}} T_\infty / g) Q_c^{\frac{2}{3}} h_c^{-\frac{5}{3}} \qquad (8-3)$$

式中，Q_c 为烟气热流量；$F = \dfrac{g}{C_p T_\infty \rho_a}$，$g$ 为重力加速度，9.8m/s²；ρ_a 为 20℃ 时冷空气密度，为 1.22kg/m³。

火源点上方烟气流量 m_1 可表示为

$$m_1 = \rho_1 B h_{sc} v_1 \qquad (8\text{-}4)$$

式中，ρ_1 为火源点上方烟气密度（kg/m³）；B 为起火房间的开间（m）；h_{sc} 为烟层厚度（m）；v_1 为烟气与空气的相对流速（m/s）。

空气卷吸流量 m_∞ 可表示为

$$m_\infty = \rho_a B R v_\infty \qquad (8\text{-}5)$$

式中，R 为起火房间的进深方向长度（m）；假定室内空气恒定，则 v_∞ 为空气与烟气的相对流速（m/s），此时 $v_1 = v_\infty$。

烟层界面与冷空气的热交换可以采用牛顿冷却公式：

$$q_e = h B R \Delta T_2 \qquad (8\text{-}6)$$

式中，h 为复合换热表面（烟气层界面）传热系数 [W/(m² · K)]；BR 表示烟气层水平流动过程中与空气的界面接触面积。

将式（8-4）~式（8-6）代入式（8-2），则

$$\frac{\rho_1 h_{sc}}{2\rho_1 h_{sc} + \rho_a R} \cdot \frac{\Delta T_2}{\Delta T_1} = \frac{h R \Delta T_2}{C_p (2\rho_1 h_{sc} + \rho_a R) v_1 \Delta T_1} \qquad (8\text{-}7)$$

整理后得

$$\frac{\Delta T_2}{\Delta T_1} = \frac{C_p \rho_1 h_{sc} v_1}{h R + C_p (2\rho_1 h_{sc} + \rho_a R) v_1} = \frac{C_p \dfrac{m_1}{BR}}{h + C_p \left(2\rho_1 \dfrac{h_{sc}}{R} + \rho_a\right) v_1} \qquad (8\text{-}8)$$

由于 h_{sc} 尺寸远小于 R，同时高温烟气密度 ρ_1 也低于 ρ_a，所以可以认为 $\rho_1 \dfrac{h_{sc}}{R}$ 对 ρ_a 的影响极小。另外火源点上方的烟气流量与火源点燃烧特性有关，$m_1 = E Q^{\frac{1}{3}} B^{\frac{2}{3}} h_c$，其中 $E = \rho_1 \left(\dfrac{g}{\rho_a C_p T_\infty}\right)^{\frac{1}{3}}$；$Q$ 为燃烧热流量（kW）。则

$$\frac{\Delta T_2}{\Delta T_1} = \frac{C_p E Q'^{\frac{1}{3}}}{\lambda + \varepsilon} \cdot \frac{h_c}{R} \qquad (8\text{-}9)$$

式中，$Q' = \dfrac{Q}{B}$，为单位宽度（开间）燃烧热流量（kW/m）；$\varepsilon = C_p \rho_a v_1$，为烟气

流动而产生的烟气层界面传热系数增量。

当火源点物理特征已知，且起火房间尺寸确定后，利用式（8-3）、式（8-9）得到距火源点 R 处的天花板底温度，若控制起火房间水平面温度分布，则可以根据火源点物理特征，利用式（8-9）确定最小空间尺寸。

2. 烟气分布规律

利用牛顿第二定律建立开敞空间最小开口宽度与枢纽空间的关系，以实现延缓高温烟气下沉，最大限度地控制烟气向所有房间扩散的时间。牛顿第二定律是分析流体流动的常用方法，也可以称为动量方程的控制体法，它的积分表达式为

$$\iint\limits_{c.si} v\rho(\boldsymbol{v}\cdot\boldsymbol{n})\,\mathrm{d}A - \iint\limits_{c.so} v\rho(\boldsymbol{v}\cdot\boldsymbol{n})\,\mathrm{d}A = \iint\limits_{c.s} v\rho(\boldsymbol{v}\cdot\boldsymbol{n})\,\mathrm{d}A \tag{8-10}$$

图 8-3 所示为枢纽空间形式、烟气流入和流出的示意图，其中枢纽空间为控制体（虚线内），烟气由某一起火房间流入，经由控制体向无垂壁空间流出（斜线区域），同时存在烟气下沉趋势。图中流入烟气生成率为 m_s，单位为 kg/s；烟气密度为 ρ_s，单位为 kg/m³；流速为 v_s，单位为 m/s；流出烟气流量为 m_0，单位为 kg/s；烟气密度为 ρ_0，单位为 kg/m³；流速为 v_0，单位为 m/s；下沉烟气流量为 m_z，单位为 kg/s；烟气密度为 ρ_z，单位为 kg/m³；流速为 v_z，单位为 m/s；层净高为 h_c，单位为 m；垂壁高为 h_{cb}，单位为 m；有垂壁房间门高为 h_0，单位为 m；全开敞空间（无垂壁，如客厅）洞口宽度为 b，单位为 m；枢纽空间地面面积为 A_s，单位为 m²。

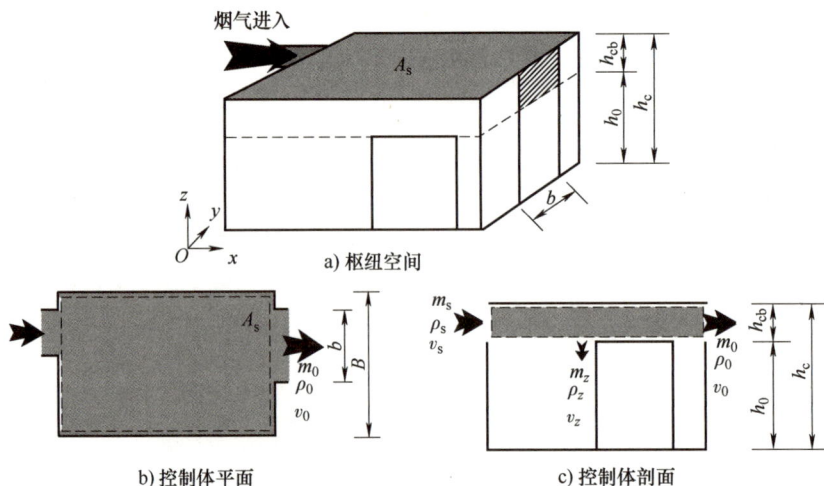

a) 枢纽空间

b) 控制体平面   c) 控制体剖面

图 8-3　枢纽空间控制体示意图

现假定：

1）火源点为稳定火源，即进入的烟气 m、ρ_s、v_s 为定值。

2）控制体内烟气密度相同，即 $\rho_s=\rho_0$。

3）烟气下沉速度 v_z 和流出速度 v_0 受到火源点热释放率的影响。

利用动量方程控制体法建立枢纽空间的动量守恒方程为

$$v_{x}^2\rho_x A_n=v_0^2\rho_0 bh_{cb} \tag{8-11}$$

高温烟气在天花板下方的运动平均速度：

$$v_\omega=0.8\left(\frac{gQT_c}{C_D\rho_n T_a^2 B}\right)^{1/3} \tag{8-12}$$

式中，C_D 为高温烟气移动平均速度（m/s）；Q 为总燃烧释放率（MJ/s），$Q=m_s H_s$，m_s 为烟气生成率（kg/s），H_s 为燃烧材料的热释放率（MJ/kg）；T_c、T_a 分别为高温烟气绝对温度、烟气层下方洁净区绝对温度（℃）；B 为枢纽空间宽度（m）。

高温烟气下沉平均速度可以由垂壁高度与烟气填充到垂壁高度 h_{cb} 时所用时间的比值，可以利用 Hinkley 单室烟气填充时间模型求出烟气填充到垂壁高度 h_{cb} 时所用时间 t，则高温烟气下沉平均速度：

$$v_z=\frac{h_{cb}}{t}=\frac{S\sqrt{g}}{20A_s}\frac{h_{cb}}{\sqrt{h_c}-\sqrt{h_0}} \tag{8-13}$$

式中，火的边界周长 S 与烟气生成率 m_s 有如下关系：

$$m_s=0.096S\rho_a h_0^{3/2}\left(g\frac{T_a}{T_c}\right)^{1/2} \tag{8-14}$$

将式（8-12）~式（8-14）用图 8-3 中参数表达，并代入式（8-11），可得

$$\frac{m_s^2 g^{1/2}}{3.68\rho_a^2 g^{1/2}(h_c-h_{cb})^{3/2}A_s^2}\left(\frac{h_{cb}}{\sqrt{h_c}-\sqrt{h_c-h_{cb}}}\right)^2 A_s=0.64\times\left(\frac{gm_s T_c}{C_p\rho_a T_a^2}\right)^{2/3}\frac{1}{b^{2/3}}bh_{cb} \tag{8-15}$$

引入房间的开口垂壁因子 $k_h=h_c/(h_c-h_{cb})$，式（8-15）整理可得开敞空间最小开口宽度与枢纽空间及火源的关系式：

$$b=\left(\frac{1}{2.35}\cdot\frac{m_s^{4/3}}{\rho_a^{4/3}g^{2/3}}\cdot\frac{1}{A_s}\cdot\frac{1}{h_c}\cdot\frac{k_h^2(k_h-1)}{(\sqrt{k_h}-1)^2}\right)^3 \tag{8-16}$$

由于 k_h 大于 1，$k_h^2(k_h-1)(\sqrt{k}-1)^{-2}$ 是一个单调递增函数，根据式（8-16）可以得出以下几点：

1）开敞空间开口宽度 b 与火源烟气生成率 m_s 成正比，在其他条件一定时，当火源功率较大时，开敞空间开口宽度应加宽，以减缓烟气向其他房间扩散。

2）开敞空间开口宽度 b 与枢纽空间面积 A_s、净高度 h_c 成反比，当枢纽空间面积较大或净高度较大时，开口宽度可以相应小一些，因为较大的枢纽空间面积或高度可以储纳较多烟气，延缓烟气层下降。

3）开敞空间开口宽度 b 与垂壁高度 h_{cb} 成反比，当垂壁高度较大时，开敞空间开口宽度可以小一些，较大的垂壁高度可以延缓烟气层的下沉，所以需要排出枢纽空间的烟气通量减小。

利用式（8-16）可以进行以下几点工作：

1）根据防火技术规范中火灾荷载密度的建议计算出火灾强度，然后利用该式设计枢纽空间与开敞空间之间连通的最小火灾安全宽度。

2）扩大开敞空间的开口宽度，使较多的烟气疏导到开敞空间，开敞空间按照火灾薄弱区进行加强设计，可以提高住宅建筑的火灾安全系数，避免高温烟气燃烧引起的结构连续性破坏。

3）对已建建筑可以利用该式评价其火灾安全等级。

案例 8-1：

2019 年 4 月 15 日下午 6 点 40 分左右，两名安全员发现天花板上出现火情，火焰高度约有 9ft（约 2.74m）高，10min 后教堂屋顶上冒出火焰和烟雾，约 1h 后巴黎圣母院中部的尖塔坍塌，在晚上 8 点 10 分左右，巴黎圣母院的整个屋顶倒塌，大火持续燃烧 8h 左右，到 4 月 16 日凌晨 3 时 30 分左右火情得到有效控制，大量文物珍宝被大火损坏，如图 8-4 所示。

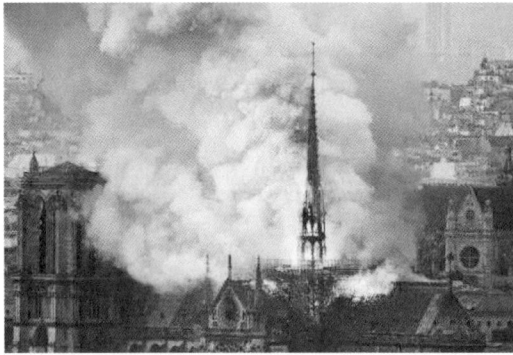

图 8-4 巴黎圣母院大火

巴黎圣母院教堂总长约为 127m，总宽约为 48m，高度为 69m，拱顶以下为 10.1m，在火灾发生时，烟气厚度达到 5m 左右，假设烟气流速为 5m/s，烟气温度为 500℃，烟气平均分子质量为 28.75kg/mol，材料燃烧的平均热释放速率为

500kW，气体摩尔体积为 22.414L/mol。则

烟气流量：

$$m_1 = (28.75/22.414) \times 273/(500+273) \times 48 \times 5 \times 5 \text{kg/s} = 543.6 \text{kg/s}$$

空气卷吸流量：

$$m_\infty = (28.96/22.414) \times 273/(500+273) \times 48 \times 127 \times 5 \text{kg/s} = 13908.4 \text{kg/s}$$

烟气运动速度：

$$v_0 = 0.8 \times [(10 \times 10^6 \times 773)/(10^3 \times 0.45 \times 300 \times 300 \times 48)]^{1/3} \text{m/s} = 1.27 \text{m/s}$$

烟气下沉速度：

$$v_z = (69-10.1)/(8.31-3.18) \text{m/s} = 11.48 \text{m/s}$$

案例 8-2：

2016 年 4 月 21 日，国家财政部、住房和城乡建设部在中国建筑文化中心开展了"2016 年全国地下综合管廊试点城市竞争性评审"，合肥市成功入选全国第二批地下综合管廊试点城市。规划针对合肥市市区及周边 9 个乡镇的部分区域约 1190km² 进行统筹考虑，并开展前瞻性的规划编制，发挥规划对城市基础设施建设的指导性和可持续作用。选取合肥市高新区综合管廊为研究对象，建立电缆舱室的模型。该地下管廊全长 20.29km，宽 10.35m，净高 3m，包含多种管线。其中电力舱室净高 2.4m，宽 1.9m，电缆支架宽 0.7m，如图 8-5 所示。

根据上述电缆舱室进行建模，其中模型断面为 3×1.9m²，电缆支架宽 0.7m，共 6 层，电缆直径 4cm。由于细水雾灭火系统作用下电缆燃烧横向蔓延不明显，考虑到模拟运行时间，模型长度取 12m，模拟的单元格大小为 0.1m×0.1m×0.1m，共 72000 个网格数。由于舱室结构狭小，因此考虑为小型火源，单位面积的火源热释放速率设置为 1MW/m²，火源起火面积设置为 0.4m²。火源类型设置为 t^2 模型，更接近火灾发展的规律，增长时间默认为 60s，软件中火源默认为甲烷气体，火源切片设置在第四层电缆处。细水雾喷头设置在管

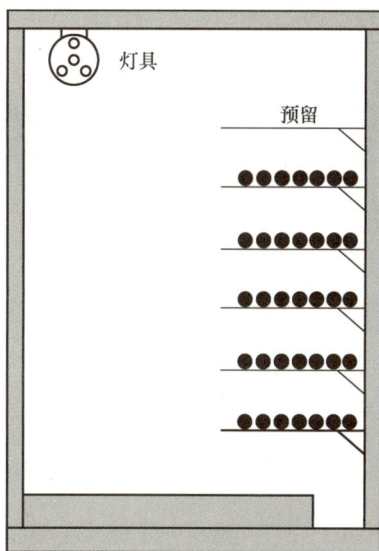

图 8-5　合肥高新区管廊电缆舱室平面图

廊顶部，单排排列，采用开式系统，喷头流量系数为 1.2L/[min/(MPa)^{1/2}]。模型

设置了 1 个热电偶装置位于火源上方，1 个烟气层高度检测装置位于模型中心，以及 HRR 检测装置。模型两边设置开放界面与外界相连，设置环境参数：管廊内部初始温度为 20℃，环境压力为大气压。

在 PyroSim 中建立 4 个喷头横向排列，得到 3 种间距下喷头工作情况如图 8-6 所示。其中喷头间距为 2m 时对应为两个喷头出现大量重叠区域，喷头间距为 3m 时对应为两个喷头正好无重叠区域，喷头间距为 4m 时对应为两喷头间存在未覆盖区域。

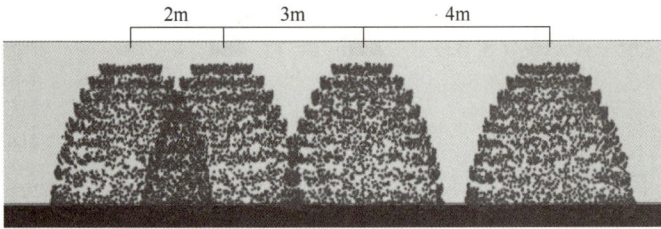

图 8-6　水喷淋设置　　　　　　　　　　　图 8-6（动图）

图 8-7～图 8-9 分别为不同喷头布置间距下 HRR、火源上方温度、烟气层高度随时间的变化曲线图。

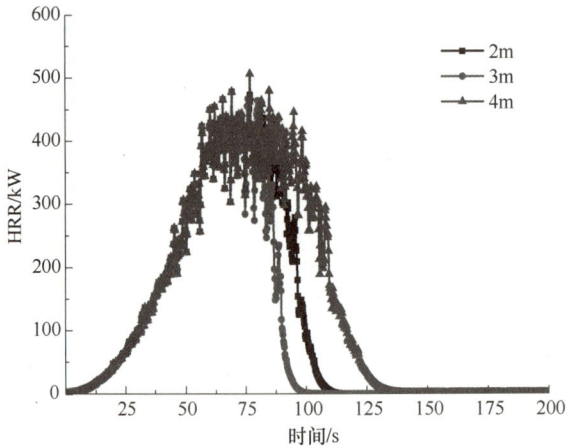

图 8-7　不同喷头布置间距下 HRR 变化曲线

根据图 8-7～图 8-9 可知，在模拟开始初期 3 条曲线完全重合，火源上方温度迅速上升至 700℃ 左右，烟气层高度下降至 1.4m。当细水雾开启后，喷头布置间距为 3m 的工况热释放速率曲线首先降低，温度也随之下降，烟气层高度升高，100s 时火已经熄灭，120s 时温度下降至室温，125s 前烟气层高度就恢复至

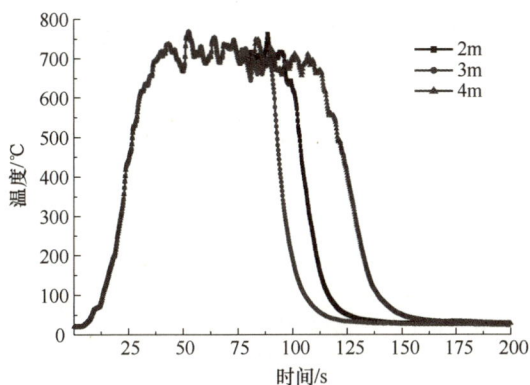

图 8-8　不同喷头布置间距下火源上方温度变化曲线

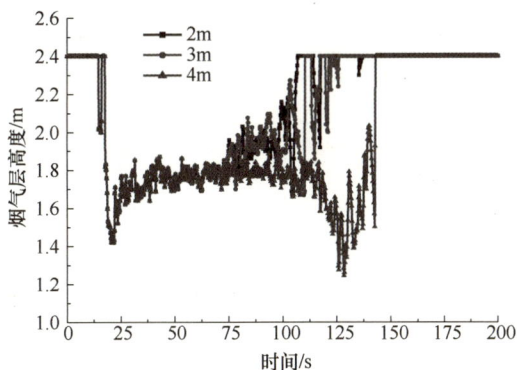

图 8-9　不同喷头布置间距下烟气层高度变化曲线

2.4m，灭火效果较好。对于间距为 2m 的工况，火熄灭时间与温度下降所用时间略长，这是由于两喷头间含有大量重叠区域导致细水雾相互作用使得粒径等参数受到影响，从而减弱了灭火效果。对于间距为 4m 的工况，由于其相邻两喷头间含有细水雾未覆盖区域且反应时间过长，该工况在细水雾开启后，温度下降速率相比另外两个工况较小，直到 130s 火才熄灭，160s 左右温度降低至初始温度，并且 125s 时烟气层高度下降至 1.2m，150s 烟气才得到控制，灭火效果最差。

　　综上，对于综合管廊电缆舱室的火灾并非间距越小灭火效果越好。细水雾喷头间距为 4m 时的灭火效果最差，2m 和 3m 的工况除烟效果相差不大，但 3m 工况的灭火效果更好，喷头间距过近会导致单个细水雾喷头的灭火效率降低并且增加投资，故建议喷头的布置间距采取 3m。

8.2 工业燃气安全

工业生产使用的能源种类很多,除了煤、油和天然气外,其他主要都是由煤转换而成的二次能源。在钢铁企业中,焦炉煤气、高炉煤气和转炉煤气是生产过程中的副产品,也成为企业内部的主要燃气来源。焦炉煤气、高炉煤气分别产自于炼铁系统中的炼焦工序和高炉工序,转炉煤气产自于炼钢系统中的转炉工序。无论炼焦工序、高炉工序还是转炉工序所生产的煤气除了工序本身用气部分外,通过企业内部的煤气管网向其他用气工序输送[35]。焦炉煤气、高炉煤气和转炉煤气的组分见表8-2。

表 8-2　工业煤气组分

煤气名称	组分（%）								
	H_2	O_2	N_2	CH_4	CO	CO_2	C_2H_4	C_2H_6	C_3H_6
焦炉煤气（COG）	60.6	0.0	1.3	26.0	6.6	2.2	2.3	0.8	0.2
高炉煤气（BFG）	3.6	0.0	50.7	0.0	22.6	23.1	—	—	—
转炉煤气（LDG）	3.1	—	20	0.8	60.5	15.6	0.058	—	—

从表8-2中可以看出,焦炉煤气、高炉煤气和转炉煤气均属于易燃、易爆、有毒性气体。焦炉煤气、高炉煤气和转炉煤气的爆炸极限范围均很宽,因此,一旦泄漏后与空气混和,遇明火极易发生着火或爆炸。

焦炉煤气、高炉煤气和转炉煤气均含有剧毒物质,特别是高炉煤气和转炉煤气,CO 的含量(体积分数)分别高达 22.6% 和 60.5%。人吸入后,会造成人体组织缺氧,神志不清,甚至危及生命。空气中含量超过 100×10^{-4}% 时,人不到 1min 就感到头痛,呕吐,继续吸入半小时会导致死亡。另外,焦炉煤气中含有的烃类混合物,虽属于低毒性物质,但长期接触可导致神经衰弱综合症状,其中含量很高的甲烷属于“单纯窒息性”气体,高浓度时人会因缺氧而引起中毒,当空气的甲烷浓度(体积分数)达到 25%~30% 时人会出现头昏、呼吸加速、运动失调。因此,在焦炉煤气、高炉煤气和转炉煤气生产、输送与使用中稍有不慎,就会造成严重的后果。

企业内部通过管道输送煤气过程中,也会像城市燃气输配一样,发生泄漏事故。但发生泄漏的原因有所不同。城市燃气管道一般埋设在地下,而企业内部的煤气管道由于范围相对小,也不存在美观问题,因此一般是架设在空中的。煤气管道架设在空中,便于检查和维修,又可以避免土壤的腐蚀,但是空气也存在腐蚀性介质，特别在钢铁企业内有害的烟气、粉尘浓度较大，加上雨水的冲刷，也会造成管道腐蚀，如果维护不当就会发生管道穿孔、破裂，导致煤气泄漏。企业内部运输车辆比较多，如果煤气管道架空设计不合理或车辆驾驶不当，也会发生车辆与煤气管道的碰撞事故，从而导致煤气的大量泄漏。煤气泄漏不仅会直接导致人员伤亡，如果引发着火爆炸，则后果更严重。

（1）控制方程（横向、纵向——动量、能量守恒方程）连续性方程：

$$\frac{\partial \rho}{\partial t} + \frac{\partial}{\partial x_i}(\rho u_i) = 0 \tag{8-17}$$

动量方程：

$$\frac{\partial}{\partial t}(\rho u_i) + \frac{\partial}{\partial x_j}(\rho u_i u_j) + \frac{\partial p}{\partial x_i} - \frac{\partial \tau_{ij}}{\partial x_j} - \frac{\partial \tau_{ij}^{-1}}{\partial x_j} = 0 \tag{8-18}$$

能量方程：

$$\frac{\partial}{\partial t}(\rho E) + \frac{\partial}{\partial x_j}(\rho u_i E + u_j p) - \frac{\partial}{\partial x_j}(u_i \tau_{ij} + u_i \tau_{ij}^{-1}) + \frac{\partial}{\partial x_j}(q_j + q_j^{-1}) = 0 \tag{8-19}$$

式中，ρ、u、p 分别为气体密度、速度、静压；τ_{ij} 为黏性应力张量；E 为总能；q_j 为热通量；t 为时间。

在长输燃气管道泄漏扩散过程中（图 8-10），由于管线压力较高，射流速度较大，气体运动呈现高度湍流状态，综合考虑计算的精度和经济性，选用 k-ε 两方程湍流模型，模型中的湍流动能 k 和湍流耗散率 ε 通过以下方程求解：

$$\frac{\partial}{\partial x_i}(\rho k u_i) = \frac{\partial}{\partial x_j}\left[\left(\mu + \frac{\mu_t}{\sigma_k}\right)\frac{\partial k}{\partial x_i}\right] + G_k + G_b - \rho\varepsilon - Y_M + S_k$$

$$\frac{\partial}{\partial x_i}(\rho\varepsilon u_i) = \frac{\partial}{\partial x_j}\left[\left(\mu + \frac{\mu_t}{\sigma_\varepsilon}\right)\frac{\partial \varepsilon}{\partial x_j}\right] + C_{\varepsilon 1}\frac{\varepsilon}{k}(G_k + C_{\varepsilon 3}G_b) - C_{\varepsilon 2}\rho\frac{\varepsilon^2}{k} + S_\varepsilon \tag{8-20}$$

式中

$$\mu_t = \rho C_\mu \frac{k^2}{\varepsilon} \tag{8-21}$$

式中，$C_{\varepsilon 1} = 1.44$；$C_{\varepsilon 2} = 1.92$；$C_{\varepsilon 3} = 1.0$；$C_\mu = 0.09$；$\sigma_k = 1.0$；$\sigma_\varepsilon = 1.3$。

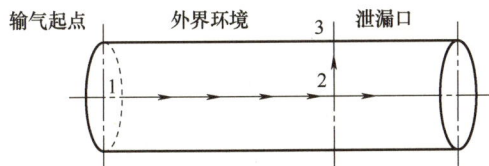

图 8-10　燃气管道泄漏

（2）泄漏方程（泄漏量、泄漏速率）　燃气管道的气体泄漏量参考亚临界状态的大孔泄漏，气体泄漏量计算公式为

$$Q = Ap_1 \left(\frac{Ma_1}{Ma_2}\right)\sqrt{\frac{M\kappa}{RT_1}\left(\frac{2}{\kappa+1}\right)^{\frac{\kappa+1}{\kappa+2}}} \tag{8-22}$$

式中，Q 为气体泄漏量（kg/s）；A 为泄漏口面积（m^2）；p_1 为输气起点 1 处压力（Pa）；Ma_i 为 i 处马赫数；M 为物质摩尔质量（g/mol）；κ 为气体绝热系数；R 为气体常量，通常取 8.314J/(mol·K)；T_1 为输气起点 1 处温度（K）。

燃气泄漏速率计算式为

$$u_1 = \frac{p}{\rho}\sqrt{\frac{M}{RT}\gamma\left(\frac{2}{\gamma+1}\right)^{\frac{\gamma+1}{\gamma-1}}} \tag{8-23}$$

式中，γ 为比热比，该天然气的比热比为 1.305。

案例 8-3：

以西气东输二线工程（图 8-11）相关资料为参考，设定某段管线年任务输气量为 $100\times10^8 m^3/a$，管径为 1016mm，设计压力是 10MPa，泄漏环境为空气。为了更准确全面地模拟，考虑天然气只有甲烷（CH_4）和硫化氢（H_2S）两种组分，其中 CH_4 体积分数为 99.5%，则 H_2S 体积分数为 0.5%。

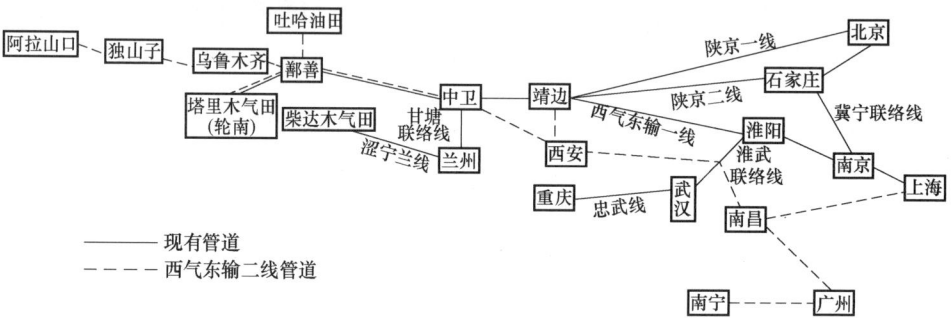

图 8-11　西气东输二线工程

标准状态下，输气管的设计年任务输气量为 $100\times10^8 m^3/a$，该数据是管道内天然气处于标准状态下测量得到的，在实际情况下，输气管内温度可以取 $T=300$K，压力 $p=10$MPa，所以实际情况下的输气管内年任务输气量为

$$Q = \frac{Q_N P_N T}{T_N P} = \frac{100\times10^8 \times 0.1\times10^6 \times 300}{273\times10\times10^6}m^3/a \approx 1\times10^8 m^3/a$$

式中，Q_N、T_N、P_N 为标准状态下的输气量、温度（273K）、压力（0.1×10^6Pa）；

Q、T、P 分别为常温下的输气量、温度（300 K）、压力（10MPa）。

输气管内的天然气流速：

$$u = \frac{Q}{S} = \frac{1 \times 10^8}{365 \times 24 \times 3600 \times 3.14 \times 0.508^2} \text{m/s} \approx 4\text{m/s}$$

式中，S 为输气管道的横截面面积。

根据天然气中有 99.5% 的 CH_4 和 0.5% 的 H_2S，可得该天然气的摩尔质量：

$$M = 99.5\% \times 16.04\text{g/mol} + 0.5\% \times 34.0758\text{g/mol} = 16.13\text{g/mol}$$

当输气管道内的压力为 10MPa 时，该天然气的密度为

$$\rho = \frac{pM}{RT} = \frac{10 \times 10^6 \times 16.13 \times 10^{-3}}{8.314 \times 300} \text{kg/m}^3 \approx 64.67\text{kg/m}^3$$

泄漏孔径大小及管内天然气的具体流态等因素决定着天然气泄漏口速度有着不同的计算方法。若已知所选泄漏孔径 d/D 的大小，可根据式（8-23）计算天然气的泄漏速率：

$$u_1 = \frac{p}{\rho} \sqrt{\frac{M}{RT} \gamma \left(\frac{2}{\gamma+1}\right)^{\frac{\gamma+1}{\gamma-1}}} = \frac{10 \times 10^6}{64.67} \times \sqrt{\frac{16.13 \times 10^{-3}}{8.314 \times 300} \times 1.305 \times \left(\frac{2}{1.305+1}\right)^{\frac{1.305+1}{1.305-1}}} \text{m/s} = 262.74\text{m/s}$$

案例 8-4：

天然气一般分为三种，其中高含硫天然气，它的硫化氢含量（体积分数）超过 2%，H_2S 的强腐蚀性会使高含硫天然气在开采过程中提高成本，并且它的毒性更是使天然气开发风险提高。高硫气田存在地球的时间始于寒武系，距今已有 5.5 亿年，目前世界上已发现的 20 多个高硫气田，其主要分布在盆地地形中。就当前已发现的高硫气田而言，H_2S 的含量一般处于 4%～98% 之间。我国的高含硫天然气储量极其丰富，其中，四川盆地开采的天然气中 H_2S 含量有时甚至超过 30%，除此，矿井瓦斯中同样含有大量 H_2S，并且矿井瓦斯已逐渐成为燃气的一部分。

根据实际工程案例参考，运用 FLACS 建立高含硫天然气泄漏扩散模型，如图 8-12 所示的物理模型。参数为：层高 3m，共 8 层，每层 8 户；中间走廊宽 2m，沿东西走向，走廊两端设置通风窗口 1.5m×2m，楼梯宽 2m；每户由大房与小房连接形成，大房为 6.5×9m²，小房为 4×6.5m²，房门为 1×2m²。试验将模型窗户及房门设置为敞开，由于气流运动具有随机性，室内环境也各有不同，故只针对统一室内布置进行研究。整个计算空间运用均匀网格划分，为方便观察空间中天然气的运移规律，在管道处于完好状态时设置网格数分别为 40 个、40 个和 25 个，网格总数为 40000 个；由于泄漏口附近速度梯度

大，为了提高计算精度，防止误差较大，故对网格进行适当局部加密，设置整个计算区域中 X、Y 与 Z 轴上的网格数分别为 40 个、44 个和 35 个，网格总数为 61600 个。

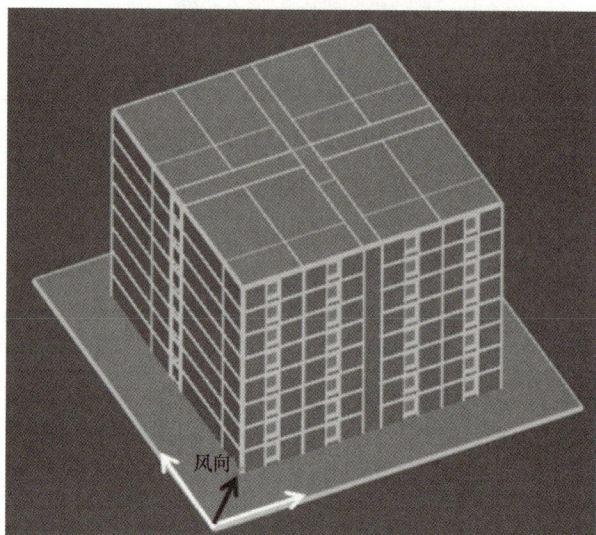

图 8-12　建筑物外观模型

针对前期建立的模型，对泄漏点、泄漏孔径、管道压力、通风速率等各个参数进行调查了解，使其各个参数设置满足于试验的要求并尽可能还原实际的真实状况。与泄漏相关的状态参数设计见表 8-3。

表 8-3　泄漏状态参数

泄漏状态参数	设计值
泄漏点位置	(13.5,6.5,10)
泄漏面积	$0.01m^2$
重力加速度	$9.8m^2/s$
相对湍流度	0.05
湍流尺度	0.014

根据设置的边界条件并网格划分后，进行浓度（体积分数）场、速度场的模拟，结果如图 8-13~图 8-15 所示。

爆炸极限表示为可燃性气体占混合物的体积分数，或者使用单位体积中可燃性气体质量（g/m^3 或 mg/L）进行表示。

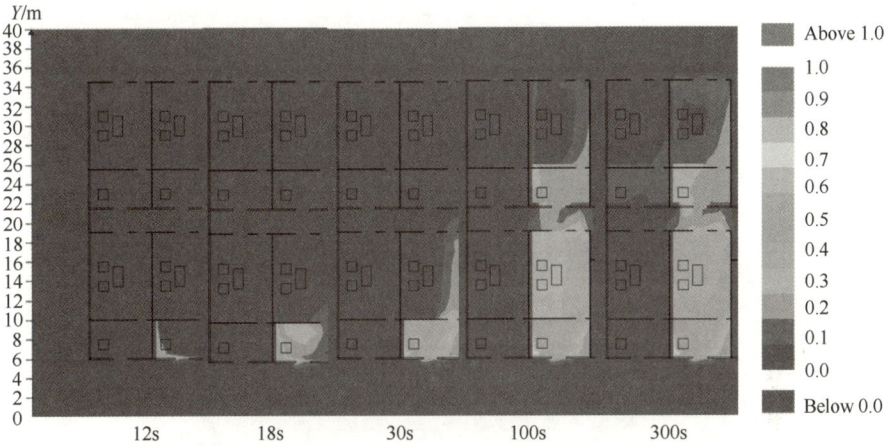

图 8-13　$Z=13m$ 平面 CH_4 扩散云图

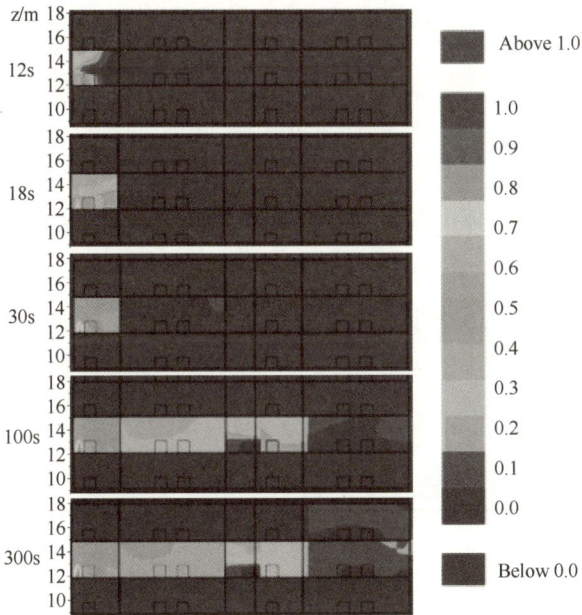

图 8-14　$X=13.5m$ 平面 CH_4 扩散云图

混合气体可燃物爆炸极限计算方法可根据理论混合比，使用下式：

$$L_f = 0.55C_0$$

式中，C_0 表示可燃气体完全燃烧时的理论混合比。

若可燃气体混合物为两种及以上，衡量爆炸极限可根据下式：

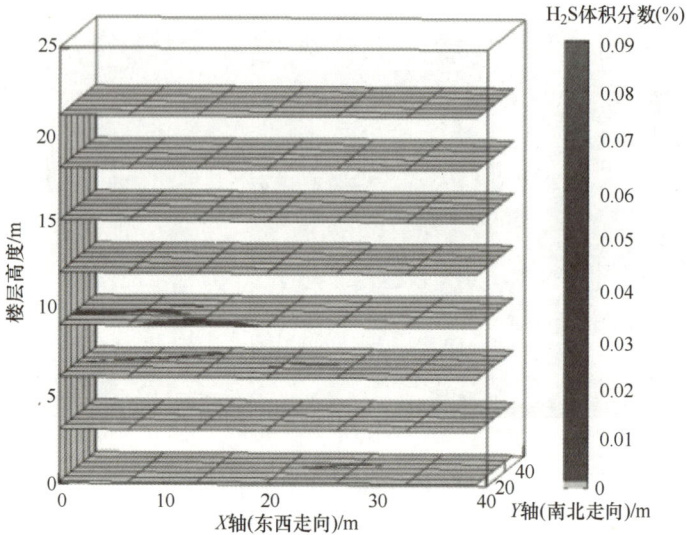

图 8-15 空间 H_2S 分布情况

$$L_m = \frac{V_1 + V_2 + \cdots + V_n}{\dfrac{V_1}{L_1} + \dfrac{V_2}{L_2} + \cdots + \dfrac{V_n}{L_n}}$$

式中，L_m 表示可燃性气体混合物的爆炸极限（体积分数）；L_1，L_2，$\cdots$，L_n 表示形成可燃性气体混合物中各单组分气体的爆炸极限（体积分数）；V_1，V_2，$\cdots$，V_n 表示可燃性气体混合物中各单组分气体的浓度（体积分数），$V_1 + V_2 + \cdots + V_n = 100\%$。

代入模拟空间范围的 CH_4 与 H_2S 浓度，计算得出：爆炸下限为 0.0507，爆炸上限为 0.1541。

8.3 化工与石油安全

目前，我国正处于进入工业化的关键阶段，对能源的消费和需求不断加大。能源作为经济发展的重要动力资源，对社会经济发展有着重要的作用。现阶段，石油资源在我国能源结构中仍然占据较为重要的地位。在我国，油气资源分布不均匀，大多位于东北和西北八大盆地地区，而消费人群则集中在东部沿海发达地区和中南部人口密集区。油气资源的分散性，对其运输提出了挑战。目前，油气管道输送在世界范围内，特别是在经济比较发达的油气生产及消费的大国中，得到了快速的发展，这是因为管道输送与铁路、公路、水路等其他运输方式相比，有着不可比拟的优越性[36]。截至 2015 年，国内在役油气管道约为 12 万 km，已覆盖全国所有省（市、区）。然而，由于管道质量缺陷、腐蚀、冲刷、运行磨损、违规操作及人为破坏等因素导致的穿孔、破裂泄漏事故时有发生，再加上管道内输送介质大多具有易燃、易爆、有毒等性质，发生泄漏后，容易引发火灾、爆炸、中毒等事故，造成人员伤亡和经济损失，产生较大的社会影响。近年来，原油管道泄漏事故时有发生，表 8-4 为统计的最近十几年国内外发生的部分原油管道泄漏事故。

表 8-4　近十几年国内外发生的部分原油管道泄漏事故

时间	事故	后果
2009-12-30	兰郑长输原油管道泄漏	150 方柴油流入渭河
2010-05-05	墨西哥湾漏油	油污面积 2000mile²（1mile² = 2.59km²），损失数千亿美元
2010-07-16	大连长输原油管道泄漏	1 人死亡，2 人受伤，财产损失 2.23 亿元
2011-06-04	中海油渤海湾漏油	影响海域 840km²，赔偿 16.83 亿元
2013-07-29	泰国长输原油管道泄漏	5 万 L 原油溢出并污染附近海域
2013-08-15	延长石油管道泄漏	约 10t 原油泄漏至河道
2013-11-22	中石化东黄原油管道泄漏	62 人死亡、136 人受伤，直接经济损失 7.52 亿元
2014-06-30	大连中石油原油泄漏	直接经济损失 0.05 亿元
2016-08-30	陕西长庆油田原油泄漏	泄漏原油至少 5t，造成大面积环境污染

我国油气管道建设速度不断加快，但现有的管理方法和法律法规等规章制度不能很好地满足目前管道建设情况。管道泄漏事故是管道运行过程中常见的事故，在对管道进行泄漏风险评估中，首要问题是计算管道发生泄漏后的泄漏速率，即确定泄漏速率模型，并根据泄漏速率模型计算相应的泄漏速率，并结合实际泄漏时间计算出泄漏量。

案例 8-5：

中缅原油管道是世界上首例"两隧一跨，三管同敷"的油气管道工程，而中缅原油管道澜沧江跨越段是整个中缅原油管道的"咽喉工程"，其特殊性、重要性不言而喻。澜沧江跨越段的管道与普通埋地管道的不同之处在于其管道架空、支承结构承受风荷载以及管道与桥梁之间的相互影响。一旦澜沧江跨越段管道出现泄漏，油品将流入澜沧江，并在澜沧江中扩散，对生态环境造成极大影响。

根据中缅原油管道跨越段河道相关的水文资料，在不同的降水时期，澜沧江可分为枯水期、平水期、丰水期，不同时期江水的流速、流量均会有较大变化，见表 8-5。

表 8-5　中缅原油管道澜沧江跨越段河流不同降水时期的流量与流速统计结果

不同降水时期	流量/(m³/s)	流速/(m/s)
枯水期	211.4	0.132
平水期	1133.8	0.567
丰水期	5844.0	2.338

按照管道泄漏类型，将泄漏工况分为管道完全断裂、管道孔口泄漏两大类。我国西南山区容易发生地质灾害而导致管道断裂，且发生断裂的位置不同，管道完全断裂的位置分为跨越段管道与北侧山体接触处、管道中间处、管道与南侧山体接触处。与管道完全断裂相比，孔口泄漏的原油泄漏量相对较小，只考虑原油在跨越段中间出现泄漏，原油从孔口泄漏后直接流入澜沧江，这样可以达到孔口泄漏原油流入澜沧江中的最大量。综合考虑中缅原油管道跨越段管道的泄漏方式、断裂位置以及澜沧江不同时期的河流流速，将假设的具体泄漏工况细分为 12 种，见表 8-6。

表 8-6　中缅原油管道澜沧江跨越段 12 种泄漏工况

泄漏工况编号	泄漏类型	澜沧江降水时期	泄漏位置
1	管道完全断裂	枯水期	管道与南侧山体接触处
2			管道中间处
3			管道与北侧山体接触处
4		平水期	管道与南侧山体接触处
5			管道中间处
6			管道与北侧山体接触处
7		丰水期	管道与南侧山体接触处
8			管道中间处
9			管道与北侧山体接触处
10	管道孔口泄漏	枯水期	管道中间处
11		平水期	管道中间处
12		丰水期	管道中间处

中缅原油管道澜沧江跨越段管道上游为 16#阀室，其位于 K271+505 处；管道下游为 17#阀室（单向阀室），其位于 K278 处。这两处阀室均为监控阀室，设置有截断阀，可以远程关断，二者之间管道长度 L 约为 6495m。根据中缅原油

输送管道的设计预想，该段原油最大输送量为 $1300×10^4$ t/a、管径为 813mm、管道壁厚为 28.6mm。泄漏检测系统可以在原油泄漏发生 120s 内发出正确的泄漏报警，阀门由全开至全关仅需 70s。

假定泄漏流入澜沧江的原油量按照最大泄漏量进行计算，在确定最大泄漏量的过程中，需要针对现实情况做出相应的简化和假设：①管道发生完全断裂的情况下，上下游的阀门关闭后，假设管道中的原油 1800s 全部流入澜沧江中；②管道发生孔口泄漏的情况下，从阀门关闭到封堵成功，管道内压力基本保持不变，孔口泄漏的流量也基本保持不变。

1. 管道完全断裂工况

假设中缅原油管道澜沧江跨越段管道发生完全断裂事故，则从事故开始至阀门关闭这段时间内的泄漏量 Q_1 的估算公式为

$$Q_1 = \frac{1000Q_{max}}{\rho} \frac{t_1+t_2}{365×24×60×60} \tag{8-24}$$

式中，Q_{max} 为中缅原油管道最大输送量（t/a）；ρ 为原油密度（kg/m³）；t_1 为泄漏检测系统检测出泄漏到泄漏报警所用时间（s）；t_2 为阀门由全开至全关所用时间（s）。

在阀门关闭后，最大泄漏油品量一般为上、下游阀室之间管道中的油品量。因此，残留在管道内的原油泄漏量 Q_2 为

$$Q_2 = \pi L \left[\frac{(D-2\delta)×10^{-3}}{2} \right]^2 \tag{8-25}$$

式中，D 为中缅原油管道管径（mm）；δ 为中缅原油管道壁厚（mm）；L 为中缅原油管道澜沧江跨越段管道上下游阀室之间管长（m）。

将中缅原油管道澜沧江跨越段管道相关参数（表 8-7）代入式（8-24）、式（8-25），可得出从事故开始至阀门关闭时间内的泄漏量 $Q_1 = 90.39m^3$，残留在管道内的原油泄漏量 $Q_2 = 2912.47m^3$。因此，当管道完全断裂时，最大应急风险的原油泄漏量为 $Q = Q_1 + Q_2 = 3002.86m^3$。

表 8-7　中缅原油管道澜沧江跨越段管道相关参数

最大输送量/	原油密度/	管径/	管道壁厚/	上下游阀室之间	时间/s	
（t/a）	（kg/m³）	mm	mm	管长/m	t_1	t_2
$1300×10^4$	866.5	813	28.6	6495	120	70

2. 管道孔口泄漏工况

假定中缅原油管道澜沧江跨越段管道发生孔口泄漏，孔口孔径 d 设定为

10%D（根据收集的相关数据，管道泄漏事故发生概率最大的孔口泄漏尺寸为 10%D）。根据流体力学定义，当 $l/d \leqslant 0.5$ 时为薄壁小孔（l 为孔口的通流长度，此处为管道的壁面厚度），中缅原油管道澜沧江跨越段管道泄漏孔口的 $l/d = 0.352 < 0.5$，符合薄壁小孔的定义要求（图 8-16，其中截面 $A—A$ 为流体喷射出孔口后的圆形截面）。

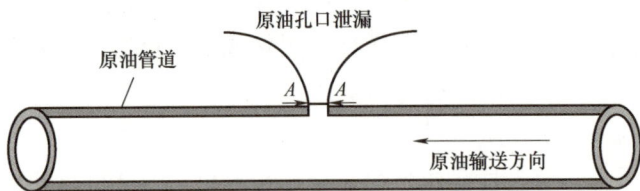

图 8-16 原油管道的孔口泄漏过程示意图   图 8-16（动图）

通过流体力学中的伯努利方程，可得出原油流出孔口的速度（即截面 $A—A$ 喷射出的流体流速）v_2 为

$$\begin{cases} \dfrac{p_1}{\rho g} + \dfrac{v_1^2}{2g} = \dfrac{p_2}{\rho g} + \dfrac{v_2^2}{2g} + \zeta \dfrac{v_2^2}{2g} \\[2mm] C_1 = \dfrac{1}{\sqrt{1+\zeta}} \\[2mm] v_2 = C_1 \sqrt{\dfrac{2(p_1-p_2)}{\rho} + v_1^2} \end{cases} \quad (8\text{-}26)$$

式中，ζ 为孔口流体流动的局部阻力系数；C_1 为孔口流速系数；v_1 为管道内流体的流速；p_1 为管道内流体的压力，取管道工作压力 8×10^3 kPa；p_2 为管道外部环境压力，取管道所在环境压力 101.325kPa；g 为重力加速度，取 9.8m/s^2。

管道孔口泄漏原油流量 q 的计算式为

$$\begin{cases} q = C_2 A \sqrt{\dfrac{2(p_1-p_2)}{\rho} + v_1^2} \\[2mm] C_3 = \dfrac{A_{A-A}}{A} \\[2mm] C_2 = C_1 C_3 \\[2mm] Q' = q(t_1+t_2) + qT' \end{cases} \quad (8\text{-}27)$$

式中，A 为泄漏孔口的面积（m^2）；T' 为管道截止阀关闭后孔口泄漏紧急封堵的时间（s）；Q' 为孔口泄漏的最大应急风险的原油泄漏量（m^3）；A_{A-A} 为截面 $A—A$

的面积（m²）；C_3 为流体经过薄壁孔口的收缩系数；C_2 为孔口流量系数。当流体经过孔口完全收缩时，流体在泄漏孔处的雷诺数较大，C_2 的取值范围为 0.61 ~ 0.62；当流体经过孔口不完全收缩时，C_2 的取值范围为 0.7 ~ 0.8。中缅原油管道澜沧江跨越段管道发生孔口泄漏时流体未完全收缩，故 C_2 的取值选取 0.62。

根据式（8-26）、式（8-27），计算得出中缅原油管道澜沧江跨越段管道孔口泄漏的原油流量 $q = 0.139\mathrm{m}^3/\mathrm{s}$。管道一旦发生孔口泄漏事故，会经历泄漏预报至阀门关闭的过程。在阀门关闭后，与管道完全断裂不同，孔口泄漏的原油流量相对较小。同时，澜沧江跨越段管道属于明管敷设，易于封堵，根据模拟演练时间测算、当地人员配置情况，孔口泄漏紧急堵漏的时间约 2h。由此可得出，中缅原油管道澜沧江跨越段管道从泄漏发生至阀门关闭，再到紧急封堵泄漏时间内，孔口泄漏的最大应急风险的原油泄漏量 $Q' = 1027.21\mathrm{m}^3$。

8.4　矿山安全

随着我国煤矿资源开采量的持续增多，关于煤矿资源开采过程中出现的安全事故也越来越多，安全事故不仅给开采人员带来了财产损失，还带来了人身伤害及生命威胁，与此同时也对煤矿企业的经济发展造成了极大的影响。解析现如今煤矿企业单位发生安全事故的因素，大部分都是由于开采环境过于杂乱、缺少健全的安全管控系统及配套的安全生产设施。鉴于煤矿资源开采的施工条件过于艰苦、作业环境比较杂乱，因此，在实际开展生产工作的过程中存在着非常多的安全隐患，所以，保障井内优异的施工环境，进一步做好通风工作，是确保煤矿资源开采过程安全的必要保障[37]。

在地下矿井通风体系中，通常有机械通风及自然通风两种类别，但由于自然通风风压较小，无法为地下矿井提供较为稳定的空气来源，所以，一般会选用机械通风替代自然通风。机械通风根据工作原理通常能够划分为三种，分别为抽风式、压入式及混合式。抽风式是将风机设置在出风口，应用负压将矿井中的有害气体抽出，进而充分满足地下矿井的空气需求；压入式是应用通风设施将大量的新鲜空气压入地下矿井中，并应用气压将地下矿井中的有害气体排除，进而进一步实现空气对流；混合式是将抽风式与压入式相互结合，在出风口安置抽风式设施，在入风口安置压入式设施，进一步增大地下矿井中的空气流通，以此来为地下矿井中的空气安全提供保障。

工作面需风量计算：

1）按气象条件计算：

$$Q_c = 60 \times 70\% \times v_c S_c k_1 k_2 \tag{8-28}$$

式中，Q_c 为采煤工作面需风量（m^3/min）；v_c 为采煤工作面的风速，按采煤工作面进风流的温度选取（m/s）；S_c 为采煤工作面通风的平均有效断面面积（m^2）；k_1 为采煤工作面采高调整系数；k_2 为采煤工作面长度调整系数。

2）按瓦斯涌出量计算：

$$Q_c = q_w k_w / (D - D_0) \tag{8-29}$$

式中，q_w 为工作面回风巷风流中瓦斯平均绝对涌出量（m^3/min）；k_w 为工作面瓦斯涌出不均匀的备用风量系数；D 为回风流瓦斯允许浓度，不超过 0.8%，取 0.8%；D_0 为进风流瓦斯浓度，取 0。

3）按二氧化碳涌出量计算：

$$Q_c = q_c k_c / (C - C_0) \tag{8-30}$$

式中，q_c 为工作面回风流中二氧化碳平均绝对涌出量（m^3/min）；k_c 为工作面二氧化碳涌出不均匀的备用风量系数；C 为回风流中二氧化碳允许浓度，不超过 1.5%，取 1.5%；C_0 为进风流二氧化碳浓度，取 0。

4）按人数进行验算：

$$Q_c \geqslant 4N_c \tag{8-31}$$

式中，N_c 为工作面同时工作最多人数。

5）按巷道允许风速进行验算：

$$60 \times 0.25 S_b \leqslant Q_c \leqslant 60 \times 4.0 S_b \tag{8-32}$$

式中，S_b 为巷道断面面积。

案例 8-6：

鹿洼巷道 4303（2）轨道顺槽掘进过程中，瓦斯相对涌出量为 1.08m^3/t，绝对涌出量为 0.09m^3/min；二氧化碳相对涌出量为 2.05m^3/t，绝对涌出量为 0.17m^3/min。煤层为自燃煤层；煤尘有爆炸危险性，爆炸指数为 38.93%。地温属于正常地温区；3 煤层顶底板岩性无冲击倾向性。

4303（2）轨道顺槽开门于四采区轨道下山 L_1 点后 21.946m，先按方位 222°施工平巷 10.0m，再按方位 298°施工平巷 13.246m，轨道顺槽先按方位 42°施工，先施工平巷 3m，再按 15°上山施工 5.9m，再按平巷施工 5m，再按 6°下山施工 22.642m，再按 21°下山施工 22.618m，与四采区回风下山贯通，贯通后继续按方位 222°施工轨道顺槽，先施工平巷 8m，再按 15°下山施工 28.808m 跟上煤层底板，继续施工 420.558m 后，再按方位 190°施工 222.985m 到位。

施工过程中，5—5 断面：直墙半圆拱断面，断面尺寸为 $S_{掘} = 12.68\text{m}^2$，$S_{净} = 11.75\text{m}^2$，锚网喷支护。6—6、8—8 断面：直墙半圆拱断面，断面尺寸为 $S_{掘} = 9.98\text{m}^2$，$S_{净} = 8.89\text{m}^2$，锚网喷锚索支护。7—7 断面：直墙半圆拱断面，断面尺寸为 $S_{掘} = 14.64\text{m}^2$，$S_{净} = 13.65\text{m}^2$，锚网喷锚索支护。9—9 断面：梯形断面，断面尺寸为 $S_{掘} = 9.77\text{m}^2$，$S_{净} = 8.41\text{m}^2$，架棚支护。10—10 断面：梯形断面，断面尺寸为 $S_{掘} = 10.65\text{m}^2$，$S_{净} = 9.1\text{m}^2$，架棚支护。

掘进工作面实际需要风量，按瓦斯涌出量、二氧化碳涌出量、炸药量、风速、爆破后的有害气体产生量以及局部通风机的实际吸风量等规定分别进行计算，并取其中最大值。

1. 掘进工作面需风量计算

1）按瓦斯涌出量计算。

$$Q_{hf} = 100Q_{hg}K_{hg} = 100 \times 0.09 \times 1.8\text{m}^3/\text{min} = 16.2\text{m}^3/\text{min}$$

式中，Q_{hf} 为掘进工作面实际需要的风量（m^3/min）；Q_{hg} 为掘进工作面回风流中绝对瓦斯涌出量，为 $0.09\text{m}^3/\text{min}$；$K_{hg}$ 为瓦斯涌出不均匀的备用风量系数，正常生产条件下，连续观测 1 个月，日最大绝对瓦斯涌出量与月平均日绝对瓦斯涌出量的比值，根据实际测定，取 $K_{hg} = 1.8$；100 为按掘进工作面回风流中甲烷的浓度不超过 1% 的换算系数。

2）按二氧化碳涌出量计算。

$$Q_{hf} = 67q_{hc}k_{hc} = 67 \times 0.17 \times 1.8\text{m}^3/\text{min} = 20.502\text{m}^3/\text{min}$$

式中，Q_{hf} 为掘进工作面需要的风量（m^3/min）；q_{hc} 为掘进工作面回风流中绝对二氧化碳涌出量，为 $0.17\text{m}^3/\text{min}$；$k_{hc}$ 为二氧化碳涌出不均匀的备用风量系数，正常生产条件下，连续观测 1 个月，日最大绝对二氧化碳涌出量与月平均日绝对二氧化碳涌出量的比值，根据实际测定，取 $k_{hc} = 1.8$；67 为按掘进工作面回风流中二氧化碳的浓度不超过 1.5% 的换算系数。

3）按炸药量计算。

二级煤矿许用炸药 $Q_{hf} \geq f_{煤} A_{hf}$

$$Q_{hf} \geq 10 \times 9.67\text{m}^3/\text{min} = 96.7\text{m}^3/\text{min}$$

式中，A_{hf} 为掘进工作面一次爆破所用的最大炸药量，为 9.67kg；10 为每千克二级煤矿许用炸药需风量（m^3/min）。

4）按风速计算。

掘进工作面风速，煤巷、半煤岩巷、有瓦斯涌出的岩巷不得低于 0.25m/s，无瓦斯涌出的岩巷不得低于 $0.15\mathrm{m/s}$，所以有瓦斯涌出的岩巷、半煤岩巷和煤巷掘进工作面需要的风量为 $60\times0.25S(\mathrm{m^3/min})$，无瓦斯涌出的岩巷为 $60\times0.15S(\mathrm{m^3/min})$。

5—5 断面为岩巷：
$$Q_{hf}=60\times0.15S_{hf}=60\times0.15\times11.75\mathrm{m^3/min}=105.75\mathrm{m^3/min}$$
式中，S_{hf} 为掘进工作面巷道的通风净断面面积，为 $11.75\mathrm{m^2}$。

6—6、8—8 断面为岩巷：
$$Q_{hf}=60\times0.15S_{hf}=60\times0.15\times8.89\mathrm{m^3/min}=80.01\mathrm{m^3/min}$$
式中，S_{hf} 为掘进工作面巷道的通风净断面面积，为 $8.89\mathrm{m^2}$。

7—7 断面为煤巷：
$$Q_{hf}=60\times0.25S_{hf}=60\times0.25\times13.65\mathrm{m^3/min}=204.75\mathrm{m^3/min}$$
式中，S_{hf} 为掘进工作面巷道的通风净断面面积，为 $13.65\mathrm{m^2}$。

9—9 断面为煤巷：
$$Q_{hf}=60\times0.25S_{hf}=60\times0.25\times8.41\mathrm{m^3/min}=126.15\mathrm{m^3/min}$$
式中，S_{hf} 为掘进工作面巷道的通风净断面面积，为 $8.41\mathrm{m^2}$。

通过以上计算，掘进工作面需要的风量为 $204.75\mathrm{m^3/min}$。

2. 根据掘进工作面需要的风量、漏风率计算出风机吸风量
$$Q_x=Q_{hf}/(1-1\%)^{\alpha}=204.75\mathrm{m^3/min}/(1-1\%)^9=224.14\mathrm{m^3/min}$$
式中，Q_x 为风机需吸风量；Q_{hf} 为掘进工作面需风量；α 为供风距离百米数，取 9；风筒百米漏风率取 1%。

选 FBDNO5.3/2×11kW 型局部通风机，吸风量为 $240\mathrm{m^3/min}$，可满足掘进工作面的风量要求。

3. 按局部通风机实际吸风量计算需风量
$$Q_p=Q_{js}I_i+60\times0.15S_{hd}=314.97\mathrm{m^3/min}$$
式中，Q_p 为需风量（$\mathrm{m^3/min}$）；Q_{js} 为局部通风机实际吸风量，为 $240\mathrm{m^3/min}$；I_i 为掘进工作面同时通风的局部通风机台数，取 1；S_{hd} 为局部通风机安装地点到回风口间的巷道最大通风断面面积；为 $8.33\mathrm{m^2}$；0.15 为岩巷允许最低风速（$\mathrm{m/s}$）。

安设局部通风机的巷道中的风量，除了满足局部通风机的吸风量外，还应保证局部通风机吸入口至掘进工作面回风流之间的岩巷不小于 $0.15\mathrm{m/s}$（本风机安设处为岩巷），以防止局部通风机吸入循环风和这段距离内风流停滞，造成瓦斯积聚。

4. 按人数验算

$$Q_h f \geqslant 4N_{hf}$$

$$Q_{hf} \geqslant 4 \times 12 \text{m}^3/\text{min} = 48 \text{m}^3/\text{min}$$

式中，N_{hf} 为掘进工作面同时工作的最多人数，为 12 人。

5. 按风速进行验算

1）巷道最小风速验算。

岩巷：

$$Q_{af} \geqslant 60 \times 0.15 S_{hd} = 60 \times 0.15 \times 11.75 \text{m}^3/\text{min} = 105.75 \text{m}^3/\text{min}$$

式中，S_{hd} 为掘进工作面岩巷最大通风净断面面积，5—5 断面为 11.75m²。

煤巷：$Q_{af} \geqslant 60 \times 0.25 S_{hd} = 60 \times 0.25 \times 13.65 \text{m}^3/\text{min} = 204.75 \text{m}^3/\text{min}$

式中，S_{hd} 为掘进工作面煤巷最大通风净断面面积，7—7 断面为 13.65m²。

2）巷道最大风速验算。

$$Q_{af} \leqslant 60 \times 4.0 S_{hf} = 60 \times 4.0 \times 8.41 \text{m}^3/\text{min} = 2018.4 \text{m}^3/\text{min}$$

式中，S_{hf} 为掘进工作面巷道的最小净断面面积，9—9 断面为 8.41m²。

通过计算及验算，该掘进工作面的需风量 Q_{hf} 为 204.75m³/min，风机需吸风量 Q_x 为 224.14m³/min，按局部通风机实际吸风量计算需风量 Q_p 为 314.97m³/min。

案例 8-7：

2021 年 6 月 27 日早班自鹿洼煤矿 4311 轨道顺槽迎头打探放孔，顶煤厚度为 1.5m，探孔内瓦斯浓度大于 4%。6 月 27 日中班掘进放炮后，6 月 28 日早班迎头右帮顶板 1m 有碎落煤块，能看到 4301（1）面一分层采空区的浮煤矸石。井下检测瓦斯排放管中甲烷浓度最高达到 56%，基本维持在 20%~40% 之间。根据 4311 轨道顺槽的现场情况，利用 COMSOL 建立物理模型，并进行网格划分，如图 8-17 所示，模型包含 13040 个单元，最小质量为 0.1796，平均质量为 0.6174。

通过速度场分布（图 8-18）可以看出，O_2 在采空区中的运移速度基本差别不大，但 CH_4 在地势高的位置（靠近迎头的位置）速度更大，说明在掘进过程中，工作面迎头受扰动作用使裂隙发育程度更高，气体在裂隙中的渗流速度更快。

通过 O_2 与 CH_4 的浓度场分布（图 8-19）可以看出，在靠近迎头的采空区一侧 O_2 浓度高，处于散热带，因此发生遗煤自燃的可能性更小，而随着深度的增加，O_2 浓度逐渐降低，逐渐变为氧化带，此时的遗煤自燃风险增加；而 CH_4 浓度在距离迎头 10m 的范围内，基本一致，但在迎头右侧 CH_4 的扩散深度更大，说明右侧的采空区裂隙发育程度更高。

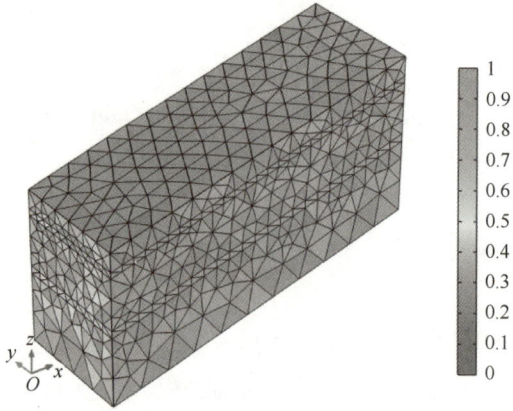

图 8-17　4311 轨道顺槽及上覆采空区物理模型

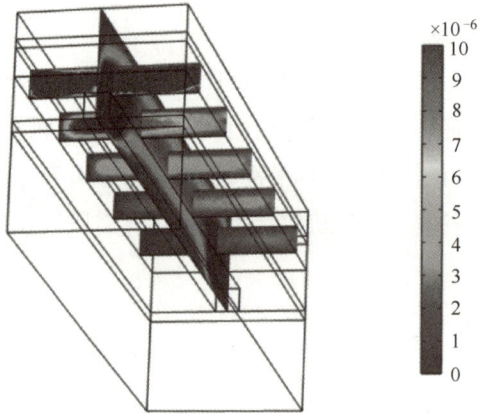

图 8-18　CH₄ 与 O₂ 速度场分布

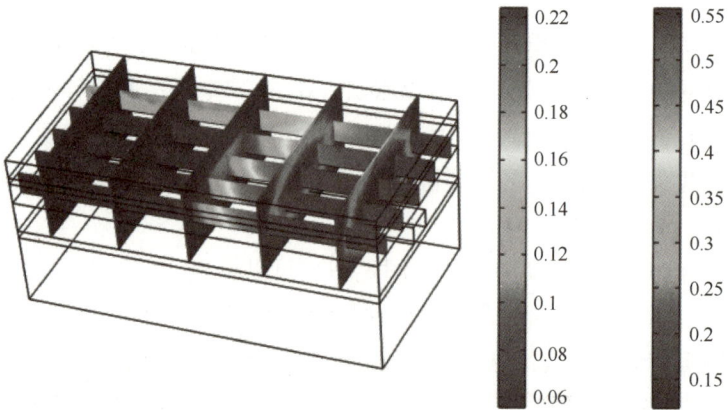

图 8-19　CH₄ 与 O₂ 浓度场分布

根据瓦斯爆炸极限范围 5%~16%，氧气浓度要求大于 12%，圈定爆炸范围如图 8-20 所示。

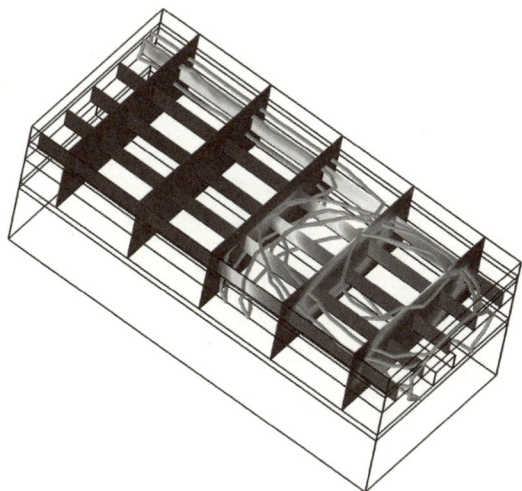

图 8-20　爆炸危险区域圈定

图 8-20（动图）

8.5　水利安全

在水利工程中存在着大量流体力学问题，但有几种非常重要而又未被人充分了解的流动现象，如下：

1. 泥沙运动

江河中的流水往往带有泥沙，形成了泥沙流动，它多半与上游的自然环境被破坏和水土流失有关。泥沙的输运与沉积不仅对水工建筑物与海防工程的作用和使用寿命有重要影响，而且对河床、河口三角洲和海岸线的发展以及地球表面的地形演变也起着决定性的作用，所以泥沙问题引起了许多科学家和工程师的高度重视，并进行了大量实验与理论研究，取得了不少成果，但对泥沙运动的定量分析和普遍规律至今仍缺乏全面深入的了解[38]。

2. 空化现象

在流动的水中，速度较大处或水固界面上的绝对静压强低于水的蒸汽压强时，局部水汽化，溶于水的气体逸出，在该处形成充满蒸汽或气体的空泡称为空化。根据发展阶段，空化状态可分为四种：①亚空化即未出现气泡；②临界空化，指水-固界面上开始出现气泡；③局部空化，指局部水-固界面上和邻近水体内出现气泡；④超空化，即整个水-固界面和其后的尾流中均出现气泡。当空化区的气泡随水流进入压强较高的区域时，蒸汽凝结，气泡会突然破灭，产生巨大的冲击压强，有时还伴有噪声、振动和发光等，致使固体表面出现凹痕，称为空蚀。船用螺旋桨、水翼、尾舵、水下兵器、水力机械和水工建筑物等的表面均易发生空化现象。它不仅影响这些设备的水动力性能，还会大大缩短它们的使用寿命。有关空化的基础性研究包括空化机理、空蚀、空泡流理论和非定常空化等[39]。

3. 夹带（或卷吸）现象

在高速湍流区和静止或低速非湍流区之间的自由界面附近往往存在一个不稳定的自由剪切层，受到扰动后，它会迅速地得到发展，成为一系列涡旋并导致非湍流区的流体质点被夹带入湍流区。这一现象广泛存在于自然界和工程技术中，例如，大瀑布、明渠流、无压管流、堰流、溢洪流、射流和湍流边界层等的自由界面处同时射流的碰击与表面波的破碎也能产生涡旋和夹带现象，应当指出高速湍流与静止或低速非湍流可以分别是液体或气体，也可同时均为流体或气体，甚至为同一流体。在水力学中将高速水流的夹带现象称为掺气，工程师们通常利用自然掺气来增进泄水建筑物的消能效果，以及利用人工掺气来减轻或避免过水建筑物的空蚀损坏。

案例 8-8：

都江堰水利工程位于成都平原扇形三角洲顶部、四川都江堰市（原灌县）附近的岷江干流上，是战国时期蜀郡守李冰在公元前 256—公元前 251 年间率领劳动人民修建的。渠首枢纽的主要工程设施包括百丈堤、都江鱼嘴、金刚堤、飞沙堰、人字堤和宝瓶口等，其作用为分水、泄洪、排沙、引水和护岸。

在以上设施中，鱼嘴、飞沙堰、宝瓶口为三大主要设施，有"都江堰三大件"之称。它们充分利用了流体力学的原理，将都江堰的引水、分洪、排沙功能有机地结合在一起，下面对它们进行详细介绍。

1. 鱼嘴

鱼嘴是都江堰的分水工程，因形如鱼嘴而得名。它昂首于岷江干流江心洲上，起第一级分水排沙作用。它把岷江分成内外两江，西边叫外江，俗称"金马河"，是岷江正流，用于泄洪输沙；东边沿山脚的叫内江，将岷江部分水量引导到地势较高的宝瓶口，用于灌溉。

李冰的治水三字经有云："分四六，平潦旱"这是指鱼嘴的功用。在枯水季节，鱼嘴将六成的水量引入内江，以满足下游灌区用水需要，仅将四成的水量排到外江；而在洪水季节，鱼嘴使岷江六成的水量进入外江，内江仅引进四成的水量。从流体力学的观点来看，"鱼嘴分四六"的原理由两个因素决定：主流线位置和过水断面面积。

主流线是河流沿程各横断面中最大垂线平均流速所在点的连线，反映了水流最大动量的所在。都江堰所在河段为天然弯道，主流线的位置随流量的变化而异，具有"低水傍岸，高水居中"的特点。

内江位于凹岸一侧，外江位于凸岸一侧，且凹岸一侧河床较深，这使得水位不同时，内外江的过水断面面积关系发生变化。

综合以上两点，做以下分析：枯水季节时，水的流速慢，惯性作用弱，主流线曲率大，主流靠近凹岸，加上内江过水断面大于外江，因此在鱼嘴作用下，大部分水量流入内江（图8-21）；洪水季节时，水的流速快，惯性作用强，主流离开凹岸，居于河道中间，加上此时外江过水断面大于内江，因此鱼嘴将大部分水量送入外江（图8-21）。

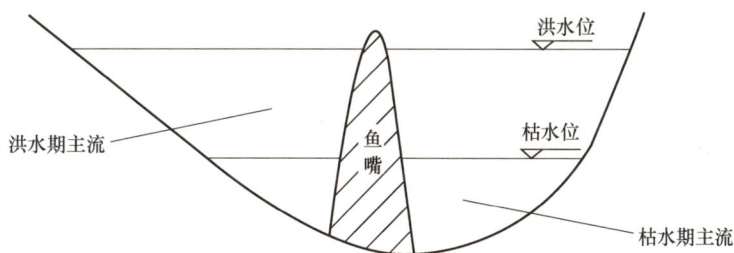

图8-21 "鱼嘴分四六"原理示意图

综上所述，只要选定鱼嘴的适当位置，就可以按照需要调节内外江分水比例。

2. 飞沙堰

飞沙堰的命名源自其显著的泄洪排沙功能。飞沙堰是都江堰三大件之一，看上去十分平凡，其实它的作用非常大，可以说是确保成都平原不受水灾的关键。枯水季节时，飞沙堰阻挡内江水流入外江，将其引入宝瓶口；洪水季节时，内江多余的水越过飞沙堰流入外江；如遇特大洪水，它还会自行溃堤，让大量江水回归岷江正流。而飞沙堰更重要的作用是"飞沙"。岷江从万山丛中疾驰而来，挟着大量泥沙、石块，飞沙堰将其大部分引入外江，保证了宝瓶口和灌区的河道畅通。

解释"飞沙"的原理需要先理解弯道螺旋流的形成。弯道螺旋流是指河流流经弯道时产生的横向环流，这是由横向力的合力矩造成的。单位体积水流流

经弯道所受离心力为

$$f_1 = \rho u^2 / r \tag{8-33}$$

式中，ρ、u、r 分别为水流密度、流向速度分量和河道曲率半径。

由于离心力的存在，水面平衡状态受到破坏，使得凹岸水面升高，凸岸水面降低，产生水面横比降 J_r 和侧压力 f_2。考虑二维定常流动，取曲率半径 r 处单位底面积、高为 h 的微小水柱，分析其横向受力情况，可得 J_r 和 f_2 表达式如下：

$$J_r = \alpha_0 \frac{V_{cp}^2}{gr} + \frac{T_{r0}}{\rho g h} \tag{8-34}$$

$$f_2 = \rho g J_r$$

式中，V_{cp} 为纵向平均流速；α_0 为流速分布系数，可由纵向流速分布求得；T_{r0} 为河底横向阻力。对于一般河道，式（8-34）中 $T_{r0}/\rho g h$ 相对 $\alpha_0 V_{cp}^2/gr$ 可忽略，故式（8-34）可简化为

$$J_r = \alpha_0 \frac{V_{cp}^2}{gr} \tag{8-35}$$

由式（8-35）可知，侧压力 f_2 纵向分布均匀，指向凸岸；而 u 纵向分布的不均匀导致离心力 f_1 由底层向表层逐渐增大，指向凹岸。f_1 与 f_2 的共同作用在河流横断面内产生一个合力矩，如图 8-22 所示。

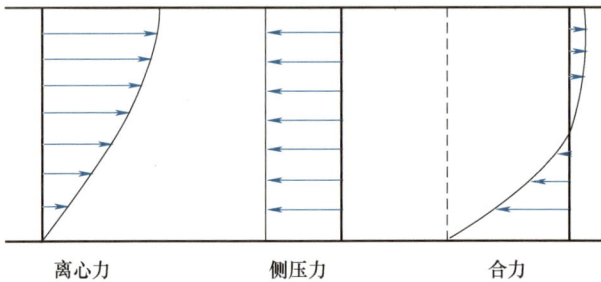

图 8-22 水流所受横向力示意图

在力矩作用下，河流在向前流动的同时伴随有横向环流，即弯道螺旋流。横向环流将泥沙石块由凹岸带向凸岸，如图 8-23 所示。

严格来说，水流所受的横向力除了离心力 f_1 和侧压力 f_2 以外，还受地球自转影响而产生的科氏力 f_3，表达式为

$$f_3 = 2\rho \omega_0 u \sin\beta_0 \tag{8-36}$$

式中，ω_0、β_0 分别为地球自转角速度、河道所处纬度，它产生附加的水面横比降表达式如下：

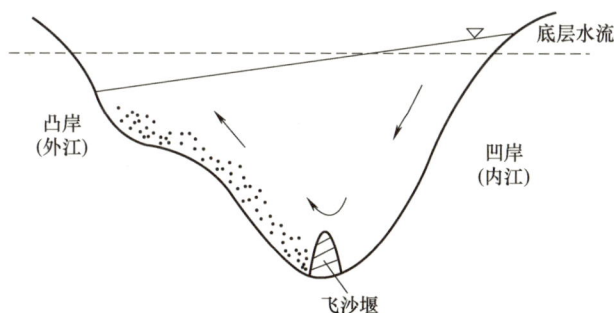

图 8-23　飞沙堰"飞沙"原理示意图　　　　图 8-23（动图）

$$J'_r = -\frac{2\alpha_0\omega_0 V_{cp}}{g}\sin\beta_0 \tag{8-37}$$

这里的负号是由于科氏力指向凸岸，与离心力相反，因此产生的水面横比降符号也相反。

科氏力在平直和弯曲河道中都会产生水面横比降，进而产生横向环流，而通过下面的量级分析可知，在都江堰处弯曲河道中，科氏力的影响相对离心力可忽略。都江堰河道的曲率半径约为 800m，水流密度 $\rho \approx 1000\text{kg/m}^3$，代入式（8-33）有

$$f_1 \approx u^2 \tag{8-38}$$

而都江堰处纬度约为 31°，$\omega_0 \approx 10^{-4}\text{rad/s}$，代入式（8-36）有

$$f_3 \approx 10^{-1}u \tag{8-39}$$

根据式（8-38）、式（8-39），都江堰枯水季节时 $u \approx 1\text{m/s}$，有 $f_1 \approx 10f_3$；洪水季节时 $u \approx 100\text{m/s}$，有 $f_1 \approx 1000f_3$。因此考虑弯道螺旋流时，可以忽略科氏力。

李冰的治水三字经有云："深淘滩，低作堰。"这里"低作堰"旨在说明飞沙堰高度的选取很重要。从引水的角度，飞沙堰不能过低，否则宝瓶口的引水量无法满足灌溉要求；而从排沙的角度，飞沙堰也不能过高，否则环流无法形成，泥沙无法越过飞沙堰（图 8-23）。选择适宜的堰顶高度，才能协调引水与排沙的矛盾。近代的经验一般规定，飞沙堰堰顶高程只需高出河床 2m 左右。

3. 宝瓶口

宝瓶口起"节制闸"的作用，能自动控制内江进水量，是前山（今名灌口山、玉垒山）伸向岷江的长脊上凿开的一个口子。它是人工凿成控制内江进水的"咽喉"，因它形似瓶口而功能奇特，故名宝瓶口。

合理安排宝瓶口与飞沙堰的位置，即可实现都江堰第二级分水排沙的功能，在重力作用下，表层水流含泥沙较少，底层水流含泥沙较多；而在横向环流作用下，表层水流流向凹岸，底层水流流向凸岸，如图 8-24 所示。处于凹岸的宝瓶口正对表层水流，以"正面取水"之势将较清澈的河水引到下游进行灌溉；而处于凸岸的飞沙堰正对底层水流，以"侧面排沙"之势将较浑浊的河水引入外江。

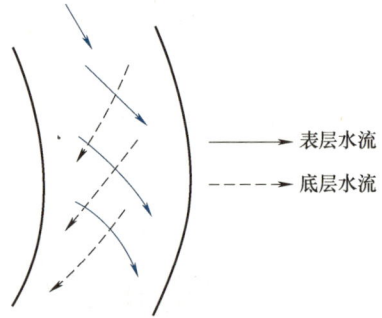

→ 表层水流
- - → 底层水流

图 8-24　河流弯道处表层与底层水流流向示意图

案例 8-9：

戈龙布滑坡位于积石峡峡谷中段的狐跳峡两岸，地理坐标：102 坡位于积石峡峡谷中段的狐跳峡，3502 坡位于积石峡峡谷中段。戈龙布滑坡后壁呈圈椅状形态，主滑方向 NW335°，最大滑动距离为 2300m。滑坡全长约为 2100m，宽度约为 1400m，平均厚度约为 90m，总体积约为 $7.92×10^7 m^3$。根据滑坡总体特征，在平面上分为启动区和堆积区。启动区位于黄河右岸，高程为 2000~2415m，最大高差为 415m。滑坡后壁全长约为 2500m，面积约为 $1.4×10^6 m^2$，基岩岩性为砂砾岩夹砂岩，产状 325°∠28°，上覆 2~4m 黄土层；滑坡堆积体曾堵塞黄河形成堰塞湖，坝体溃决后滑坡堆积区分布于黄河两岸。左岸堆积体顶部高程为 2030m，后缘高程为 2056m，平均厚度约为 70m，最大处可达 150m；堆积体长 1080m，宽约 300m，面积为 $0.324km^2$，体积为 $2.592×10^7 m^3$。地质条件如图 8-25 所示。

根据上述地质条件，建立物理模型；为了分析滑坡各部位的运动特性，将滑体分为 12 个部分，选取代表颗粒进行监测（图 8-26a），其中，P1~P3 监测滑体前缘部分，P4~P6 监测滑体中前部分，P7~P9 监测滑体中后部分，P10~P12 监测滑体后缘部分。为了研究滑坡过程中因为碰撞、抛出等作用造成块体沿顺层或软弱夹层破坏的现象，根据岩层产状将滑体均匀切成小块立方结构，滑坡体厚度根据滑坡周边地形特征，并结合彭建兵等人对滑坡的估计获取（图 8-26b、c），滑动面平均深度为 60m，最大深度约为 100m。在模拟过程中，当应力超过其强度时，岩体会被破碎成更小的团簇或单个颗粒。

HEC-RAS 软件的二维非恒定流计算采用 Navier-Stokes 方程，假设流体不可压缩，则质量守恒（连续性）方程为

a)

b)

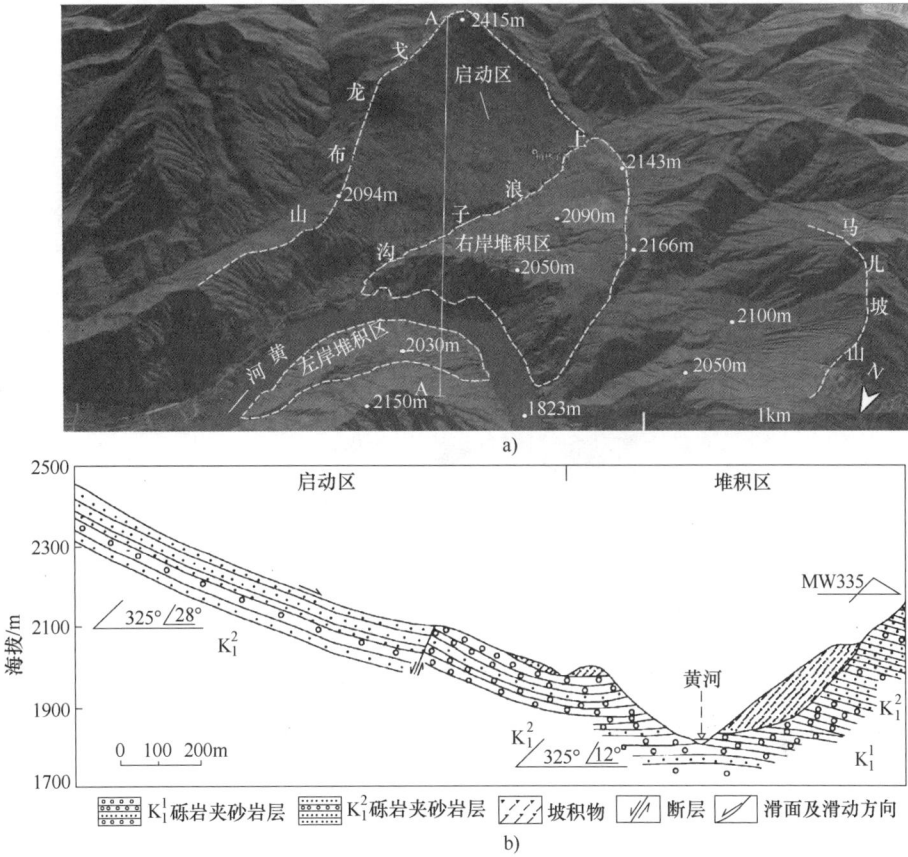

图 8-25 地质条件

$$\frac{\partial H}{\partial t}+\nabla \cdot uv+q = 0$$

式中，t 为时间；H 为流体所在位置的高度；u 和 v 分别为 x 和 y 方向上的速度分量；q 为汇流。

动量方程为

$$\frac{\partial V}{\partial t}+V \cdot \Delta V = -g\nabla H+\nu_t \nabla^2 V-C_f V+fk \cdot V$$

式中，V 为流体的速度；t 为时间；H 为流体所在位置的高度；g 为重力加速度；ν_t 为水平黏度系数；C_f 为底部摩擦系数；f 为流体受到的摩擦阻力；k 为阻力系数。

图 8-27 显示了滑坡从启动到静止整个过程平均速度的变化趋势，可以看出戈龙布滑坡全程历时 103s，其运动过程是一个先加速再减速的过程。该滑坡由于具有良好的临空条件，在初始的 0~23s 处于加速阶段（图 8-28a、b），滑坡发生整体

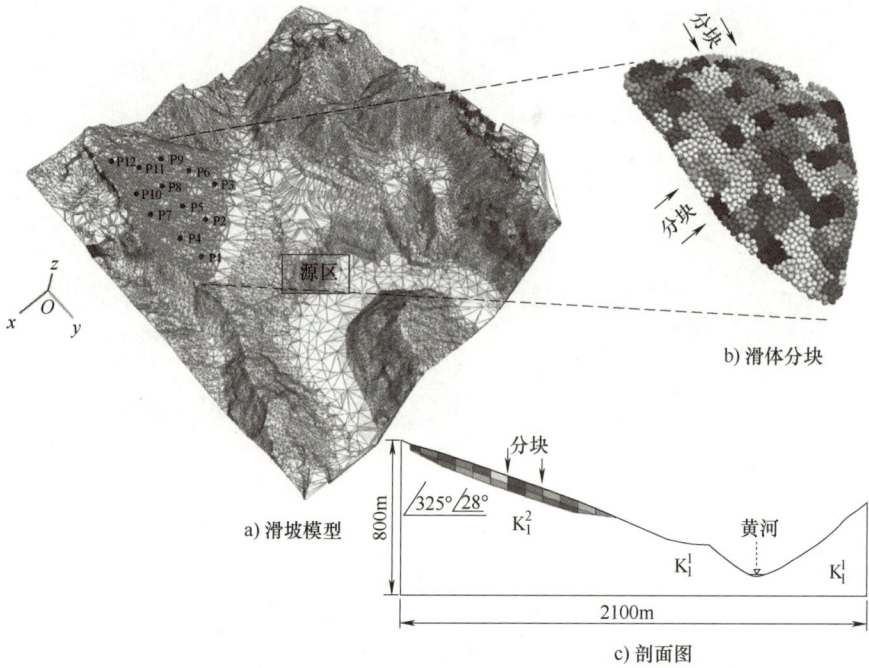

a) 滑坡模型

b) 滑体分块

c) 剖面图

图 8-26　三维模型构建

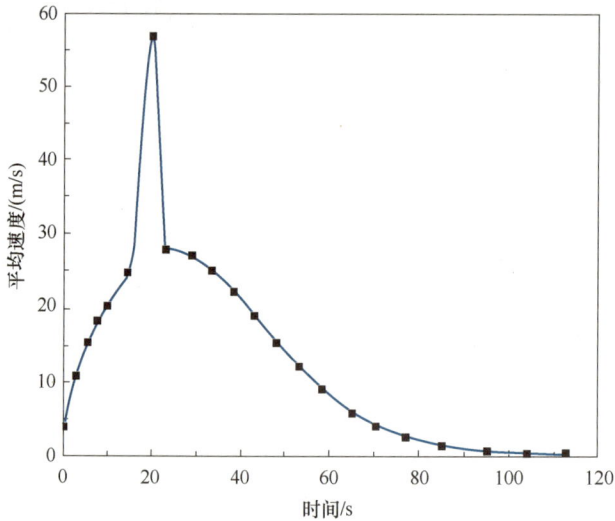

图 8-27　平均速度-时间曲线

失稳破坏，滑体沿基岩滑动面加速滑动，重力势能转化为动能，平均速度在 23s 时达到最大值 27.8m/s，此时滑体开始堵塞河道，滑体前缘解体作用加剧。随后的 23~103s 为减速阶段（图 8-28c~f），滑体经过河道，受到对岸山体阻挡，通过碰撞、翻滚及摩擦等方式消耗能量开始减速并堆积于对岸山坡和大拐弯两侧河道。

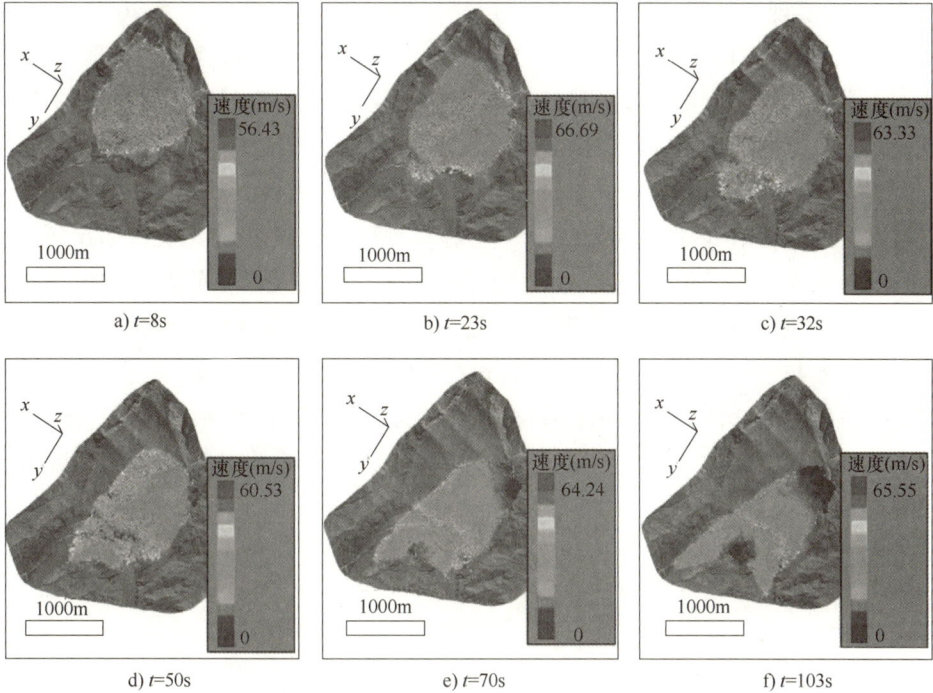

图 8-28　不同时刻滑坡分析结果

从颗粒的速度曲线（图 8-27）来看，滑坡运动具有分区差异特征。滑体前缘颗粒于 20s 左右达到最大值，其中 P3 最大值可达 57m/s。后部颗粒具有相似的速度曲线，而前部和中部的颗粒不尽相同，由于滑体堆积呈一扇形，前缘颗粒由不同的运动方向和运动轨迹所致。从滑动时间来看，后部颗粒从 40s 到 60s 经历了速度急速衰减的过程，并于 60s 基本停止运动，前部部分颗粒仍保持高速运动。前部颗粒的最大速度和平均速度均较后部颗粒大。前缘颗粒于 20s 左右达到最大值，其中 P3 处颗粒最大值可达 57m/s，后部颗粒在 34s 时到达最大值 32m/s。同时在滑坡模拟中可以发现，颗粒位置对于运动速度有着重要影响，崎岖的地形及颗粒间的碰撞造成了部分颗粒的二次加速（P5、P9），前部小颗粒受到后部大块团簇的挤压碰撞后，速度会受到显著提升。

8.6　航空安全

航空与航天是指人类在大气层与宇宙空间的飞行活动，这里所涉及的主要是实现这类活动所必需的各种飞行器，1903 年 12 月 17 日，美国莱特兄弟对其自行设计制造的动力型飞机进行首次试飞，最长飞行时间与距离分别为 59s 与 240m，实现了人类在大气层中的第一次动力飞行。1969 年 7 月 20 日，美国 N. 阿姆斯特朗与 E.E. 奥尔德林乘"阿波罗-11"宇宙飞船，首次在月球表面登陆。人类从开始飞行到登上月球仅仅花了不足 67 年的时间，这是 20 世纪的伟大成就之一，流体力学家在其中做出了巨大贡献。

现有飞行器分为航空器、航天器和火箭与导弹三大类，如图 8-29 所示。航空器中又可分为轻于空气的如气球、飞艇和重于空气的各种飞机，如定翼机、直升机、旋翼机等。航天器分为载人航天器与无人航天器，前者如航天飞机，后者如人造地球卫星。任何一种航空器，在空中飞行时必须保持力的平衡，即有一升力 L 与一拉（或推）力 T，以分别平衡重力 W 和阻力 D，一个理想的设计是航空器某些部件在运动过程中能生成升力，如飞机的机翼。与飞行器有关的流动可分为绕物体外部的流动与流经物体，特别是动力装置的内部的流动，如图 8-30 所示。

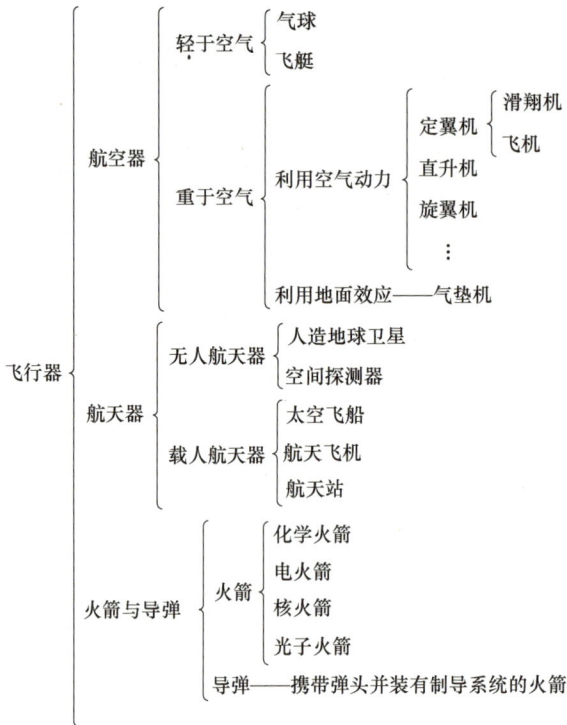

图 8-29　飞行器分类

a) 外部流动

b) 内部流动(冲压式发动机)

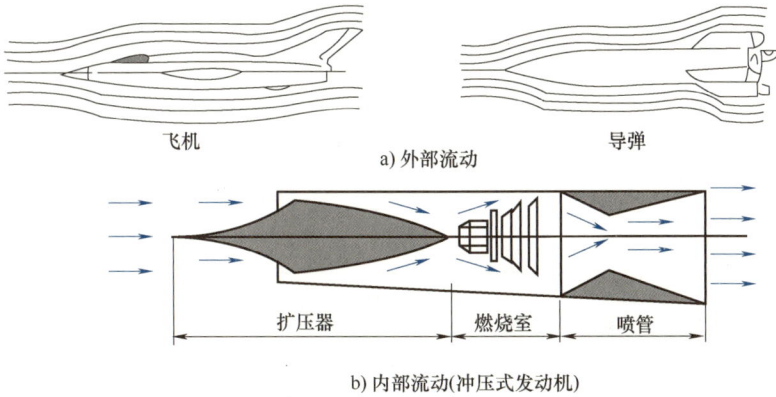

图 8-30　与飞行器有关的流动　　　　　　　　　　**图 8-30**（动图）

1. 机翼的气动特性

飞机飞行的流体介质就是空气，飞机不同的外形会在空气介质中形成不同的气动特性。飞机产生升力的主要部件是机翼，平行于飞机的机体坐标系 x 轴截得的机翼截面称为翼剖面，一般称为翼型，翼型的几何特征直接影响机翼和整个飞机的气动特性。图 8-31 所示为机翼的翼剖面及其特征参数图，其中 b 为翼展长度，c_A 为平均几何弦长。

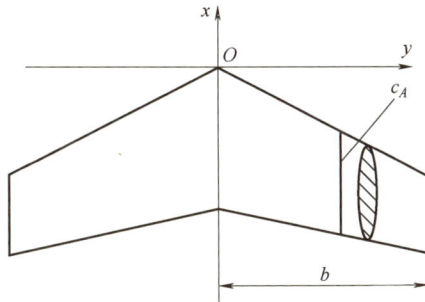

图 8-31　机翼的翼剖面及其特征参数图

按机翼几何形状分，翼型可分为两大类：一类是圆头尖尾翼，应用于低速、亚音速、跨声速和低超声速飞行的飞机翼型；另一类是尖头尖尾翼，应用于较高速度飞行的高超声速飞机翼型或导弹尾翼。而按飞行速度划分，机翼又可分为低速翼、亚音速翼、超声速翼和高超声速翼。机翼剖面即机翼的翼型，翼型的几何参数决定了机翼的气动特性。图 8-32 所示为机翼剖面示意图，翼型右边 B 点的尖尾点，称为翼型后缘。与后缘距离最长的翼型顶端 A 点称为翼型前缘。

图 8-32 中 c 表示翼型的弦长，f 表示翼型的最大弯度，x_f 表示最大弯度的弦长位置，x_d 表示最大厚度的弦长位置。

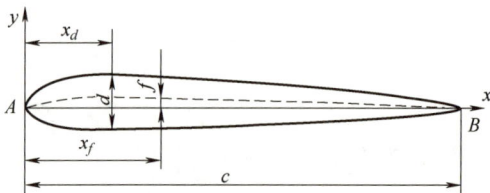

图 8-32　翼型几何参数示意图

（1）弯度 f　由翼型的上下表面垂直于 x 轴连线的中点连接而成的曲线叫作翼型的中弧线，可用来描述翼型的弯曲程度。中弧线量纲为一，其坐标 $\bar{y}_f(\bar{x})$ 为翼型弯度的分布函数，最大值为相对弯度 $\bar{f}$，最大弯度处离前缘顶点的距离记作 $\bar{x}_f$，则有

$$\bar{y}_f(\bar{x}) = \frac{1}{2}(\bar{y}_上 + \bar{y}_下)$$

$$\bar{f} = \frac{f}{c} = [\bar{y}_f(\bar{x})]_{max} \tag{8-40}$$

$$\bar{x}_f = \frac{x_f}{c}$$

由此可知，假如中弧线是一条直线，则这个翼型必然为对称翼。

（2）厚度 d　翼面到中弧线 y 方向的无量纲距离称为厚度分布函数 $\bar{y}_d(\bar{x})$，其最大值的 2 倍为相对厚度 $\bar{d}$，距前缘顶点的弦长距离记为 $\bar{x}_d$，则有

$$\bar{y}_d(\bar{x}) = \frac{1}{2}(\bar{y}_上 - \bar{y}_下)$$

$$\bar{d} = \frac{d}{c} = 2[\bar{y}_d(\bar{x})]_{max} \tag{8-41}$$

$$\bar{x}_d = \frac{x_d}{c}$$

一般来说，式（8-41）中相对厚度 $d \leqslant 12\%$ 的翼型，称为薄翼型。

2. 气动参数

由于机翼是飞机产生升力的主要部件，所以机翼也是阻力和力矩产生的主要来源。而翼型对升力 L、阻力 D、力矩 M 等参数产生直接的影响。为研究飞行器与其气动特性的关系，空气动力学中引入了升力系数 C_L，阻力系数 C_D，力矩系

数 C_M 等气动参数的概念，而这些气动参数的获取也就成为很重要的研究内容。

飞机产生的纵向气动力主要是升力 L、阻力 D 和纵向的力矩 M，而由于机翼是主要升力部件，所以这些气动力主要受机翼影响。而飞机的这些气动力可由对应的升力系数 C_L、阻力系数 C_D、力矩系数 C_M 所描述。升力系数、阻力系数和力矩系数是一种无量纲气动参数，描述的是升力、阻力、力矩与流体介质动压之间的关系。

由此可得飞机各气动力为

$$L = QS_W C_L$$
$$D = QS_W C_D \tag{8-42}$$
$$M = QS_W C_M$$

且其中动压 Q 为

$$Q = \frac{1}{2}\rho_\infty V^2 \tag{8-43}$$

式中，S_W 为机翼有效面积；ρ_∞ 为来流密度；V 为气流速度。由实验验证可知，飞机的气动参数不仅与翼型有关，还与机翼与气流的迎角有关，在一定角度范围内，飞机机翼升力系数 C_L 与迎角 α 呈线性关系。如图 8-33 所示，在线性范围内，机翼升力系数 C_L 与迎角 α 的关系为

$$C_L = \alpha(\alpha - \alpha_0) \tag{8-44}$$

其中，机翼的升力系数 C_L 与迎角 α 的比值称为升力线迎角导数（或者升力线斜率），可表示为

$$a = \frac{\partial C_L}{\partial \alpha} \tag{8-45}$$

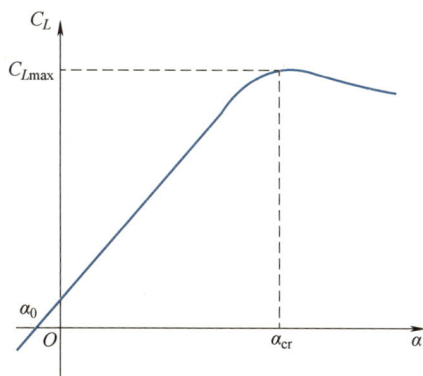

图 8-33　机翼升力系数与迎角的关系

案例 8-10：

将宏观流体力学与微观分子动力学连接起来的介观 Boltzmann 速度分布函数方程，如式（8-46），通过描述气体流动过程分子速度分布函数基于位置空间、速度空间任意时刻由非平衡态向平衡态的演化，将各个流域不同尺度间分子输运现象统一起来[40]。

$$\frac{\partial f}{\partial t} + \boldsymbol{V} \cdot \frac{\partial f}{\partial \boldsymbol{r}} = \iiint \left(f'f'_1 - ff_1 \right) V_r b \mathrm{d}b \mathrm{d}\varepsilon \mathrm{d}\boldsymbol{V}_1 \tag{8-46}$$

气体分子速度分布函数实质上是一种遵从气体运动论概率统计规律的概率密度分布函数，分布函数对速度分量 V_x、V_y、V_z 的函数依赖关系属于指数型，通过发展和应用气体动理论离散速度坐标法（DVOM），研制适用于跨流域高超声速绕流问题模拟的离散速度坐标点自适应优化选取技术和基于离散速度分布函数适应大规模并行分布式求和的宏观流动量与物面气动力或热动态确定离散速度数值积分方法。在计算位置空间 (ξ, η, ζ)，其守恒形式为

$$\frac{\partial U}{\partial t} + \frac{\partial F}{\partial \xi} + \frac{\partial G}{\partial \eta} + \frac{\partial H}{\partial \zeta} = S \tag{8-47}$$

建立可重复使用卫星体飞行器（底部半径 $R = 503.5\mathrm{mm}$，飞行器总长 $L = 1410\mathrm{mm}$，锥身段半锥角 $\theta = 11.4°$），选取飞行器底部半径为特征尺度。拟定 $Ma_\infty = 5$ 绕流状态 $H = 70.8\mathrm{km}$、$Kn_\infty = 0.002$、$Re_\infty = 4074.37$，如图 8-34 所示。

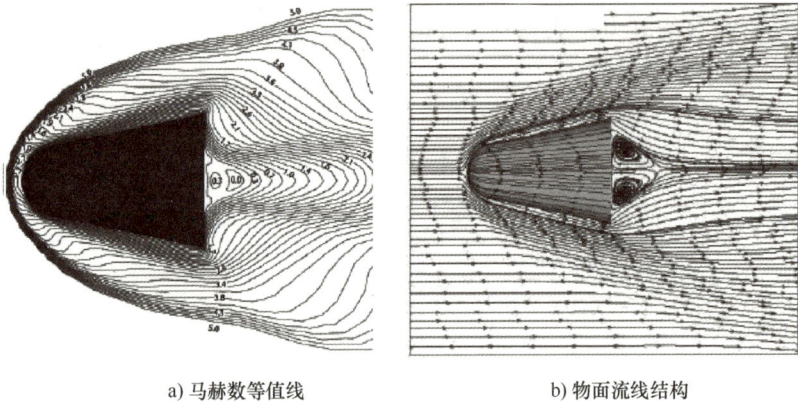

a) 马赫数等值线　　　　　　　　　b) 物面流线结构

图 8-34　卫星体载入不同高度（$Ma_\infty = 5$）绕流场马赫数等值线与物面流线结构

[1] 龙驭球，崔京浩，袁驷，等. 力学筑梦中国 [J]. 工程力学，2018，35（1）：1-54.

[2] 徐伟建. 托里拆利和帕斯卡 [J]. 物理教学，1982（4）：47-48，21.

[3] 樊菁. 稀薄气体动力学：进展与应用 [J]. 力学进展，2013，43（2）：185-201.

[4] 张小峰. 从水力学经验公式看泥沙运动基本理论的发展 [J]. 泥沙研究，2018，43（5）：73-80.

[5] 孙广才. 水力学模型及其数值求解 [J]. 渭南师范学院学报，2015，30（22）：17-20.

[6] 蒋锦良. 渗流的连续介质模型和基本方程的分析 [J]. 上海电力学院学报，2005，21（1）：85-89.

[7] 路峻岭，顾晨，秦联华，等. 关于流体力学黏滞及伯努利方程演示实验 [J]. 物理与工程，2020，30（1）：80-86，92.

[8] 何熙文. 广义浮力公式 [J]. 重庆师范学院学报（自然科学版），1990，7（2）：78-83.

[9] 孙海滨. 达朗贝尔的科学贡献 [J]. 力学与实践，2007，29（4）：83-85.

[10] 袁竹林，朱立平，耿凡，等. 气固两相流动与数值模拟 [M]. 南京：东南大学出版社，2013.

[11] 王衍，曹志康，王英尧，等. 旋转流场流态预测模型验证及其速度分量选择的差异性 [J]. 化工进展，2021，40（5）：2389-2400.

[12] 柏航. 统计物理的起源：1798—1860 [D]. 太原：山西大学，2021.

[13] 苑阳. 流场特性对轮胎滑水性能影响规律及提升方法的研究 [D]. 淄博：山东理工大学，2020.

[14] 施卫东. 流体力学中的动量定理及其推论 [J]. 江苏工学院学报，1991，12（1）：63-70.

[15] 张更生. 海水入侵机理及防治措施的三维数值模拟 [D]. 大连：大连海事大学，2007.

[16] 钟小彦. 基于多孔介质模型和VOF法的渗流场数值模拟 [D]. 西安：西安理工大学，2010.

[17] 罗凯凯. 文丘里管空化空蚀及含沙水磨蚀机理研究 [D]. 镇江：江苏大学，2020.

[18] 郭颖，王京盈，张福成，等. 计算流体力学在古生物学形态功能定量分析中的应用 [J]. 生物学杂志，2019，36（5）：92-95.

［19］ 邢景棠，周盛，崔尔杰. 流固耦合力学概述［J］. 力学进展，1997，27（1）：19-38.

［20］ 腾飞. 有限体积元和自然边界元基于POD降阶外推方法的几个问题研究［D］. 北京：华北电力大学，2019.

［21］ 顾罡. 二维单圆柱、双圆柱绕流问题和三维垂荡板运动的数值模拟［D］. 上海：上海交通大学，2007.

［22］ 李杰. 基于非结构网格的不可压缩流动与传热高效数值算法研究［D］. 长沙：湖南大学，2019.

［23］ 孙浩涵. 基于EEP法的二维特征值问题自适应有限元分析［D］. 北京：清华大学，2021.

［24］ 侯国祥，翁立达，张勇传，等. 数理模型在流域水环境评估中的应用综述［J］. 长江流域资源与环境，2002，11（2）：184-189.

［25］ 阎超，于剑，徐晶磊，等. CFD模拟方法的发展成就与展望［J］. 力学进展，2011，41（5）：562-589.

［26］ 刘阳，李金，胡齐芽，等. 边界元方法的一些研究进展［J］. 计算数学，2020，42（3）：310-348.

［27］ 李健，艾德春，杨军伟. 基于有限差分法的采场底板破坏数值分析［J］. 煤炭技术，2016，35（6）：30-31.

［28］ 常思源，陈柘舟，柴利杰，等. 有限元法在岩质边坡稳定性分析中的应用示例［J］. 城市地质，2020，15（4）：380-387.

［29］ 《中国公路学报》编辑部. 中国汽车工程学术研究综述·2017［J］. 中国公路学报，2017，30（6）：1-197.

［30］ 徐洪强. 箱形柱钢框架边柱节点性能的试验研究［D］. 重庆：重庆大学，2007.

［31］ 黄寒砚，王正明. 基于量纲分析和最优设计的毁伤响应函数获取［J］. 航空学报，2009，30（12）：2354-2362.

［32］ 柳晖. 基于能量和量纲分析的高温蠕变分析方法研究［D］. 上海：华东理工大学，2012.

［33］ 裴庆丽. 集成量纲分析的DA-MEWMA控制图［D］. 天津：天津大学，2015.

［34］ 唐云明，游家祝. 火灾闪燃现象突变模式之研究［J］. 火灾科学，1998，7（3）：1-17.

［35］ 董会忠. 钢铁工业能源消费与产出关系研究［D］. 西安：西安理工大学，2009.

［36］ 李蛟鸾. 原油管道泄漏定位及泄漏量测算研究［D］. 北京：中国石油大学，2020.

［37］ 张文娟. 新中国成立初期西山煤矿生产管理研究：1949—1955［D］. 保定：河北大学，2021.

［38］ 林荣亮. 青岛生态环境及山水风貌保护的理论策略研究［D］. 北京：北京林业大学，2016.

［39］ 郭翌阳，马凤云，冶育芳，等. 水力空化过程及其在化工领域的应用［J］. 应用化工，2018，47（12）：2719-2723.

［40］ 许爱国，陈杰，宋家辉，等. 多相流系统的离散玻尔兹曼研究进展［J］. 空气动力学报，2021，39（3）：138-169.